MÜNCHEN MIT KIND 2024

Alles, was ihr mit Kindern in München und Umland unternehmen könnt. Natur erleben, aktiv sein, Schönes entdecken – mehr als 700 Tipps und Ideen für jedes Alter, Wetter und Interesse.

INHALT

112 Münchener Label: *NOUI NOUI*

6 *Glockenbachviertel*

160 *Lechfall in Füssen*

Kultur mit Kindern

Für Kinder einkaufen

Kindertipps

83 *Bayerische Staatsoper*

Natur, Sport und Fun

EDITORIAL

Liebe Leute mit Kindern,

mit dieser neuen Ausgabe unseres Familien-Freizeit-Guides möchten wir euch mit auf eine bunte Reise durch Münchens kinderfreundlichste Seiten nehmen. Wie im Buch lassen sich überall in der Stadt liebenswerte Wesen und Orte entdecken. Für Münchenbesucher:innen ebenso wie für langjährige Bewohner:innen – es gibt immer wieder Neues zu erkunden. Wir stellen euch ein paar besonders tolle Orte und Persönlichkeiten näher vor, die etwas für die Menschen bewegen. Schaut selbst, was Münchens Natur, Kultur und Viertel für Leute mit Kindern – vom Baby bis zum Teen – zu bieten haben. Unser Team hat zahlreiche tolle neue Tipps für euch zusammengetragen. Viel Spaß damit!

Claudia Steigleder und Anja Ihlenfeld,
Herausgeberinnen

ZWISCHEN GLOCKENBACH UND ISAR

Olga und Simon leben gerne mit ihren beiden Töchtern Marla und Tamara im quirligen Glockenbachviertel. Sie schätzen aber auch sehr die Nähe zur Isar, wo alle durchatmen und entspannen können.

1 Alle Wege führen zur Isar

Die meisten Familien, die mit Kindern in den innerstädtischen Vierteln leben, gehen für diesen urbanen Lifestyle den Kompromiss von weniger Wohnfläche ein. Zumindestens den eigenen Garten muss man aber nicht allzu sehr vermissen, wenn man in fußläufiger Entfernung zur Isar wohnt. Auch Marla und ihre kleine Schwester Tamara spielen gerne am Isarstrand mit Blick auf die imposante katholische Kirche St. Maximilian, deren

unkonventioneller Pfarrer und Buchautor Rainer Maria Schießler weit über München hinaus bekannt ist und in der es ein umfangreiches Angebot für Kinder und Familien gibt. *St. Maximilian, Deutinger Str. 4, 80469 München-Isarvorstadt, st-maximilian.de*

2 Dauerbrenner für große und kleine Kinder

Selten lohnt sich die Anschaffung einer Jahreskarte so sehr wie im Falle eines der größten Technik- und Naturwissenschaftsmuseen der Welt, das noch dazu unvergleich schön seit bald 100 Jahren auf einer Flussinsel mitten in der Stadt gelegen ist. Völlig unmöglich, das umfangreiche Angebot der Ausstellungen im Deutschen Museum mit ihren interaktiven Vorführungen und spannenden Experimente an einem Tag zu erkunden. Und so kann man immer wiederkommen und stets etwas Neues entdecken. Die neu gestalteten Ausstellungsbereiche sind eine Fundgrube spannender Fragestellungen, Erkenntnnisse und Experimente für Kinder und Erwachsene.

Für kleine Kinder wie die dreijährige Tamara und die fünfjährige Marla ist das Kinderreich im Untergeschoss konzipiert, das einer unserer liebesten Tipps für Kleinkindfamilien ist. Toll ist auch ein Abstecher ins Dachterrassenrestaurant „Frau im Mond"! *Frau im Mond, Rooftop Deutsches Museum, Museumsinsel 1, 80538 München-Isarvorstadt, frauimmond.bar; Deutsches Museum, Seite 59*

3 Kioskliebe

Er ist sicherlich einer den bekanntesten Spots der Stadt – der Kiosk an der Reichenbachbrücke ist die erste Adresse für alle von Groß bis Klein, die auf dem Weg von oder zur Isar noch ein Getränk oder einen Snack besorgen möchten. Fast rund um die Uhr geöffnet ist er Anlaufstelle für alle, die außerhalb der normalen Ladenöffnungszeiten

2

Ob Seenotkreuzer, Düsenjet oder cooler Drink auf der Dachterrasse – im Deutschen Museum gibt es immer viel für Tamara und Marla zu erleben.

etwas brauchen, ob Nachtschwärmer:innen oder Frühaufsteher:innen, die schon ihre Runden mit dem Kinderwagen drehen. *Kiosk Reichenbachbrücke Fraunhoferstr. 46, 80469 München-Isarvorstadt, kiosk-muenchen.de*

4 Schätze zum Spielen und Schlecken

Zurück in ihrem Viertel gehen Marla und Tamara immer wieder gerne zu ihrem Lieblingseisladen – Jessas Eis hat sein Stammhaus in der Klenzestraße, die Filale in der Müllerstraße liegt aber eher auf ihrem Weg. Dort bekommt man nicht nur traditionelle Sorten in bester Qualität, sondern auch ausgefallenere Kreationen, darunter einige vegane Optionen. Dass die beiden Schwestern gerne die Filiale in der Müllerstraße ansteuern, mag auch daran liegen, dass man so auch in Toms Spielzeugladen wenige Häuser weiter stöbern kann. In dem kunterbunten Kinderparadies findet sich immer eine Kleinigkeit oder neues Sandspielzeug für den Spielplatz. *Jessas Eis, Klenzestr. 97, 80469 München-Isarvorstadt; Müllerstr. 51/ Ecke Pestalozzistr., 80469 München-Isarvorstadt, jessaseis.de; Toms Spielzeugladen, Seite 114*

5 Rund ums Krokodil

Der Spielplatz am Glockenbach mit seinem steinernen Krokodil im Sandkasten ist der größte in der Isarvorstadt und der beliebteste Treffpunkt für die Familien des Viertels. Hier kann nach Herzenslust gequatscht, gespielt, getobt, gewippt, geschaukelt, geklettert und gebuddelt werden. Bereits beschlossen ist die Umgestaltung, des direktem Umfeldes mit der Pflanzung neuer Bäume und barrierefreien, kindersicheren Zugängen. *Glockenbachspielplatz, Am Glockenbach, 80469 München-Isarvorstadt, glockenbachfueralle.de*

4
Eis geht immer, findet die dreijährige Tamara. Erst recht, wenn es von Jessas Eis stammt.

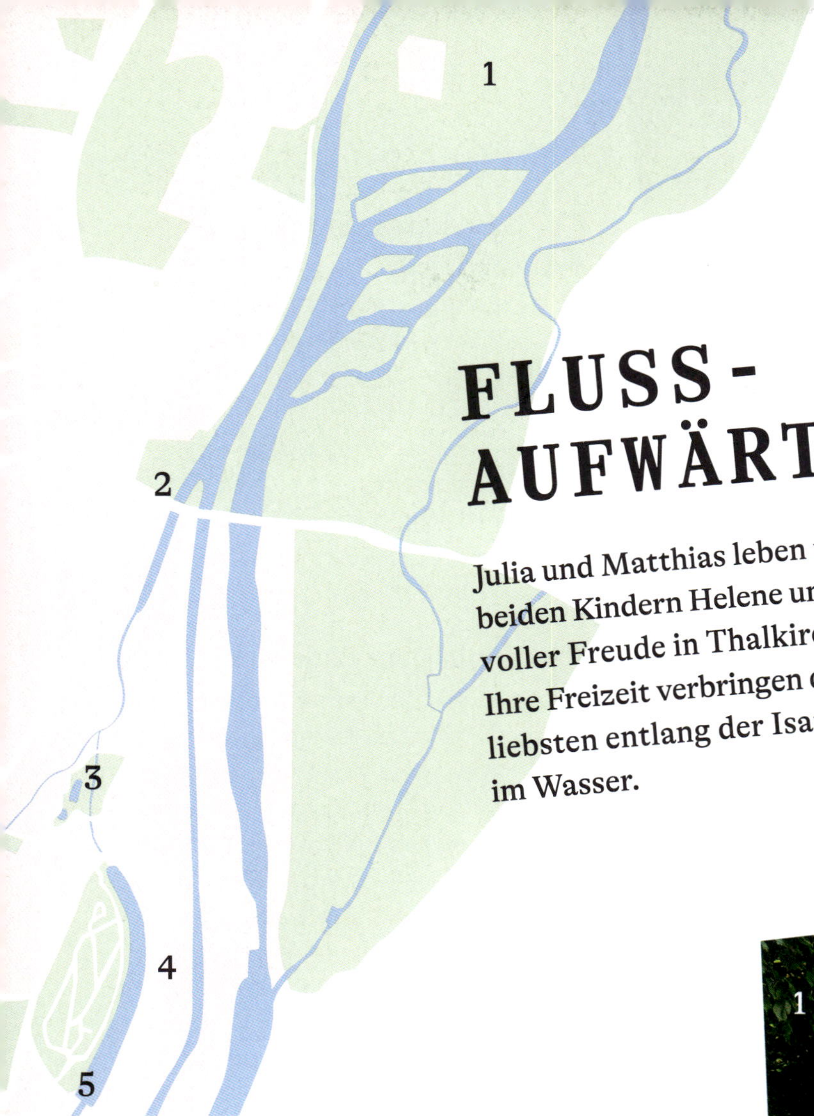

FLUSS-AUFWÄRTS

Julia und Matthias leben mit ihren beiden Kindern Helene und Hansi voller Freude in Thalkirchen. Ihre Freizeit verbringen die Vier am liebsten entlang der Isar am und im Wasser.

1 Auf den Spuren der Seidenraupen

Die Stadt hat sich den im Dezember 2021 neu eröffneten Spielplatz einiges kosten lassen – mehr als eine Million Euro wurde investiert, um das Kletterparadies gleich gegenüber vom Biergarten Zum Flaucher in den südlichen Isarauen entstehen zu lassen. Seitdem ist es nicht nur für Julia, Mathias und ihre beiden Kinder ein beliebtes Ausflugsziel geworden. Während die fünfjährige Helene ihren Spaß auf den Kletterseilen, Schaukeln

1

2 Gute Laune-Snacks

Ein beliebter Stopp auf dem Weg weiter flussaufwärts oder zum Tierpark Hellabrunn auf der anderen Seite der Isar liegt an der Thalkirchner Brücke, wo es nicht nur guten Kaffee, leckere Suppen, Focaccia und wechselnde Tagesgerichte gibt, sondern zum Gefallen der Kinder auch ein paar süße Snacks. In dem coolen Kiosk sind alle – von ganz Klein auf – willkommen. *Kiosk 1917, Tierparkstr. 2, 81379 München-Thalkirchen, kiosk1917.de*

3 Natürlicher Badepark

Während der warmen Monate ist das vom Isarkanal durchströmte, idyllisch in den Isarauen gelegene Naturbad mit seinem großen Kinderplanschbereich, schönen Liegenwiesen und einem kleinen Kioskbiergarten einer der liebsten Aufenthaltsorte der vierköpfigen Familie. Geöffnet ist das Maria Einsiedel meist von Mai bis September. Schön, vor allem mit kleinen Kindern: Man schwimmt und planscht hier chlorfrei wie in einem Badesee, denn das Wasser wird in einem separaten Becken biologisch gereinigt. *Naturbad Maria Einsiedel, Seite 175*

und Rutschen hat, begeistert sich der knapp zweijährige Hansi vor allem für die Wasserpumpe mit Matschtisch. Der Name des Spielplatzes bezieht sich auf die Vergangenheit des Ortes – auf dem Spielplatz wird diese als Motiv in Form der Kletternetze aufgegriffen, die daran erinnern sollen, wie hier vor mehr als 200 Jahren Seidenspinner-Schmetterlingsraupen gezüchtet wurden. *Spielplatz „Seidenspinner" am Biergarten Zum Flaucher, Isarauen 8, 81379 München-Thalkirchen, zumflaucher.de*

2

4 Biodiversität genießen

Die Isarauen sind nicht nur für uns Menschen ein Idyll, auch Bienen finden hier den Lebensraum und Blütennektar, den sie brauchen, um Honig zu produzieren und ganz nebenbei die Biodiversität zu erhalten. Unweit der Flößlände kann man am Honigkasterl den köstlichen Isar Honig kaufen. Wer mehr über das Imkern und die Bedeutung der Bienen erfahren möchte, ist beim Imkerverein und richtig. Mehrere Bienenvölker leben auch am Bootshaus der NaturFreunde, die Vereinsgaststätte verfügt über einen familienfreundlichen Biergarten mit Spielplatz und Spielwiese. *Honigkasterl, Zentralländstr. 35, 81379 München-Thalkirchen; Lehrbienenstand Imkerverein München e.V., Zentralländstr. 36, 81379 München-Thalkirchen, imkerverein.net; NaturFreunde Haus, Zentralländstr. 16, 81379 München-Thalkirchen, N72.naturfreundehaus.de*

5 Von Flößen, Kanus und Surfwellen

Die Isarflößerei war bis ins 19. Jahrhundert ein wichtiges Mittel der Güter- und Personenbeförderung, daher gab es in München mehrere

Das Leben spielt sich seit jeher an der Isar ab und hier treffen noch heute alle aufeinander.

Anlegestellen. Heute wird die letzte noch verbliebene Floßlände, die Zentrallände am Ende des Floßkanals in Thalkirchen, vor allem von Vergnügungs-Floßfahrten angesteuert. Wie diese anlegen ist durchaus spannend für Kinder zu beobachten, aber noch interessanter sind die anderen Wassersportler:innen von Kanut:innen bis Surfer:innen, die hier aufeinandertreffen. Am Campingplatz in Thalkirchen liegt mit der Welle an der Floßlände die Anlaufstelle für alle, die zum ersten Mal das Riversurfen ausprobieren möchten. Sie ist die einzige Welle, an der man relativ gefahrlos die ersten Versuche starten und Erfolge erzielen kann, und läuft während der Floßsaison von Mai bis Ende September. *Isarfloß Angermeier, isarfloss-angermeier.de; Floßlände-Welle, igsm.info/flosslaende*

3

5
Weniger bekannt als die Eisbachwelle, dabei gilt die Floßlände als Ursprung des Riversurfens in München und eignet sich auch für Anfänger:innen.

MÜNCHEN VON OBEN UND UNTEN

Zeltdach-Tour Olympiapark

Münchens Türme prägen nicht nur das Stadtbild, sie bieten auch herrliche Ausblicke über Stadt und Umland, bei günstigen Wetterbedingungen bis zu den Alpen. Doch es gibt noch einige weitere spannende Aussichtspunkte.

Rauf aufs Wahrzeichen

Der Ende des 15. Jahrhunderts erbaute Dom mit seinen ikonischen Zwillingstürmen ist eine der bekanntesten Sehenswürdigkeiten und zugleich einer der schönsten Aussichtspunkte Münchens. Im Südturm der Frauenkirche kann man – leider nicht barrierefrei – über Wendeltreppe und Aufzug die Turmstube auf 99 Metern Höhe erreichen. Dort hat man vor Wind und Wetter geschützt einen unvergleichlichen Rundumblick über die ganze Stadt, inklusive Alpenpanorama bei gutem Wetter. *Frauenkirche, Seite 90*

Besuch beim Turmwächter

Auch auf der Aussichtsplattform des „Alten Peter" auf 56 Metern Höhe könnt ihr bei guten Sichtbedingungen euren Blick bis zu den Alpen schweifen lassen. Ein bisschen Kondition und Schwindelfreiheit sollte ihr aber mitbringen, denn bis zum Zimmer des einstigen Turmwächters müsst ihr ungefähr 300 Stufen erklimmen. *Pfarrkirche St. Peter, Seite 92*

Vorbei am Glockenspiel

Am Marienplatz lässt sich so einiges vor dem Sitz des Oberbürgermeisters erleben. Das Glockenspiel am Neuen Rathaus begeistert Stadtbewohner:innen und besucher:innen immer wieder aufs Neue, in gepflegter Regelmäßigkeit werden hier Meisterschalen vom Balkon in die Höhe gereckt, vor allem aber kann man die Aussichtsgalerie auf 80 Metern Höhe im Rathausturm mit zwei Liften barrierefrei erreichen. Nur ein paar Meter darüber wacht das Münchner Kindl über die Stadt.
Neues Rathaus, Seite 90

Über Hügel und Dächer

Als einer der höchsten Türme Europas bietet er nicht nur eine fantastische Aussicht von seinen Aussichtsplattformen in 190 Metern Höhe, sondern auch feines Essen im Drehrestaurant 181 auf namensgebenden 181 Metern. Allerdings wird der Olympiaturm wegen Sanierungsarbeiten ab Juni 2024 für voraussichtlich zwei Jahre geschlossen. Dann bleibt euch immer noch das Erklimmen des Olympiahügels. Von dort sieht man auch das Olympiastadion, dem man bei Touren mit Kindern ab zehn Jahren aufs Zeltdach steigen kann.
Olympiapark und Olympiaturm, Seite 92

Riesenrad UMADUM im Werksviertel

Perspektivwechsel sorgen für neue Einblicke und Überblick. Also schaut euch München doch mal von oben an!

Blick über die Theresienwiese

Vor der Ruhmeshalle thront die weltliche Patronin Bayerns und überschaut das Treiben auf der Theresienwiese. Wer die Wendeltreppe im Inneren der Bavaria hinaufsteigt, kann einen Blick durch ihre Augen werfen.

Bavaria, Seite 90

Übers Werksviertel gondeln

Bei der halbstündigen Fahrt mit dem 78 Meter hohen Riesenrad lassen sich schöne Ausblicke aufs Werksviertel und den Osten der Stadt erhaschen. *Umadum, Seite 93*

Dachterrasse an der Isar

Hoch oben über der Museumsinsel kann man tagsüber toll mit Kindern im Dachterrassen-Restaurant „Frau im Mond“ einkehren. Bei dem idyllischen Ausblick über die Isar schmecken Snacks und Speisen gleich doppelt gut.

Frau im Mond, Museumsinsel 1, 80538 München, frauimmond.bar

Bei gutem Wetter reicht der Blick bis zu den Alpen.

Stammbahn-Bau

Unter Tage im Salzbergwerk

Erkenntnisreiche Einsichten – wie Salz und Kohle gewonnen werden.

UNTER DER OBERFLÄCHE

Auch in Münchens Untergrund gibt es neue Perspektiven und Zeugnisse der Stadtgeschichte zu entdecken. Wer noch tiefer einsteigen möchte, findet bei Ausflügen nach Peißenberg oder Berchtesgarden interessante Einblicke in die Bergwerkswelt.

Führung durch Münchens Unterwelten

Von Mai bis September finden die „Unterirdisch & Extravagant"-Führungen von Stadtführung statt. Dabei werden verschiedenste Untergründe der Stadt – mittelalterliches Burggewölbe, unterirdische Krypta, Sarkophage bayerischer Könige, unterirdisches Wasserwerk, der frühere Rotlichtuntergrund und mehr erkundet. Auch das Team von Weis(s)er Stadtvogel hat spannende Touren durch Münchens Unterwelten im Programm. *stadfuehrung.info; stadtvogel.de*

Neue Tunnel durch München

Das Münchner S-Bahnnetz zählt zu den größten der Welt und befördert täglich rund 849.000 Menschen. Damit ist die 1972 eröffnete Stammstrecke an ihre Kapazitätsgrenzen geraten, vor allem da alle S-Bahnen durch einen Tunnel die Münchner Innenstadt unterqueren müssen. Um für diesen Engpass Abhilfe zu schaffen, wird auf rund zehn Kilometern zwischen den Bahnhöfen Laim im Westen und Leuchtenbergring im Osten eine zweite Stammstrecke gebaut. Bei regelmäßigen Führungen kann man sich einen Eindruck von dem riesigen innerstädtischen Bauprojekt verschaffen.
2.stammstrecke-muenchen.de/termine

Lohnenswertes Ausflugsziel: Salzbergwerk Berchtesgaden

Bergwerk-Erlebnis

Leider ist die Bergwerk-Abteilung mit dem 500 Meter langen Rundgang im Deutschen Museum während der Sanierung bis 2028 geschlossen und es ist unsicher ob sie überhaupt wieder aufgebaut werden kann. Virtuell lässt sie sich auf der Website noch erkunden. *Deutsches Museum, Seite 59*

Erlebnisstollen

Wer mit Kindern mehr über die Geschichte des Bergbaus und die Atmosphäre in einem Bergwerk live erleben möchte, ist ca. 60 Kilometer Luftlinie südwestlich von München an der richtigen Adresse. Bis 1971 wurde in Peißenberg Kohle zu Tage gefördert, heute könnt ihr im Erlebnisstollen einen Blick in eine abgebaute, aufgelassene Grube, den sogenannten „Alten Mann" werfen und eine Schausprengung erleben. *Bergbaumuseum Peißenberg, Seite 58*

Salzbergwerk

Etwa 150 Kilometer von München entfenrt könnt ihr eines der ältesten aktiven Salzbergwerk Deutschlands besichtigen. Für Kinder besonders spannend sind die Fahrt mit der Grubenbahn in den Berg, die beiden 40 Meter langen Holzrutschen oder eine Bootstour über den funkelnden unterirdischen Salzsee Kombinieren lässt sich der Besuch mit einer einstündigen Themenwanderung entlang der einstigen Soleleitung. *Salzbergwerk Berchtesgaden, Salzburger Str. 24, 83471 Berchtesgaden, salzbergwerk.de*

MIT EINEM GUTEN GEFÜHL

Der Zuckertag-Kosmos: Co-Working-Café, Kurse und Betreuung für Kleinkinder.

Kinderbetreuung in München – ein großes Thema, die Kleinen gut betreut zu wissen. Zuckertag-Gründerin Natalie Bendit ist seit zehn Jahren nah dran an den Herausforderungen von Eltern und Kitabetreiber:innen, ist sie doch selbst beides.

Gerade hat sie einen neuen Standort eröffnet: Die Zuckertag-Kita in der Au bietet Platz für 27 Kinder vom Krippenalter bis zum Eintritt in die Grundschule. Natalie ist in München geboren und aufgewachsen, ihre Eltern stammen jedoch beide aus Südamerika. Die südamerikanische Kultur, die Freude am Leben, die Bedeutung von Familie und Zusammenhalt haben die Mutter eines elfjährigen Sohns geprägt und findet sich auch bei Zuckertag wieder: Natalie und ihr Team arbeiten nach dem Motto „Zusammen sind wir eine Familie".

Welches Konzept steht hinter Zuckertag?
Seit unserer Eröffnung im September 2013 ist es unser Ziel, Familien mit Kleinkindern mit Qualität, Flexibilität und einer Riesenportion Herzlichkeit zu unterstützen und mit einem breiten Freizeitangebot zu begeistern. Wir bieten liebevolle, professionelle Baby- und Kinderbetreuung, In- und Outdoor-Spielflächen, ein Coworking Café mit Wlan und Drucker, ein vielfältiges Kursangebot und zahlreiche Family-Events. Eltern finden die Zeit, ihrem Job nachzugehen oder auch einfach mal durchzuatmen, und Energie zu tanken.

Wie hat sich die Kinderbetreuungs-Situation in München entwickelt?
Die Kinderbetreuung ist seit Jahren bzw., Jahrzehnten ein großes Thema in München. Die steigende Nachfrage nach Betreuungsplätzen, insbesondere im Kleinkind-Alter, hat dazu geführt, dass die Stadt in den Ausbau bestehender Kindertagesstätten investiert und neue Einrichtungen eröffnet hat. Leider gibt es aktuell aber immer noch in vielen Münchner Stadtteilen zu wenige Plätze. Daher hat sich die Zusammenarbeit mit privaten Trägern zur Schaffung zusätzlicher Betreuungsmöglichkeiten zuletzt stetig weiterentwickelt. Auch Firmen haben hauseigene Kitas geschaffen, um den Wiedereinstieg für

„Eines der größten Probleme ist der Fachkräftemangel. Davon können gerade alle Kitabetreiber:innen ein Klagelied singen."

Mitarbeiter:innen zu ermöglichen. Aber überall, ob städtisch, privat oder betrieblich: Es mangelt an qualifiziertem Personal. Wir Kitabetreiber:innen stehen zudem vor weiteren Herausforderungen. Geeignete, bezahlbare Immobilien und Vermieter:innen zu finden, die gerne Kinder im Haus haben, ist nicht leicht. Die langen Bearbeitungs- und Bewilligungszeiten von Ämtern und Behörden bringen einen auch manchmal ganz schön ins Schwitzen.

Natalie Bendit hat Zuckertag nach der Geburt ihres Sohnes gegründet.

Was rätst du Eltern, die nach einem Betreuungsplatz in München suchen?
Ein absolutes Muss: Frühzeitig informieren und anmelden. Eltern sollten mehrere Einrichtungen besichtigen, um einen Eindruck von den Räumlichkeiten, dem Betreuungskonzept und dem pädagogischen Personal zu erhalten. So können sie eine fundierte Entscheidung treffen. Und dabei ganz wichtig: auf das eigene Bauchgefühl und Herz hören!

Persönliche Empfehlungen einholen: Fragt Freund:innen, Nachbar:innenn oder Kolleg:innen nach ihren Erfahrungen und Empfehlungen. Tauscht euch mit anderen Eltern aus dem Viertel aus, beim Einkaufen, auf dem Spielplatz. Aber auch online in Foren. Die Facebook-Gruppe „Fröhlicher Austausch für Münchner Familien" ist super up to date über alle Münchner Viertel und Umland. Bleibt flexibel: Es kann schwierig sein, den Wunschbetreuungsplatz zu bekommen. Ihr solltet daher bereit sein, alternative Betreuungsmodelle in Betracht zu ziehen, wie betreute Spielgruppen, Nachmittags-Kitas eventuell in Kombination mit einem Co-Working-Platz.

Wie verbessert sich etwas in puncto Vereinbarkeit von Familie und Beruf?
Berufstätige Eltern benötigen oft flexible Lösungen, um Beruf und Familienleben er-folgreich miteinander zu vereinbaren. Viele Eltern arbeiten freiberuflich, sind selbstständig, haben ein eigenes Geschäft oder arbeiten im Schichtdienst. Mehr

Glücksinseln mitten in München

„Die Herausforderungen erfordern eine enge Zusammenarbeit zwischen Kitas, Stadt und Eltern, um eine qualitativ hochwertige und bedarfsgerechte Kinderbetreuung in München zu sichern."

Betreuungsangebote erleichtern es ihnen, ihre beruflichen Verpflichtungen zu erfüllen. Natürlich muss dabei an oberster Stelle die Qualität der Kinderbetreuung stehen. Nur dann kann sich dadurch die Lebensqualität hinsichtlich Work-Life-Family der Eltern entspannen. Co-Working-Plätze für Eltern könnten zukünftig eine noch größere Rolle spielen, da sie eine flexible Arbeitsumgebung bieten und es ihnen ermöglichen, ihre Kinder in der Nähe zu haben, während sie gleichzeitig produktiv arbeiten.

Wie bringst du selbst dein Familienleben und Unternehmerinnentum unter einen Hut?
Ich muss zugeben, dass ich schon ein ganz schönes Pensum habe. Ich bin alleinerziehend und habe aktuell die zwei Zuckertag-Filialen. Und da ist auch noch Lula, unsere Golden Retriever Lady. Damit alles klappt, muss ich mich sehr gut organisieren. Ich habe aber ein Team, auf das ich immer voll zählen kann, das ist die halbe Miete.

LASST UNS SPIELEN

Matilda, 8 Jahre, kennt den Spielplatz im Taxispark wie ihre Hosentasche. Dort trifft sie ihre Freund:innen, seitdem sie ganz klein ist.

München ist bekannt für idyllische Grünanlagen und Gewässer – so bieten viele Spielplätze Kletter- und Wasserspaß im Grünen.

Spielplatz im Taxispark
Paschstr. 28,
80637 München-Neuhausen

Biergarten Taxisgarten
Taxisstr. 12,
80637 München-Neuhausen,
taxisgarten.de

Wo alle gern sind

Seit Kindergartentagen treffen sich Matilda und ihre Familie mit Freund:innen im Taxispark, der sich seit der Umgestaltung 2018 zu einer beliebten Oase für alle von Babys bis zu Senior:innen entwickelt hat. Der Spielplatz auf einer natürlichen Lichtung wurde nach Ideen der Kinder aus der Nachbarschaft gestaltet.

Dank des alten Baumbestands findet man dort immer auch ein Schattenplätzchen. Seilbahn, Baumhaus, Klettergerüst, Rutsche und Trampolinen bieten reichlich Spiel- und Tobespaß, während der nahegelegene familienfreundliche Taxisgarten für eine gute Versorgung mit Speis und Trank für Groß und Klein sorgt. Einst war das 1,3 Hektar große Gelände in Gern ein Erholungspark des Vereins für Kriegs- und Körperbeschädigte nach dem Ersten Weltkrieg und bis 2018 nicht öffentlich zugänglich.

Dafür musste die Stadt es erst von Altlasten und maroden Gebäuden befreien. An diese Vergangenheit erinnert der Senkgarten in der Mitte des Parks, der sich über drei Ebenen erstreckt und die Grundform des früheren Schwimmbeckens aufgreift. Dort finden sich viele Gelegenheiten zum Ausruhen und das angrenzende Kneippbecken eignet sich prima für die Abkühlung heiß gespielter Füße.

Der Rosengarten in den Isarauen ist zwar längst kein Geheimtipp mehr, aber dennoch einer der schönsten Orte zum Spielen für Kinder.

Rosengarten
Sachsenstr. 9, Eingang von den Isarauen aus südlich der Wittelsbacher Brücke
81543 München-Untergiesing

Wo die Natur der Spielplatz ist

Eine Wohltat für Augen, Ohren, Nase – die namensgebenden mehr als 200 verschiedenen Rosensorten blühen bunt, verströmen ihren Duft, Hektik und Lärm der Stadt scheinen meilenweit entfernt, wenn man das Idyll mitten in der Au betritt. Hervorgegangen ist der heutige Rosengarten aus der Städtischen Baumschule Bischweiler, die 1901 als Teil der Isaranlagen geplant wurde, der eigentliche Rosengarten entstand 1955. Es ist ein Glück, dass die Anlage seither zwar umgestaltet, aber nie zu sehr perfektioniert wurde und ein verwunschenes Paradies blieb. Über eine kleine Brücke erreicht man das eigentliche Ziel aller kleinen und etwas größeren Kinder wie Lotta, die gar keinen herkömmlichen Spielplatz mit gestalteten Spiellandschaften suchen.

Der seichte Bachlauf hinter dem Rosengarten ist umgeben von Büschen und Bäumen, so findet man hier immer ein Schattenplätzchen, um gemütlich eine Decke auszubreiten und die Kinder dabei beobachten zu können, wie sie glücklich in sich versunken aus Steinen kleine Staudämme bauen, planschen und vom Grund des Bachs Tonerde fischen, aus der sich kleine Kunstwerke formen lassen, die dann zusammen mit den Kindern in der Sonne trocken.

Lotta, 7 Jahre, taucht voller Begeisterung in die Natur ab.

Wasserspielplatz im Westpark
Zugang zum Park über Heiterwanger Str./Ecke Rattenberger Str., 81377 München-Sendling

Café Gans am Wasser
Siegenburger Str. 41
81373 München-Sendling
gansamwasser.de

Circus Leopoldini
Zirkuswiese im Westpark
81373 München-Sendling
circus-leopoldini.de

Im Westpark sind noch weitere tolle Spielplätze zu finden, der absolute Hit ist aber der große Wasserspielplatz.

Wo es immer viel zu erleben gibt

Gerade hat er sein 40jähriges Jubiläum gefeiert – der 1983 zur IGA eröffnete Westpark zählt zu den schönsten und vielseitigsten Grünanlagen für Familien. Wir sind mit Felix im östlichen Teil rund um den Mollsee unterwegs, wo sich nicht nur das beliebte Café Gans am Wasser und die Zirkuswiese, sondern auch einer der coolsten Spielplätze der Stadt befindet. Die Riesenröhrenrutsche flößt dem Sechsjährigen etwas Respekt ein, aber mit ein wenig Überwindung ist es dann ein Riesenspaß, sie hinunter zu sausen. Aber Achtung: Der Spielplatz liegt ziemlich in der Sonne, so können die Metallteile recht heiß werden. Gut, dass die Hauptattraktion Abkühlung verspricht: der Wasserlauf rund um die Kletterinsel. Felix ist jedenfalls ratzfatz in der Badehose, lässt sein Boot fahren und hätte am liebsten gleich seine Freunde zum Kicken und für eine ordentliche Wasserschlacht dabei.

Großer Wasserspaß: Felix, 6 Jahre alt, hat richtig Freude am Boote fahren lassen.

MÜNCHEN
MIT
MINIS

Mit kleinen Neumünchner:innen lassen sich Stadt und Umland ganz neu entdecken – unsere Tipps, wo man sich mit Babys und Kleinkindern bei Kultur, Kulinarik und Kursen wohlfühlen kann.

Café mit Baby

Eine Übersicht über die Cafés, in denen ihr mit euren Minis nicht nur willkommen seid, sondern von eigens für sie eingerichteten Spielbereichen erwartet werdet, findet ihr auf unserer Website muenchenmitkind.de. An dieser Stelle haben wir drei besonders schöne Tipps für euch: Das „Dolcilicious" ist ein entspanntes Café mit Spielbereich und schönem Außenbereich am Elisabethplatz. Die köstliche Kuchen könnt ihr übrigens auch für zu Hause bestellen, eine gute Idee für kommende Kindergeburtstage. *Dolcilicous, Agnesstr. 2, 80801 München-Schwabing, dolcilicious.de*

Ein wundervoller Ort mit Kleinkindern ist das „Kleine Sportgeister Turncafé" Hier kann man zwar nicht spontan reinspazieren, sondern muss sich Plätze in der offenen Turncafé-Zeit online reservieren, daür sucht das Bewegungsangebot für Kleinkinder seinesgleichen. Die Räume können auch für private Feiern gemietet werden. *Kindercafé Kleine Sportgeister, Hiltenspergerstr. 43, 80796 München-Schwabing, kleine-sportgeister.de*

Es bezeichnet sich selbst als „Tagescafé für die ganze Familie". Dem wird das „Glückskind" mit Hochstühlen, Wickelstation, Spiel- und Krabbelecke mit Bilderbüchern und Spielsachen, dem schönen Außenbereich mit Terrasse an einem ruhigen, begrünten Hof, wo Kinder gefahrlos spielen können, auf ganzer Linie gerecht. *Café Glückskind, Seeriederstr. 9, 81675 München-Haidhausen*

Kino mit Baby

Ins Kino mit Baby – klingt unentspannt und nach einer ziemlichen Zumutung für die anderen Zuschauer:innen? Nun, die sind bei den Babykino-Vorstellungen im Neuen Maxim ja in der gleichen Situation. Dort könnt ihr regelmäßig aktuelle Filme – bei verminderter Lautstärke und gedimmtem Licht – auf der großen Leinwand sehen, ohne jemand zum Babysitten organisieren zu müssen. Stillen, Wickeln und Babylaute sind normal, doch wenn die Kleinen das große Krabbeln beginnen, werden sie allmählich zu mobil fürs Babykino. *Neues Maxim, Landshuter Allee 33, 80637 München-Neuhausen, neues-maxim.de*

Köstliches im Café Glückskind

Wohlfühlen im Little by Little Studio

Was für die kleinsten Münchner:innen läuft, erfahrt ihr bei uns auf muenchenmitkind.de und im Mini-Tipps-Newsletter.

Kunst mit Baby

Jeweils einmal im Monat habt ihr bei Känguruführungen die Möglichkeit, die Meisterwerke der modernen Kunst in der Pinakothek der Moderne, die alten Meister:innen in der Alten Pinakothek oder die zeitgenössische Kunst im Museum Brandhorst zu erleben. Bei den Führungen kommt es zum Austausch mit anderen Eltern – mal nicht nur über Schlafgewohnheiten und Co., sondern die Wahrnehmungen der Kunst. Auch in der Kunsthalle in den Fünf Höfen gibt es einmal im Monat Führungen mit Baby durch die jeweils aktuelle Ausstellung. Die „Baby hört mit"-Führungen im Haus der Kunst mit seinen wechselnden Ausstellungen finden sogar häufiger statt. *Alte Pinakothek, Seite 56; Museum Brandhorst, Seite 66; Pinakothek der Moderne, Seite 72; Kunsthalle München, Seite 64; Haus der Kunst, Seite 63*

Theater mit Baby

In mehreren Theatern der Stadt kommen Stücke für Kleinkinder auf die Bühne – die Termine findet ihr immer in unserem Veranstaltungskalender auf muenchenmitkind.de. Bevor man ein Baby hat, ahnt man vielleicht gar nicht, wie viele Kulturangebote München schon für die Jüngsten bereithält.

Ein Theater zählt für uns zu den tollsten Orten Münchens für Familien: In der Schauburg könnt ihr immer tolle Inszenierungen für Kinder sehen. Tatsächlich steht schon für Babys ab drei Monaten eine Performance auf dem Spielplan: „Lumi" erzählt mit Lichtobjekten, Gesang und Bewegung Geschichten vom Schäfchen zählen, Wolkenkuscheln und Mondtanzen. Das Musiktheaterstück „La Le Lufft" richtet sich an Babys ab 18 Monaten. Zudem lädt das Theater am Elisabethplatz jedes Jahr internationale Inszenierungen für die Allerjüngsten zum KUCKUCK-Theaterfestival ein. *Schauburg, Seite 83, kuckuckfestival.de*

Kurse mit Baby

Stellvertretend für die vielen tollen Kursanbieter:innen Münchens möchten wir euch drei besonders schöne Orte ans Herz legen: Im Little by Little Studio können sich Mütter

„La Le Luffft“ in der Schauburg für Kleinkinder ab 18 Monaten

Little by Little Studio

Schwimmen, Singen, Sport machen – das Kursangebot mit Babys und Kleinkind ist vielfältig! Kurstipps findet ihr unter muechenmitbaby.de

vor und nach der Geburt fit halten, austauschen und später ihre Kinder zu Babymassagekursen und Krabbelgruppen begleiten. *Little by Little Studio, Kurfürstenstr. 7, 80799 München-Maxvorstadt, littlebylittle-studio.com*

Die hübschen Räumlichkeiten des Studios Yoga Woman liegen mitten im Herzen von Schwabing. Dort finden neben prä- und postnatalen Yoga- und Pilates-Kursen auch Yogakurse für Babys ab drei Monaten statt. *Yoga Woman, Belgradstr. 14, 80796 München-Schwabing, yogawoman.de*

Der „Kopffüßler" ist ebenfalls ein beliebter Treffpunkt für Familien mit kleinen Kinder in Schwabing, die dort liebevoll gestaltete Räume und Angebote vorfinden. *Kopffüßler, Clemensstr. 99, 80796 München-Schwabing, kopffuessler.eu*

Konzerte mit Baby

Im Kopffüßler finden auch die monatlichen „Pianobabys"- Klavierkonzerte von Larissa Richter statt. Den familiären Rahmen, in dem sich die Kleinen während der Konzerte frei im Raum bewegen können, weiß Larissa selbst sehr zu schätzen. In kleinen Gruppen sitzen, krabbeln oder tanzen die Babys rund um das Klavier, an dem sie Stücke von Chopin, Debussy, Mozart, Filmmusiken wie „Die fabelhafte Welt der Amelie“ und ihre eigenen Kompositionen spielt. *pianobaby.de*

Auch die Babykonzert-Reihe bringt regelmäßig klassische Livekonzerte für Babys und ihre Eltern nach München. Alle Musiker:innen der internationalen Profi-Ensembles haben selbst Kinder und spielen mit Liebe für alle Babys. Saskia Dürr und ihr Team suchen die Stücke auf die Bedürfnisse der Kleinen abgestimmt aus. Das musikalische Programm gefällt aber auch Erwachsenen. Im Konzertraum gibt es keine Bestuhlung, sondern jede:r bringt die eigene Krabbeldecke mit. *babykonzert.de*

Wasserspaß mit Baby

Seit 20 Jahren begleiten die Kurse von Aqua & Soul Münchner Familien im 34 Grad warmen Wasser und an Land durch die ersten Lebensjahre der Kleinen. Das Motto „Rund um das Wohl der Familie“ ist an den drei Standorten in Obermenzing, Fürstenried West und Oberföhring Programm. Alle Kurse werden alters- und entwicklungs- gemäß eingeteilt. So treffen Klein und Groß stets auf Gleichgesinnte.

Seit einigen Jahren ist auch das Kursprogramm an Land gewachsen. So könnt ihr nicht nur an Schwangerschafts- und Babyschwimm- Kursen im Wasser, sondern auch an Yoga-, Pilates- und Babymassage-Angeboten in den Aqua & Soul-Räumlichkeiten teilnehmen. *Aqua & Soul, Seite 174*

Voller Vertrauen die ersten Erfahrungen im Wasser machen.

GemüseAckerdemie von Acker e. V.

WENIGER IST MEHR!

München versammelt etliche schlaue und innovative Köpfe, die sich den drängendsten Fragen unserer Zeit widmen, die sich trotz aller aktuellen Krisen vor allem um den Klimawandel drehen. München soll sich so schnell wie möglich in eine klimaneutraIe Stadt verwandeln und dazu können wir alle etwas beitragen.

Mehr gute Ideen

Für eine bessere Zukunft braucht es gute Ideen und den Optimismus, dass Menschen unterschiedlichster Professionen ihre Innovationskraft darauf verwenden, diese zu entwickeln. Angesichts der Herausforderungen des Klimawandels stellen sich viele Fragen, wie wir eine lebenswerte Umwelt für unsere Kinder erhalten können. Global denken, lokal handeln – nachhaltiges Handeln vor Ort ist sinnvoll und sinnstiftend. Zum einen zählt jeder noch so kleine Beitrag, zum anderen ist es ein Weg, dem Gefühl der Machtlosigkeit zu begegnen. Kindern Wissen über die Hintergründe und Lösungsansätze zu den Problemen unserer Zeit sowie darüber, was sie selbst konkret tun können, zu vermitteln, ist daher ein wichtiger Schritt. Ein Ausflug zum Nürnberger Deutschen Museum lohnt sich für alle, die sich für den aktuellen Stand der Zukunftsforschung und Projekte, die uns zukünftig beeinflussen, interessieren. Die Grundkonzeption einer Gegenüberstellung von „Science“ und „Fiction“ zieht sich dabei als roter Faden durch alle Bereiche der Ausstellungen. *Deutsches Museum Nürnberg, Seite 59*

In München engagieren sich einige Initiativen und Netzwerke wie Green City e.V., rehab republic oder das Netzwerk Klimaherbst e.V. für eine grünere, klimagerechtere Stadt. Innovative Macher:innen wie der Acker e.V. initieren bundesweit nachhaltige Bildungsprogramme für Kinder wie „AckerRacker" und „GemüseAckerdemie". Events, naturpädagogische Angebote und Möglichkeiten, sich am Schutz der Umwelt zu beteiligen, findet ihr beim Ökologischen Bildungszentrum München (ÖBZ). Auch der BUND Naturschutz in Bayern veranstaltet einiges an Seminaren, Exkursionen, Kinder- und Familien-Aktionen in der und für die Natur. Wie wichtig Biodiversität ist, lässt sich auch im HeideHaus, der Umweltstation im Naturschutzgebiet Garchinger Heide im Münchner Norden erleben.

Tiny House „Ferdinand" bei der Green World Tour

Doch es gibt noch mehr zu entdecken: „Orte des Wandels" bieten mit „fair wandeln" Spaziergänge und Bildungsmaterialien rund um die nachhaltigen Initiativen der Stadt an. *Green City, greencity.de; rehab-republic.de; klimaherbst.de; acker.co/regionsued; ÖBZ, Seite 150, HeideHaus, S. 149; BUND Bayern, bund-naturschutz.de; fair-wandeln.de*

Mehr informieren

Die Green World Tour kommt 2024 wieder nach München – die Nachhaltigkeitsmesse mit Kleidertauschbörse und Solartagen ist die richtige Anlaufstelle für alle, die sich für neue Ideen, technische Lösungen und Produkte rund um ein ökologisch bewusstes Leben informieren möchten. Das Netzwerk Klimaherbst steckt hinter der Klima.DULT – dem jährlichen „Markt der guten Ideen" – und der Veranstaltungsreihe Klimaherbst, die sich mit YOUTH.Klimaherbst auch gezielt an Kinder und Jugendliche richtet. *Green World Tour: 15./16.06.2024, 11:00-18:00, Galopprennbahn München, autarkia.info; Klima.DULT: Termin und Ort werden Anfang 2024 bekannt gegeben; klimadult.de; Klimaherbst:Oktober 2024, klimaherbst.de*

Mehr klima- und menschenfreundliche Mobilität

Man merkt erst so richtig, wie menschenfeindlich es vor allem für die Jüngsten ist, den öffentlichen Raum zu einem großen Teil den Bedürfnissen des motorisierten Verkehrs zu unterwerfen, wenn man ihn mal aussperrt.

Nachhaltige Umweltbildung und Ernährungskompetenz – die Gemüse Ackerdemie vermittelt Kindern, woher unser Essen kommt.

Höfe begrünen, Stadt-
bäume gießen, Saat-
bälle werfen, so lässt
sich die Stadt bunter
und grüner machen!

Grünoase statt Blechwüste: Projekte wie der PARK(ing) DAY und die Münchner Sommerstraßen zeigen, was für ein Gewinn diese zurückgewonnenen Flächen für die Stadtgesellschaft sein können. Zweimal im Jahr, im Frühjahr und Herbst, wird anlässlich des europäischen autofreien Tages beim „Zamanand" die Leopoldstraße für den Verkehr gesperrt, die sich dann zwischen Odeonsplatz und Siegestor in ein Festivalgelände verwandelt. Dort informiert unter anderem „München unterwegs" zu allen städtischen, vor allem emissionsfreien, Fortbewegungsformen. Spannend wird auch die neue Mobilitätsausstellung am neuen Standort des Kindermuseums, wenn es 2024 wiedereröffnet.

München summt

Auch wenn man nicht dogmatisch alle Kraftwagen aus der Innenstadt verbannen möchte, bleibt es eine einfache Gleichung: Weniger Autos gleich mehr Freiraum und Frischluft für alle. Für einen weiteren Ausbau der Radwege auf dem Weg zu einer kindersichereren und klimagerechtereren Stadt setzen sich unter anderem die Iniator:innen des Radentscheids ein, der im Juli 2024 den fünften Jahrestag feiert. An werdende und junge Familien mit Babys im Alter von bis zu 15 Monaten richten sich die „Go!Family"-Mobilitätsangebote von „München unterwegs", bei denen sie Carsharing, den öffentlichen Nahverkehr oder Kindertransporträder vergünstigt oder kostenlos testen können.

Aporopos Lastenrad – wer über kein eigenes verfügt, um auch mal größere Einkäufe, Frachten oder Kinderscharen zu transportieren, kann auch bei „Freie Lastenradl" kostenfrei eins ausleihen. *Internationaler PARKing Day: 20.09.2024; zamanand.de; muenchenunterwegs.de; Kindermuseum, Seite 64; radentscheidmuenchen.de; freie-lastenradl.de*

LOVE Kidswear, Seite 103

Münchner Label und Läden wie LOVE Kidswear setzen sich für nachhaltig und fair produzierte Mode und Produkte ein.

Mehr Stadtgrün

München ist nach Angaben des Referats für Klima- und Umweltschutz die am stärksten versiegelte Stadt Deutschlands, fast die Hälfte der Stadtfläche ist zugebaut. Spätestens die letzten Starkregen-Ereignisse und Hitzesommertage sollten deutlich gemacht haben, dass es mehr entsiegelte Flächen und CO2-bindende Schattenspender für ein nachhaltig gutes Stadtklima braucht. Zum Tag des Baumes am 25. April soll auch 2024 die 2023 gestartete Aktion „PflanzGut" fortgesetzt werden, bei der die Baumschutzbehörde kostenlose Wildsträucher abgibt. Von begrünten Hinterhöfen, Dächern, Balkonen, Verkehrsinseln und „Baumscheiben" profitieren Menschen und Tiere. Unverzichtbar für die Biodiversität sind Bienen, denen ihr mit entsprechender Bepflanzung eurer Gärten, Balkone und Höfe Gutes tun könnt. Projekte wie „München summt" oder „Stadtbienen" vermitteln das entsprechende Knowhow. Gute Tipps und Beratung, wie ihr euch für mehr Stadgrün und insektenfreundliche Bepflanzung engagieren könnt, bekommt ihr auch beim BUND Bayern, Green City oder dem LBV München. Letzterer hat mit „StadtNaTour" eine digitale Karte und App mit Touren zu Münchens Naturschätzen entwickelt. *muenchen.de/baumschutz; lbv-muenchen.de; deutschland-summt.de; stadtbienen.org*

Weniger Plastik

Verpackungsmüll beim Einkaufen zu vermeiden, wird einem zusehends leichter gemacht, Vorreiter:innen sind die verpackungsfreien Geschäfte. Zudem kann man dort in den tatsächlich benötigten Mengen einkaufen und vermeidet so auch Lebensmittelverschwendung. *OHNE der verpackungsfreie Supermarkt, Schellingstr. 42, 80799 München-Maxvorstadt, ohne-laden.de; abgefüllt und unverpackt, Fraunhoferstr. 23, 80469 München-Isarvorstadt, aundu.net; Servus Resi – natürlich unverpackt, Kistlerhofstr. 111, 81379 München-Sendling, servus-resi.de; ÖkoEsel, Helene-Weber-Allee 17, 80637 München-Neuhausen, oekoesel.de; Nebenan & Unverpackt, Willibaldstr. 18, 80687 München-Laim, nebenan-unverpackt.de*

FAIR GEWINNT

Lisa Jaspers
Die FOLKDAYS-Gründerin und zweifache Mutter hat gemeinsam mit Naomi Ryland „Starting a Revolution" geschrieben und „Unlearn Patriarchy" herausgegeben. Als Politikwissenschaftlerin, Autorin und Unternehmerin engagiert sich für eine gerechtere Arbeitswelt hierzulande und in Produktionsländern weltweit. *lisajaspers.de*

Welchen Rat gibst du Eltern, die für ihre Kinder (und sich) faire Produkte suchen?
Grundsätzlich ist es natürlich am nachhaltigsten, gebraucht zu kaufen: Ich selbst habe fast alle Kleidungsstücke, die meine Kinder tragen, entweder secondhand gekauft oder habe sie geschenkt bekommen. Sachen wie Socken oder Unterhosen kaufe ich dann bevorzugt in kleinen Läden. Grundsätzlich versuche ich, wenn ich Neuware kaufe, darauf zu achten, dass sie nicht nur aus natürlichen Stoffen, sondern auch sozial fair hergestellt werden.

Was hältst du für die größten Hürden, unsere Konsum- und Arbeitswelt fair zu gestalten?
Ich habe das Gefühl, dass wir oft nicht unbedingt neue Sachen kaufen, weil wir sie wirklich benötigen, sondern weil der Akt des Kaufens eine Ersatzbefriedigung ist. Dazu gibt es spannende Studien. Auch ich selbst habe diese Erfahrung gemacht, denn ich habe in meinem Leben am meisten konsumiert, wenn es mir am schlechtesten ging. Da hatte ich oft das Gefühl, mir „etwas Gutes tun zu wollen", indem ich geshoppt habe. Das hat natürlich sehr wenig Effekt auf mein gefühltes Glück gehabt ... vor allem langfristig. Deshalb ist auch mein Nr. 1-Nachhaltigkeits-Tipp: Versuche ein glückliches und erfülltes Leben zu führen. Du wirst automatisch weniger kaufen.

Was können wir alle tun, um an einer besseren und gerechteren Welt mitzuwirken?
Indem wir uns regelmäßig fragen, wie wir an einen Punkt kommen können, an dem wir glücklicher und zufriedener sind, tun wir am meisten für die Nachhaltigkeit.

MIT KINDERN ESSEN GEHEN

Gastro-Tipps für Familien, die entspannen, wenn es Raum zum Spielen für die Kinder gibt. Eine kleine Sammlung unserer liebsten Lokalitäten von Biergarten bis Pizzabäckerei.

Urban Beach Club

Big Love

Nutzt die Chance, dem Biergarten „Urban Beach Club“ im Sugar Mountain einen Besuch abzustatten, bevor die Zwischennutzung des ehemaligen Katzenberger Betonwerks als Kunst- und Kulturprojekt 2024 enden soll.
Sugar Mountain, Seite 90

Kaffeegarten unter Lampions

Das Bauwagen-Café lädt besonders im Sommer zum Verweilen zwischen bunten Lampions und Vintagemöbeln ein. Für Kinder gibt es eine Holzeisenbahn zum Spielen und gelegentlich Schnäppchen bei den regelmäßigen Flohmärkten. Bei Schlechtwetter ist es auch drinnen bei Suppe und Warmgetränk gemütlich. *Café Steinchen, Agnes-Bernauer-Str. 77, 80687 München-Laim, cafe-steinchen.com*

Beeriges Vergnügen

Von Anfang Mai bis in den September bieten die Hofreiter BeerenCafés in Feldmoching, Johanniskirchen und Lochhausen die Möglichkeit, direkt dort zu frühstücken, wo das heimische Superfood geerntet wird. Natürlich kann man auch selbst Beeren und Co. pflücken und in Lochhausen lockt zusätzlich zum Kinderspielplatz noch ein Maislabyrinth. *Hofreiter Erlebnisfelder und BeerenCafés in Feldmoching, Johanniskirchen und Lochhausen, Infos zu Anfahrt, aktuellen Öffnungszeiten und Pflücksaison: hofreiter.de*

Ehrliche italienische Küche

Das „Sopherl“, wie das italienische Restaurant unweit der Isar auch genannt wird, zeichnet sich zu jeder Tageszeit durch Kinderfreundlichkeit aus. Während man lecker frühstückt,

Rundum vegan und kinderfeundlich: Emmis Kitchen

mittags oder gegen Abend einkehrt, können die Kinder sich in der Spielecke vergnügen. Die Speisekarte ist klein, aber immer fein. *La Sophia, Kolumbusstr. 1, 81543 München-Au, lasophia.de*

Love, Peace und Leberkäs

So leuchtet der Schriftzug in dem bayerischen Traditionslokal mit großem Biergarten am Alten Botanischen Garten. Kinderfreundlichkeit wird hier mitten im Kunst- und Kulturviertel groß geschrieben, so könnt ihr dort jederzeit als Familie eine gute Zeit haben. Von Oktober bis Ostern findet sonntags der Soul Food Jazz statt, unbedingt rechtzeitig reservieren, vor allem, wenn ihr nahe der Kinderspielecke sitzen möchtet. *Park Café, Sophienstr. 7, 80333 München-Maxvorstadt, parkcafe089.de*

Familien-Café mit Kinderprogramm

Jeden Sonntagnachmittag gibt es beim Familien-Café im Dschungelpalast unweit vom östlichen Ende des Westparks ein anderes Kreativangebot für Kinder ab drei Jahren. So haben diese ihre Freude und die Eltern können gemütlich und entspannt bei Kaffee, Kuchen oder kleinen Snacks plaudern. *Feierwerk Dschungelpalast,* *Seite 88*

Vegan at its best!

In München lassen sich gleich an drei Standorten die außergewöhnlich guten, rein pflanzlichen Speisen von Emmis Kitchen genießen. Ob Frühstücksklassiker, Burger, Bowls oder die unfassbar leckeren und inzwischen schon legendären veganen Zimtschnecken – alles schmeckt nicht nur super, sondern sieht auch so aus. Seit Jenny und Götz selbst Eltern sind, wird hier noch mehr Kinderfreundlichkeit gelebt – am Schwabinger Standort gibt es auch eine kleine Spielecke. *Emmis Kitchen, Wilhelmstr. 43 80801 München-Schwabin; Buttermelcherstr. 15, 80469 München-Isarvorstadt; Werinherstr. 69, 81541 München-Giesing, emmis.kitchen*

Essengehen mit Extras: Von Beerenpflücken über Flohmarkt bis Zirkus gibt es etliche Cafés, Biergärten und Lokale, die mehr als leckere Speisen zu bieten haben.

Radler für Radfahrende

Super Ziel für eine Radtour – auch wenn der Mythos, dass Gründer Franz Xaver Kugler hier einst in den 1920er-Jahren das Radler erfand, inzwischen widerlegt wurde. Da der Radweg von München durch den Perlacher Forst ohne Steigungen bis zur Kugler Alm führt, eignet sich diese Tour speziell für Familien. Berühmt ist der große Biergarten für seine Schmalznudeln, aber auch die anderen Speisen und der tolle Spielplatz sorgen für Freude bei Kindern. Und wenn diese auf dem Rückweg streiken sollten, ist die Rückfahrt auch mit der S-Bahn von Furth oder Deisenhofen möglich. *Kugler Alm. Linienstr. 93, 82041 Oberhaching, kugleralm.de*

Gans besondere Orte

Hinter den beiden Kulturcafés am Mollsee und dem Hexenhaus unweit vom Schyrenbad stecken die gleichen Köpfe, die mit Schickimicki-München-Klischees aufräumen und Räume für freie Kunst, Kultur und Gemeinschaft erschaffen. Kinder werden ganz selbstverständlich bei Programm und Speisenangebot mitbedacht und sind von beiden – ganz besonders auch in der Weihnachtszeit magischen – Orten verzaubert. *Café Gans am Wasser, Mollsee im Westpark, 81373 München-Sendling, cafegansamwasser.de; Café Gans woanders, Pilgersheimerstr. 13, 81543 München-Giesing, ganswoanders.de*

Café Gans am Wasser

Essen gehen mit Kindern
ist eine Freude, wenn
sie dort willkommen sind.

Coucou Food Market am Jüdischen Museum

ÖEINS im Stemmerhof

Wofür mag das „Ö" wohl stehen? Natürlich: sich von original österreichischer Küche verwöhnen zu lassen. Das könnt ihr auch im Schwabinger ÖEINS, schöner mit Kindern ist es aber am Stemmerhof. Hier wie dort erwarten euch köstliche Schnitzel, Backhendlsalat, Marillenpalatschinken, Kaiserschmarrn und Co. – in Sendling machen zudem zwei überdachte Sonnenterrassen, die anderen am Stemmerhof ansässigen Geschäfte wie der Hofladen, Urlaubskind und nicht zuletzt der Da Ora-Eiswagen den Besuch zu einem rundum gelungenen Familienausflug. *Plinganserstr. 6, 81369 München-Sendling, öeins.de/stemmerhof; Herzogstr. 81, 80796 München-Schwabing, öeins.de*

Food Market am Museum

Das Jüdische Museum lohnt dank des klugen Vermittlungsprogramms den Besuch mit Kindern, die ebenso das kulinarische Konzept des Coucou Food Markets zu schätzen wissen. Es ist international, vielfältig und setzt auf Frische, Nachhaltigkeit und regionale Zutaten. Die Wahl fällt schwer zwischen den französischen Köstlichkeiten, frischen Salaten und Bowls oder doch eine Pinsa Romana? *Coucou Food Market n°1: Nymphenburger Str. 69, 80335 München-Neuhausen; n°2: Theresienstr. 128, 80333 München-Maxvorstadt; n°3; Sankt Jakobs Platz 16, 80331 München-Altstad;, n°4: Holzstr. 21, 80469 München-Isarvorstadt, coucou-food.de, Jüdisches Museum, Seite 64*

Holzgetäfelt und herzlich

Eine der ältesten Gastwirtschaften in Haidhausen heißt Familien mit Kindern zu jeder Tageszeit willkommen, ob im charmanten Inneren des historischen Gebäudes oder auf der großen Terrasse des PreysingGartens. Mit Kinderbüchern, Malstiften und Kindergerichten können sie sich beschäftigen, bevor ihr vielleicht weiter durchs Viertel bummelt, locken doch noch so hübsche Lädchen wie das Bazaar Noir oder Kokolores in der unmittelbaren Umgebung. *PreysingGarten, Preysingstr. 69, 81667 München-Haidhausen, preysinggarten.com*

Kulturelle und kulinarische Vielfalt an der Alten Utting

Schöne Essenskultur: In München gibt es für jeden Geschmack das passende kinderfreundliche Lokal von vegan bis traditionell.

Schmausen an der Brücke

Das Kulturgelände rund um den alten Dampfer auf der einstigen Eisenbahnbrücke ist ein toller Ort für Leute, die gerne gutes Essen, Musik und Kulturangebote genießen und dies mit ihren Kindern teilen. An der Alten Uttting könnt ihr es euch mit köstlichen Speisen vom Donnerwirt, der afrikanischen Zauberküche, der Pizzaria Da Vito oder vom Crêpes-Stand gut gehen lassen. *Alte Utting, Seite 85*

Biergartenkultur

Es gibt ja einige tolle Biergärten für Familien, die sich dem Tierwohl verschrieben haben. Beim Biergarten am Muffatwerk handelt es sich sogar um einen zertifizierten Ökobetrieb. Er liegt am Isarradweg, direkt neben dem denkmalgeschützten einstigen Wasserkraftwerk, das heute das Kulturzentrum Muffatwerk beherbergt. Kleine Kinder buddeln hier im Sandkasten während sich die etwas größeren auf dem nahegelegenen Spielplatz oder am Isarstrand vergnügen. *Zellstr. 4, 81667 München-Haidhausen, muffatwerk.de*

Gut essen, Gutes unterstützen

Als Teil des Sozialprojektes Bellevue di Monaco wird auch der Betrieb des schönen Cafés gemeinsam mit Geflüchteten organisiert und umgesetzt. Neben vegetarisch-veganer Küche und fair gehandeltem Kaffee gibt es im Café Informations- und Beratungsangebote sowie dort und in den weiteren Kulturräumen verschiedenste Veranstaltungen. *Bellevue di Monaco, Seite 85*

Streetfood und Schnäppchen

Im Werksviertel, im Backstage oder im Fat Cat finden die Streetfoodmärkte von Midnight Bazaar statt, die immer ein Erlebnis sind. Auch bei den Kinderflohmärkten erwarten euch Marktstände, Foodtrucks und gute Musik! *Midnight Bazaar Floh- und Streetfood-Märkte, midnightbazar.de; Backstage, Seite 85; Fat Cat, Seite 88,*

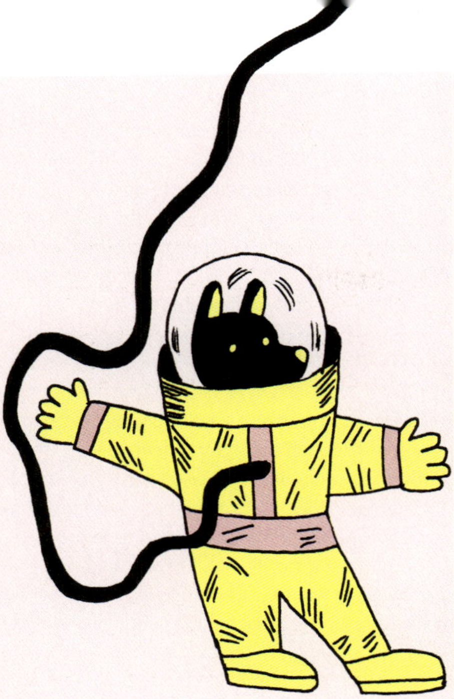

KULTUR

Museen und Ausstellungshäuser

Alpines Museum

Bergfeeling auf der Praterinsel mitten in München! Bis zum Frühjahr 2024 wird das Alpines Museum allerdings noch umgebaut. Große wie kleine Freund:innen der Bergwelt können in dieser Zeit online in die Ausstellung „Die Berge und wir" eintauchen. Nach der Wiedereröffnung wird dann auch die alte Höllentalangerhütte im schönen Museumsgarten wieder zu bewundern sein, die vor 120 Jahren noch in fast 1.400 Metern Höhe stand. *Praterinsel 5, 80538 München-Altstadt-Lehel, T: 2112240, alpines-museum.de*

Alte Pinakothek

Schon allein das Gebäude ist großartig. In manche Räume würden kleine Reihenhäuser passen. Einfach riesig! Das gilt auch für die Kunstwerke von Rembrandt, Leonardo da Vinci oder Albrecht Dürer sowie vielen anderen Meistern aus dem Mittelalter bis zur Mitte des 18. Jahrhunderts. Die Alte Pinakothek wurde 1836 eröffnet und ist bis heute eine der bedeutendsten Gemäldegalerien der Welt. Über 700 Werke sind in 19 Sälen und 47 Kabinetten untergebracht. An den Wochenenden finden hier spannende Familienführungen und Workshops für Groß und Klein statt. *Barer Str. 27, 80333 München-Maxvorstadt, T: 23805216, pinakothek.de*

Amuseum of Contemporary Art

Das Amuseum, ein Wortspiel aus „Amusement" und „Museum", begleitet und dokumentiert die Geschichte und das Schaffen der internationalen Street Art-Bewegung. Dahinter steckt der Kunstverein Positive-Propaganda. Im November 2022 wurde die Ausstellung des amerikanischen Street Art-Stars Shepard Fairey neu eröffnet. Das Amuseum soll mindestens für die nächsten zwanzig Jahre bestehen bleiben, um der breiten Öffentlichkeit die Intention, das künstlerische Schaffen und die Geschichte der sozialkritischen Street Art-Bewegung dauerhaft zugänglich zu machen. *Schellingstr. 3, 80779 München-Maxvorstadt, T: 46139404, streetartmuseum.org*

neu Archäologische Staatssammlung

Die Archäologische Staatssammlung ist das zentrale bayerische Landesmuseum für Vor- und Frühgeschichte. Seit 1885 erforscht und präsentiert es Ausgrabungsfunde von der Urgeschichte Bayerns bis in die Neuzeit. Nach der mehrjährigen Generalsanierung laden Dauer- und Sonderausstellungen ab März 2024 wieder dazu ein, ins Abenteuer Archäologie einzutauchen und die Entwicklungsgeschichte der Menschheit besser kennenzulernen. Ein breit gefächertes Kinderprogramm wird über das Museumspädagogische Zentrum angeboten. *Lerchenfeldstr. 2, 80538 München-Altstadt-Lehel, T: 125996910, archaeologie-bayern.de*

tipp Archiv Geiger

In den ehemaligen Atelierräumen betreut das Archiv Geiger das künstlerische Werk von Rupprecht Geiger. Sehr beliebt sind die hier regelmäßig stattfindenden Workshops in der Siebdruckwerkstatt. Der Kooperationspartner KuKi – Kunst für Kinder e.V. – bringt jungen Interessierten die farbintensive, abstrakte Kunst des Künstlers auf einer emotionalen Ebene näher. Bei einem Kindergeburtstag kann die kleine Gesellschaft nach einem spielerischen Rundgang durch Archiv und Werkstatt eine Stunde lang mit selbst mitgebrachten Kuchen und Getränken in der gemütlichen mongolischen Jurte im Garten feiern. *Muttenthalerstr. 26, 81477 München-Solln, T: 72779653, archiv-geiger.de*

tipp Bauernhausmuseum Amerang

Das Bauernhausmuseum des Bezirks Oberbayern, im Landkreis Rosenheim gelegen, stellt das Alltagsgeschehen anno dazumal im ländlichen Chiemgau und Rupertiwinkel eindrücklich dar. Ob Bauernhof, Bienenhaus, Seilerei oder Schmiede – die historischen Gebäude bieten charmante Einblicke in das Leben der Bewohner:innen vergangener Zeiten. Am Originalstandort abgebaut und im Museum wieder errichtet, vermitteln sie auch heute noch anschaulich, wie Menschen und ihre Tiere früher gelebt und gearbeitet haben. Beliebte Veranstaltungen wie das Ostereiersuchen, die Pflanzentauschbörse, der Mühlentag oder die stimmungsvollen Märchenerzählungen machen der ganzen Familie Freude. Das Bauernhausmuseum öffnet seine Tore von Ende März bis Anfang November. *Hopfgarten 2, 83123 Amerang, T: 08075-915090, bhm-amerang.de*

Bauernhofmuseum Jexhof

Der denkmalgeschützte Dreiseithof ist an seinem ursprünglichen Standort noch wunderbar erhalten. Dazu gehört ein Wohnhaus, das im Kern aus dem 18. Jahrhundert stammt, ein Pferde- und Kuhstall, ein Getreidestadel und ein Backhaus mit Remise, in dem noch regelmäßig frisches Brot gebacken wird. Ein besonderer Glücksfall ist es, dass die Einrichtungsgegenstände vom Butterfass bis zum Sautrog aus dieser Zeit fast lückenlos erhalten sind. Wer Lust auf Säen, Brot backen, naturkundliche

KINDER-
TIPP

Im Untergeschoss des Deutschen Museums erwartet kleine Kinder ein eigenes Spielreich

EXPERIMENTELLER SPIELSPASS

Emilio
5 Jahre

Wissbegierige kleine Münchner:innen wie Emilio sind bestens aufgehoben im Kinderreich auf der Museumsinsel, das nach der Sanierung rasch wieder zum Publikumsmagneten geworden ist. Kein Wunder, bietet die Mitmachausstellung doch jede Menge Spiel- und Experimentierspaß für Kinder ab drei Jahren. Am Lichtspieltisch oder in der Riesengitarre, an den Flaschenzügen, oder im Wasserspielbereich – viele optische, akustische oder mechanische Phänomene lassen sich hier am eigenen Köper erfahren. *Deutsches Museum, Seite 59*

Wanderungen oder einen idyllisch verbrachten Tag mit den Großeltern hat, findet diese und weitere Veranstaltungen im abwechslungsreichen Jahresprogramm. Für das leibliche Wohl wird in der historischen Wirtsstube und bei schönem Wetter im Biergarten gesorgt. Auch Kindergeburtstagsfeiern mit wahlweise museums- oder naturpädagogischem Programm sind hier möglich. *Jexhof 1A, 82296 Schöngeising, T: 08153-93250, jexhof.de*

Bayerisches Nationalmuseum

Das Bayerische Nationalmuseum zählt zu den größten Museen in Deutschland. Das Schatzhaus an der Eisbachwelle präsentiert Kunst von der Spätantike bis zum Jugendstil und erzählt auf einzigartige Weise europäische Kulturgeschichte in Bayern. Gemälde, Goldschmiedekunst, Porzellan und auch Textilien sind hier zu sehen, der historische Kern der Sammlungen basiert auf dem Kunstbesitz der Wittelsbacher Herrscherdynastie. Wer schon immer mal einen Ritterhelm aufsetzen, das Gewicht eines Kettenhemds spüren oder ein Barockkleid anprobieren wollte, ist hier goldrichtig. Für Kindergeburtstage oder an Familientagen stehen spannende Führungen mit Materialien zum Anfassen und Ausprobieren, Kostümfeste, Rallyes oder Aktivitäten in der Museumswerkstatt auf dem Programm. Bis Januar 2024 kann man in der Studioausstellung „Straßenmusik" Instrumente fahrender Musikanten, wie Sackpfeifen, Drehleiern und mechanische Instrumente wie Drehorgeln, bestaunen. *Prinzregentenstr. 3, 80538 München-Altstadt-Lehel, T: 2112401, bayerisches-nationalmuseum.de*

tipp Bergbaumuseum Peißenberg

Hier lässt sich Bergbau hautnah erleben! Zuerst im 200 Meter langen Stollen, dann während einer simulierten Explosion und abschließend geht es zum Rundgang durch das Museum. Bis 1971 wurden in Peißenberg im Laufe von mehr als 100 Jahren 32 Millionen Tonnen Braunkohle zu Tage befördert. Neben einer Ausstellung über die Geschichte der Kohleförderung, die in dem Ort bis ins 16. Jahrhundert zurückgeht, gilt der Gang in den Tiefstollen als besonderes Highlight. Der harte Alltag der Kumpel unter Tage wird im Inneren des Berges anschaulich dargestellt. Das Museum im schönen Pfaffenwinkel öffnet seine Türen an jedem ersten und dritten Sonntag im Monat, in den Sommermonaten zusätzlich auch mittwochs. Bei gutem Wetter bietet sich an, den Ausflug mit einer Fahrt auf der Bockerlbahn abzurunden, die sich in direkter Nachbarschaft befindet. Aktuelle Infos zu den Fahrtagen sind auf der Website diebockerlbahner.de zu finden. *Tiefstollen 2, 82380 Peißenberg, T: 08803-5102, bergbaumuseum.peissenberg.de*

Bergwerksmuseum Penzberg

Etwas versteckt im Untergeschoss der örtlichen Realschule schufen sich ehemalige Bergleute nach der Bergwerksschließung 1966 mit diesem Museum einen Raum der Erinnerung an ihr Berufsleben. Eine über die Jahre gewachsene Sammlung von Arbeitsgeräten, Dokumenten und Fotografien wurde so bewahrt. Die originalgetreuen Streckenausbauten der Bergknappen sind das Kernstück der Ausstellung. Zusammen mit Hunten (Förderwagen), Grubentelefonen, Signalstationen, einer simulierten Sprengung und einem Blindschacht aus der Grube vermitteln all diese Dinge ein realistisches Bild des Arbeitslebens unter Tage. Auch dank des Audioguides wird der Besuch im Bergwerksmuseum zu einem besonderen Geschichtserlebnis. *Karlstr. 36, 82377 Penzberg, T: 08856-813523, bergwerksmuseum-penzberg.de*

tipp BIOTOPIA Lab im Botanischen Garten

Der Museumsneubau lässt weiterhin auf sich warten, der voraussichtliche Eröffnungstermin wird nicht vor 2028 sein. Bleibt also genug Zeit um das zunächst als Zwischenlösung entstandene BIOTOPIA Lab zu erkunden, wo zukunftsträchtige Themen und Fragen mit spannenden kostenlosen Workshops für Kinder behandelt werden. Auf dem beliebten Virtual Reality Flugsimulator „Birdly" lassen sich verschiedene immersive Abenteuer erleben: Zum Beispiel als Adler über die schönsten Landschaften Bayerns fliegen oder als Meeresschildkröte durchs Korallenriff schwimmen. Noch bis Ende 2023 kann man in der Pop-up-Ausstellung „Bestäuber – Kleine Helden der Natur" am Beispiel von Bienen und anderen bestäubenden Insekten die ganzheitlichen Zusammenhänge in Ökosystemen kennenlernen. Diese findet im Rahmen des von BIOTOPIA mit initiierten Flower Power Festivals statt. *Menzinger Str. 67, 80638 München-Neuhausen-Nymphenburg, T: 17861411, biotopia.net*

Buchheim Museum der Phantasie

Das Museumskonzept von Lothar-Günther Buchheim vereint nicht nur Gemälde, Zeichnungen und Druckgrafik der Expressionist:innen neben Kunsthandwerk aus aller Welt unter einem Dach. Das Museum – nördlich von Bernried direkt am Ufer des Starnberger Sees gelegen – ist auch Zentrum ständiger Aktivitäten. Wer das Museum besucht, erlebt es aus drei Perspektiven: Kunst, Architektur und Natur. Der lang gestreckte, zum Teil in den Hang eingelassene Baukörper, endet in einem zwölf Meter über dem See schwebenden Steg. Schon ein Spaziergang durch den Park ist ein einzigartiger Natur- und Kunstgenuss. In den Ferien werden Wochen- und

Tageskurse für Schüler:innen angeboten, in denen erfahrene Kunstpädagog:innen mit viel Spaß und Know-how für Inspiration sorgen. Das LABOR DER PHANTASIE sowie die MS PHANTASIE im Museumsgarten stehen Kindern am Wochenende offen, um sich künstlerisch auszuprobieren. Noch bis zum Anfang November 2023 kann man sich über Ottos Ottifantenwelt und einiges mehr amüsieren. Zu seinem 75. Geburtstag wartet „OTTO – die Ausstellung" mit Zeichnungen und Gemälden, garniert mit Kindheitsdokumenten, Requisiten von Filmen und Live-Shows sowie Audio- und Videodokumenten seiner legendären Auftritte auf. *Am Hirschgarten 1, 82347 Bernried, T: 08158-997055, buchheimmuseum.de*

tipp

Burgmuseum Grünwald

Südlich von München liegt die spätmittelalterliche Burg Grünwald. Ihre Geschichte ist recht spannend: Strategisch günstig an einem alten Isarübergang gelegen, gelangte die Burg bereits 1260 in den Besitz der Wittelsbacher und wurde 300 Jahre als Jagdschloss genutzt. Im 15. Jahrhundert grundlegend umgebaut, diente sie ab dem späten 17. Jahrhundert zunächst als Gefängnis und dann als Pulvermagazin. Heute beherbergt die Burg als Zweigstelle der Archäologischen Staatssammlung eine Dauerausstellung zum Thema „Burgen in Bayern". Im Mittelpunkt steht dabei ihre eigene, fast tausendjährige Geschichte sowie die weiterer Burgen aus dem Isartal und aus ganz Bayern. Mit spannenden Veranstaltungen, Burgtouren und -workshops ist für die ganze Familie jede Menge geboten. *Zeillerstr. 3, 82031 Grünwald, T: 6413218, archaeologie-bayern.de*

Dachauer Galerien und Museen

Gleich drei Häuser im Herzen der Stadt bewahren das kulturelle Erbe der Künstler:innenkolonie, die in Dachau im Jahre 1880 entstand. Von der reizvollen Mooslandschaft an der Amper ließen sich unter anderen Christian Morgenstern, Carl Spitzweg oder Max Liebermann inspirieren. Neben Kindergeburtstagsfeiern und regelmäßigen Familienprogrammen wie zum Beispiel „Mit Oma und Opa ins Museum", veranstalten die Dachauer Museen alljährlich in der ersten Osterferienwoche den beliebten KinderKunstRaum. Vier Tage lang werden Kinder und Jugendliche in verschiedenen Workshops kreativ tätig und stellen eine Ausstellung zusammen, die im Anschluss noch eine Woche in den Räumen der Neuen Galerie Dachau zu besichtigen sein wird. *Bezirksmuseum Dachau: Augsburger Str. 3, 85221 Dachau; Gemäldegalerie Dachau: Konrad-Adenauer-Str. 3, 85221 Dachau; Neue Galerie Dachau: Konrad-Adenauer-Str. 20, 85221 Dachau, T: 08131-56750, dachauer-galerien-museen.de*

tipp

Deutsches Museum

Ein echter Klassiker für die ganze Familie, der nie langweilig wird! Das Deutsche Museum ist eines der größten naturwissenschaftlichen Museen der Welt. In rund 20 Abteilungen veranschaulichen Originale und Modelle, wie Technik und Naturgesetze funktionieren. In der Mitmach-Ausstellung „Kinderreich" lassen sich mit der Kugelbahn, unterm Himmelszelt, im Spiegelkabinett und im Schattentheater verschiedene Wissenschaftswelten erforschen. Täglich gibt es bei den Vorführungen und Aktionen für Kinder und Familien Neues zu entdecken. Die Kinderführungen sind vor allem für Geburtstagsfeiern beliebt. *Museumsinsel 1, 80538 München-Ludwigsvorstadt-Isarvorstadt, T: 2179333, deutsches-museum.de*

tipp

Deutsches Museum Nürnberg

Im Herzen der Nürnberger Altstadt, in der Zweigstelle des Deutschen Museums, können Besucher:innen in die Welt der Cyborgs, in die Smart City oder den Weltraum eintauchen und sogar ein ISS-Andockmanöver nacherleben. Die Welt wird digital: Roboter, KI, Big Data, Social Media und das Internet der Dinge, das physische Objekte wie Geräte und Maschinen global miteinander und dem Internet vernetzt, machen unser Leben leichter, nehmen uns die Arbeit ab, sammeln aber auch sensible Daten und überwachen uns. Zahlreiche Installationen, Mitmachstationen und buchbare Laborangebote sorgen für erstaunliche Einblicke. Aufgrund der gezeigten und thematisierten Inhalte und Exponate sowie deren Aufbereitung wird der Besuch erst für Kinder ab zwölf Jahren empfohlen. *Augustinerhof 4, 90403 Nürnberg, T: 0911-21548880, deutsches-museum.de/nuernberg*

Diözesanmuseum Freising

Auf dem Domberg in Freising befindet sich das Diözesanmuseum Freising – DIMU, das Museum der Erzdiözese München und Freising. Mit Werken ab dem frühen fünften Jahrhundert bis zur zeitgenössischen Modernen Kunst beherbergt es die nach den Vatikanischen Museen weltweit zweitgrößte Kunstsammlung in der katholischen Kirche. Einzelne Schwerpunkte des Bestands liegen in der Kunst von Byzanz, der Spätgotik, des Barocks, der Gegenwart, und Zeugnissen der Frömmigkeit – darunter eine umfangreiche Krippensammlung. An den Wochenenden finden geführte Rundgänge und Familienführungen statt. Passend zum Programm und den Festtagen gestalten in der Offenen DIMU-Werkstatt Interessierte aller Generationen unter kreativer Anleitung gemeinsam eine kleine Kostbarkeit für Zuhause und erhalten dabei Einblicke in unterschiedliche Handwerkstechniken. *Domberg 21, 85354 Freising, T: 213774240, dimu-freising.de*

Kriminalistisch

Das Schloss Blutenburg ist mit der dort beheimateten Internationalen Jugendbibliothek eine unserer absoluten Lieblingsecken in München. Von einer ganz anderen Seite lässt sich der idyllische Ort bei einem Detektiv:innen-Geburtstag mit stattreisen erleben. Bei der „Tatort Blutenburg"-Tour gehen Kinder ab acht Jahren im Jahre 1488 auf Spurensuche, um herauszufinden, wer die Vollendung des Kapellenbaus durch einige rätselhafte Vorfälle zu verhindern versucht. Das stattreisen-Team hat mit dem „Rätsel des Blauen Diamanten" noch eine weitere kriminalistische Tour durch die Altstadt im Programm. *stattreisen München, Seite 94; Internationale Jugendbibliothek, Seite 63*

Künstlerisch

Einer der schönsten Orte Münchens für kreative Kinder ist dies auch für ihre Geburtstagsfeiern. Im Kinderkunsthaus kann schon der fünfte Geburtstag mit einem tollen Workshop und insgesamt zehn Kindern gefeiert werden, bei denen alle am Ende ein eigenes Kunstwerk, ob gezeichnet, gemalt, modelliert oder gedruckt, mit nach Hause nehmen können. Für etwas ältere Kinder stehen dafür auch Trickfilm, Kalligraphie, Holzwerkstatt oder Nähstudio zur Auswahl. *Kinderkunsthaus, Römerstr. 21, 80801 München-Schwabing, kinderkunsthaus.de*

Volkssternwarte München

Wie der Name sagt

Das Feierwerk trägt es ja irgendwie schon im Titel – der „Verein für junge Kunst, Musik und Kultur" bietet an allen fünf Standorten für Kinder die verschiedensten künstlerischen, musikalischen und kreativen Möglichkeiten und vor allem Raum zum Feiern. Besonders cool für Kids ab acht Jahren: Bei Radio Feierwerk oder in der Südpolstation gemeinsam mit den Freund:innen in die Welt des Radiomachens einzutauchen oder sogar eine eigene Sendung aufzunehmen. *Dschungelpalast und Südpolstation, Seite 83; alle Feierwerk-Standorte und Aktionen unter feierwerk.de*

Radio Feierwerk

KINDER-GEBURTSTAG

FEIERN MIT SINN UND VERSTAND

Geburtstags-Kosmos

Spacige Geburtstage können Kinder ab sechs Jahren in der Volkssternwarte feiern. Die Führung durch die Ausstellung inklusive Planetariumsbesuch und Teleskop-Beobachtung auf der Dachterrasse umfasst etwa 90 Minuten. Danach könnt ihr die Space Bar für eure private Feier im Anschluss dazu buchen. Dort steht euch eine voll ausgestatte Küche und eine Musikanlagezur Verfügung. Achtung: Das Angebot ist sehr beliebt, man sollte man sich frühzeitig um einen Termin kümmern. *Volkssternwarte München, Seite 81*

So ein Kasperltheater

Kindergeburtstag mit Kindertheater ist eigentlich immer eine gute Idee. Noch besser, wenn man gleich ein ganzes Theater für sich hat. Möglich macht dies das kleine Kasperltheater unweit des Stauwehrs und der Isarauen in Oberföhring mit seinen Handpuppentheater-Stücken schon für Dreijährige und dem gemütlichen kleinen Theatercafé. Dort Geburtstag zu feiern, ist allerdings so beliebt, dass eine rechtzeitige Reservierung dringend angeraten ist. *Kleines Theater im Pförtnerhaus, Seite 82*

tipp

FC Bayern Museum

Deutschlands größtes Vereinsmuseum bietet eine emotionale Zeitreise von der Gründung des deutschen Rekordmeisters im Jahr 1900 bis zu den aktuellen Erfolgen. In der über 3.000 Quadratmeter großen Ausstellung, erfahren die Besucher:innen auf multimediale und spannende Weise alles über den Mythos FC Bayern. Höhepunkte sind unter anderem die vielen Pokale, die Hall of Fame mit den verdientesten FC Bayern-Spielern, der aktuelle Kader als lebensgroße Spielerfiguren sowie der exklusive Kinofilm. In der Ausstellung finden kleine Fußballfans Stationen, an denen sie Pokale zusammenbauen, mit Bausteinen die nachgebaute Allianz Arena mit Leben erfüllen, das zweistöckige Berni-Haus sowie ein kleines Kickfeld, wo man seine Geschicklichkeit mit dem Ball ausprobieren kann. Zudem veranstaltet das Museum mehrmals im Jahr Familiensonntage, an denen das FC Bayern Maskottchen Berni anwesend ist und ein abwechslungsreiches Bastelangebot für Kinder auf dem Programm steht. Bei der Arena-Tour können Teilnehmer:innen einen Blick hinter die Kulissen des Stadions werfen, zudem werden Kindergeburtstage mit einer Schnitzeljagd durch die Ausstellung gefeiert. *Werner-Heisenberg-Allee 25, 80939 München-Schwabing-Freimann, T: 69931222, fcbayern.com/museum/de*

Feuerwehrmuseum Bayern

Etwa 60 Kilometer östlich von München finden kleine und große Feuerwehr-Fans eine große Ausstellung zu mehr als 150 Jahren Feuerwehrgeschichte in Bayern. Insgesamt sind hier 100 Fahrzeuge und rund 5.000 liebevoll inszenierte Kleinexponate zu bestaunen – von der Feuerwehruniform des 19. Jahrhunderts bis zum modernen LED-Blaulicht. Audioguide-Stationen und eine digitale Schnitzeljagd für Kinder machen Informationen leicht verständlich und viel Spaß beim Entdecken der aufregenden Dinge rund um Feuer und Löscharbeiten. *Duxerstr. 8, 84478 Waldkraiburg, T: 08638-8841112, feuerwehrmuseum-bayern.de*

tipp

Franz Marc Museum

So ein Ausflug an den Kochelsee lohnt sich nicht nur im Sommer bei Badewetter. Das Kunstmuseum wartet das ganze Jahr über mit Werken des Künstlers und seiner Wegbegleiter:innen auf. Die Frage nach der Bedeutung der oberbayerischen Voralpenlandschaft als Inspirationsquelle der Gruppe des Blauen Reiters war Ausgangspunkt für die Gründung des Museums 1986 in Kochel am See. Mit der Eröffnung des Neubaus im Jahr 2008 wurde die Ausstellung um den „Brücke"-Expressionismus und Werke der Nachkriegsabstraktion erweitert.

Ein Audioguide von Kindern für Kinder geleitet schon die Jüngsten altersgerecht durch die Ausstellungen. In den bayerischen Schulferien bieten Museumspädagog:innen hier kreative Kurse und Workshops an, immer sonntags steht das Offene Atelier Groß und Klein zum freien Werken und Gestalten zur Verfügung. Auch Kindergeburtstage können an diesem reizvollen Museumsstandort mit Blick auf See und Bergkulisse gefeiert werden. *Franz Marc Park 8-10, 82431 Kochel am See, T: 08851-924880, franz-marc-museum.de*

tipp Freilichtmuseum Glentleiten

Das Freilichtmuseum des Bezirks Oberbayern, oberhalb des Kochelsees gelegen, wurde in den 1970er-Jahren gegründet und 1976 eröffnet. Seither ist es mit mittlerweile fast 70 historischen Gebäuden von der Mühle über den Bauernhof bis zur Tankstelle das größte Museum seiner Art in Südbayern. Alle Häuser wurden an ihrem originalen Standort ab- und in Großweil wieder aufgebaut. Mit einer interaktiven Rätselrallye lässt sich das Leben auf dem Land vor 100 Jahren, mit der Actionbound-App spielerisch die Mühlen oder das Leben auf der Alm entdecken. Die über 60 Meter lange Waldkugelbahn, Fotosafaris und Mitmachprogramme in der Töpferei, bei der Seilerin oder in den offenen Werkstätten sorgen neben verschiedensten Handwerksvorführungen dafür, dass auch der analoge Spaß nicht zu kurz kommt. Geburtstagskinder können ebenfalls mit ihren Gäst:innen in die Geschichte eintauchen. *An der Glentleiten 4, 82439 Großweil, T: 08851-1850, glentleiten.de*

tipp Haus der Kunst

Das Haus der Kunst ist ein lebendiger Ort für zeitgenössische Kunst. Das riesige Gebäude liegt direkt neben dem Eisbach, zwischen Innenstadt und Englischem Garten. Hier finden Ausstellungen, Konzerte, Workshops und Begegnungen statt. Die ausgestellten Künstler:innen thematisieren aktuelle gesellschaftspolitische Themen, wie etwa unseren Umgang mit der Natur oder wie künstliche Intelligenz unser heutiges und zukünftiges Leben beeinflussen wird. In den Führungen und Workshops für Kinder und Jugendliche – im Klassenverband oder mit der Familie – wird Wert darauf gelegt, an die Lebenswelt der jungen Besucher:innen anzuknüpfen und Themen zu diskutieren, die für sie von Bedeutung sind. An jedem letzten Freitag im Monat sind alle eingeladen, das Haus von 16:00-22:00 Uhr bei freiem Eintritt kennenzulernen. An diesen lebendigen Abenden gibt es kostenlose Führungen und ein offenes Atelier für alle, die kreativ werden möchten. *Prinzregentenstr. 1, 80538 München-Altstadt-Lehel, T: 21127113, hausderkunst.de*

Hofbräuhaus-Kunstmühle

Die Kunstmühle ist die einzige noch aktive Getreidemühle in München. Sie grenzt östlich an das Gelände an, auf dem sich das Hofbräuhaus befindet. Der Malzmühlbach floss noch bis 1967 unter der Mühle hindurch und musste dann dem Bau der U-Bahn weichen. Also wurde das Mühlrad abgebaut und die Energieversorgung auf Elektrizität umgestellt. Jeden Freitag um 16:00 Uhr können Einzelpersonen ohne Voranmeldung an einer Führung durch die behutsam modernisierte Mühle mit ihren zahlreichen Stockwerken teilnehmen. Bei größeren Gruppen bedarf es einer Anmeldung. Danach wissen alle, dass neben Mehl in einer Mühle auch Schrote, Grieße, Dunste und Kleien erzeugt werden. *Neuturmstr. 3, 80331 München- Altstadt-Lehel, T: 294222, hb-kunstmuehle.de*

Holzknechtmuseum Ruhpolding

Inmitten der Chiemgauer Alpen widmet sich dieses Museum dem Leben und Arbeiten der Holzknechte, also einstigen Waldarbeitern und Forstwirten im ehemaligen Salinengebiet Traunstein. Auch im angrenzenden Freigelände zeigen Holzknechthütten, Inszenierungen zur Holzarbeit und interaktive Stationen die damals vollbrachten Mühen und Herausforderungen. Das museumspädagogische Programm ist in erster Linie auf Kinder ausgerichtet, die hier auch Geburtstag feiern können. Holzdetektiv:innen sind gefragt, Hüttentouren werden unternommen, eine Hui-Maschine kann zum Leben erweckt und Traumhäuser gestaltet werden. Eine Spielhütte lädt anschließend zum Herumtollen und Bauen ein. *Laubau 12, 83324 Ruhpolding, T: 08663-639, holzknechtmuseum.com*

tipp Internationale Jugendbibliothek

Im malerischen Schloss Blutenburg in München residiert die weltweit größte Bibliothek für internationale Kinder- und Jugendliteratur, die besonders Wert legt auf die Förderung des internationalen Kulturaustausches und der kulturellen Bildung von Kindern und Jugendlichen. Dazu trägt das bunte Programm mit Workshops, Vorträgen, Podiumsgesprächen, internationalen Vorlesestunden, Malkursen, musikalisch-literarischen Konzerten oder dem White Ravens Festival für Internationale Kinder- und Jugendliteratur bei. Im September 2023 frisch gestartet ist die Ausstellung „Die ganze Welt riecht lasterhaft nach Hunden, Katzen, Schnecken. Zum 75. Geburtstag des Illustrators Reinhard Michl" noch bis Ende des Jahres zu besichtigen. Für die Jahresausstellung „Von Füchsen und Fabeln. Internationale Tiergeschichten und Fabeln aus aller Welt" hat man bis zum 07. April 2024 Gelegenheit zu einem Besuch. *Seldweg 15, 81247 München-Pasing-Obermenzing, T: 8912110, ijb.de*

Jagd- und Fischereimuseum

Wild, Wald und Wasser mitten in München! Das ungewöhnliche Museum zeigt alles rund um die Themen Jagd und Fischerei im deutschsprachigen Raum. So können sich Besucher:innen in den „Wasserwelten-Fischgeschichten" auf einen Spaziergang unter Wasser begeben oder auf dem Waldpfad mehr über die heimische Tierwelt erfahren. Mit Chipkarte ausgerüstet wird das zu einem individuellen Erlebnis: Einfach die Schwierigkeitsstufe festlegen und auf Safari durchs Museum gehen. An Zwischenstationen können alle ihr Wissen über Naturschutz, Ressourcennutzung oder Lebensweise der Wildtiere aufpolieren und später beim Rate-Buzzerspiel gegeneinander antreten. Bei der iPad Rallye „Das magische Portal" werdet ihr erst durch das Museum und dann durch die Altstadt navigiert und lernt jede Menge über die Stadtgeschichte. *Neuhauser Str. 2, 80331 München-Altstadt-Lehel, T: 220522, jagd-fischerei-museum.de*

tipp Jüdisches Museum

Der Sankt-Jakobs-Platz im Angerviertel ist ein Ort der Begegnung – dort befindet sich neben dem Münchner Stadtmuseum und der Synagoge Ohel Jakob auch das Jüdische Museum. Ein lebendiger Ort, der für die Vielfalt jüdischer Geschichte und Kultur, für die Unterschiedlichkeit jüdischer Lebenswelten, Identitäten und Teilhabe steht. Regelmäßig werden hier Familienführungen und Kinderworkshops zur jeweils aktuellen Ausstellung und zu den jüdischen Feiertagen angeboten. Super praktisch: Direkt neben dem Cou Cou Food Market mit Sonnenterrasse ist ein kleiner Kinderspielplatz in Sichtweite. Wer sich für jüdische Literatur interessiert, findet in der Literaturhandlung im Foyer reichlich Lesestoff. *St.-Jakobs-Platz 16, 80331 München-Altstadt-Lehel, T: 23396096, juedisches-museum-muenchen.de*

Kallmann-Museum Ismaning

Rund 30 Jahre nach seiner Eröffnung wird das Kallmann-Museum umfassend modernisiert und erweitert – voraussichtlich bis Herbst 2024. Schon von außen wird das neue Museum mit seiner farbigen Metallfassade einen neuen Akzent im Schlosspark von Ismaning setzen. Auf dem Vorplatz entsteht mit Bäumen ein „grünes Dach", unter dem Sitzpätze zum Verweilen einladen, aber auch innen wird das Museum überarbeitet. Im Foyer wird ein neuer Aufenthaltsbereich mit kleinem Café eingerichtet und das Museum wird durchgängig barrierefrei. Außerdem wird der Innenhof überdacht, wodurch ein knapp 100 Quadratmeter großer Raum für verschieden Veranstaltungen entsteht. *Schloßstr. 3b, 85737 Ismaning, T: 9612948, kallmann-museum.de*

tipp Kindermuseum München

Bitte anfassen! – Dank des besonderen Vermittlungsprinzips „hands on" können die jungen Besucher:innen die Themenwelten der Ausstellungen auf ihre eigene Art und Weise und in ihrem eigenen Rhythmus erleben. Im Mittelpunkt stehen das Entdecken, Experimentieren und Ausprobieren. Noch bis Anfang November 2023 wird man in der Ausstellung „Tüftelgeheimnisse" auf eine Reise in die Welt der Erfindungen geschickt, ehe der große Umzug wegen des Neubaus des Hauptbahnhofes ansteht. Nach aktueller Planung soll das Museum im ersten Quartal 2024 in das ehemalige Bauzentrum in der Messestadt Riem ziehen. *Arnulfstr. 3, 80335 München-Maxvorstadt, T: 54046440, kindermuseum-muenchen.de*

tipp Kunsthalle München

Mit rund 350.000 Besucher:innen jährlich ist die Kunsthalle München eines der renommiertesten Ausstellungshäuser Deutschlands. Im Herzen der Innenstadt gelegen werden hier pro Jahr drei große Ausstellungen zu den unterschiedlichsten Themen gezeigt: von Malerei, Skulptur und Grafik über Fotografie bis hin zu Kunsthandwerk, Design oder Mode. Zu jeder Ausstellung gibt es ein Kinderbooklet, das kostenlos an der Kasse erhältlich ist und spielerisch durch die Ausstellung führt. In den Schulferien finden wöchentlich Führungen für Kinder von sechs bis zwölf Jahren statt, außerdem werden regelmäßig Workshops in Kooperation mit dem Kinderkunsthaus München angeboten. *Theatinerstr. 8, 80333 München-Altstadt-Lehel, T: 224412, kunsthalle-muc.de*

Lokschuppen Rosenheim

Der Lokschuppen Rosenheim ist ein Ausstellungszentrum in der Rosenheimer Innenstadt, das 1988 durch Umbau des Maschinenhauses der Eisenbahn-Betriebswerkstätte entstand und bekannt für seine Landes- und Sonderausstellungen ist, die eine fundierte wissenschaftliche Basis mit einer aufwändigen, ästhetisch anspruchsvollen Gestaltung kombinieren. Dies bestätigt sich auf's Neue in der derzeitigen, noch bis Mitte Dezember 2023 zu sehenden Ausstellung „Vulkane", bei der man in animierter Form einen Vulkanausbruch miterleben kann. Ab März 2024 erfährt man in „Heldinnen und Helden" alles über historische, gegenwärtige und fiktive Held:innen, was held:innenhafte Persönlichkeiten ausmacht und warum wir sie brauchen, inklusive virtueller Held:innenreise. Immer im Angebot: Familienworkshops und -führungen. Auch individuelle Kindergeburtstagsfeiern sind buchbar, sie beinhalten eine kindgerechte Führung sowie einen themenbezogenen Kreativworkshop. *Rathausstr. 24, 83022 Rosenheim, T: 08031-3659036, lokschuppen.de*

KINDER-
TIPP

Da sich der Neubau verzögert, findet ihr weiterhin Forscherspaß im Museum am Schloss Nymphenburg und im BIOTOPIA Lab!

MIT ALLEN SINNEN

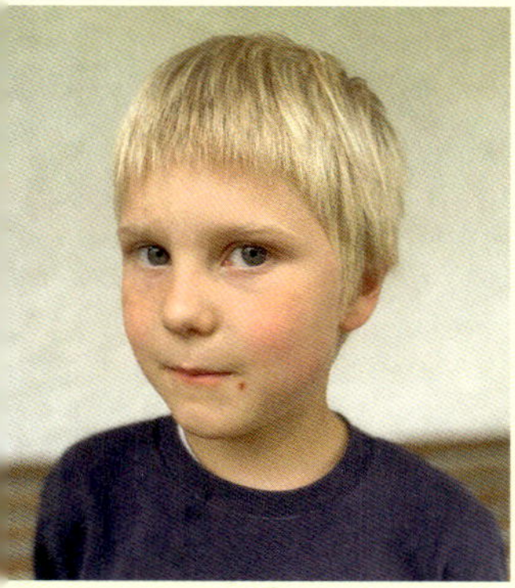

Luis
7 Jahre

Die meisten Kinder lieben die Natur und bringen wie Luis eine natürliche Wissbegierde mit. Zu hinterfragen, warum etwas so ist, wie es ist, verstehen zu wollen, wie alles funktioniert, ist eine der kindlichen Eigenschaften, die wir uns als Erwachsene erhalten sollten. Der unfassbaren Vielfalt und den faszinierenden Formen der Natur sind im Museum Mensch und Natur und BIOTOPIA Lab Ausstellungen, Workshops, Führungen, Festivals und der Fotowettbewerb „Natur im Fokus“ gewidmet. *Museum Mensch und Natur, Seite 67; BIOTOPA Lab, Seite 58*

Markus Wasmeier Freilichtmuseum Schliersee

Das Markus Wasmeier Freilichtmuseum ist ein riesengroßer Erlebnisspielplatz in Form eines altbayerischen Dorfes inmitten der Schlierseer Berge. Mit seinem privat geführten Museum macht der ehemalige Skirennläufer das bäuerliche Leben des frühen 18. Jahrhunderts erlebbar. Hier könnt ihr buttern, filzen, Specksteine schleifen, Holzofenbrote backen und viel über altes Handwerk, Tiere und Kräuter erfahren. Mit seinen hausgemachten bayerischen Spezialitäten lädt das Wirtshaus „Zum Wofen“ zum Verweilen ein und bei gutem Wetter könnt ihr im Biergarten mit Blick auf das herrliche Bergpanorama entspannen. *Brunnbichl 5, 83727 Schliersee/Neuhaus, T: 08026-929220, wasmeier.de*

tipp MUCA – Museum of Urban and Contemporary Art

Nur einen Katzensprung vom Marienplatz entfernt befindet sich im ehemaligen Umspannwerk der Stadtwerke auf rund 2.000 Quadratmetern Gesamtfläche das erste Museum of Urban Art in Deutschland. Die Fassade des MUCA wurde vom renommierten Street Art-Künstler Stohead gestaltet und ist damit selbst Kunstobjekt. Drinnen angekommen könnt ihr die Werke zeitgenössischer Künstler:innen wie Banksy, Os Gêmeos oder Herakut bestaunen. Neben generationsübergreifenden Familien- sowie den spielerischen und gleichsam inhaltsvollen Kinderführungen ist die Street Art-Fahrradtour für alle ab acht Jahren ein spezielles Kunsterlebnis. Auf einer der schönsten Radtouren durch München entlang der Isar erfährt man viele spannende Fakten über Street Art und die Entstehungsgeschichte von Graffiti, entdeckt die Kunstwerke von renommierten Street Art-Künstler:innen und zudem noch einige versteckte Geheimtipps abseits gängiger Stadtführer. *Hotterstr. 12, 80331 München-Altstadt-Lehel, T: 215524310, muca.eu*

Münchner Kaiserburg

Für kleine Geschichtsfans und neugierige München-Entdecker:innen ist die Kaiserburg im Alten Hof in der Altstadt ein echter Geheimtipp. In den historischen Gewölben im Untergeschoss lernt ihr die Bedeutung und Entwicklung des Alten Hofes und dessen prominentestem Bewohner, Kaiser Ludwig den Bayern, kennen. Interaktive Stationen und ein Film über das Herrscherhaus Wittelsbach erwecken bayerische Geschichte zum Leben. Ein Highlight: Im Gewölbe kann man einen freigelegten Teil der Burgmauer mit einer Füllung aus Isarkieseln begutachten. *Alter Hof 1, 80331 München-Altstadt-Lehel, T: 21014050, muenchner-kaiserburg.de*

Münchner Stadtmuseum

Das Ausstellungsprogramm am St.-Jakobs-Platz endet aufgrund der bevorstehenden Komplettsanierung am 07. Januar 2024. Bis dahin hat man noch Gelegenheit, beim Museumsquiz zur Dauerausstellung „Typisch München!“ sein Wissen zur Stadtgeschichte zu prüfen oder die Sonderausstellung „(K)ein Puppenheim. Alte Rollenspiele und neue Menschenbilder“ zu besuchen. Neben Führungen und Workshops mit praktischem Teil gibt es auch Veranstaltungen wie zeitgenössisches Puppentheater. Im historischen Marstallhaus zeigt das Filmmuseum München täglich Filme in Originalfassung. *St.-Jakobs-Platz 1, 80331 München-Altstadt-Lehel, T: 23322370, Filmmuseum: T: 23396450, muenchner-stadtmuseum.de*

tipp Museum Brandhorst

Schon von außen spektakulär: Die Fassade des Kunstmuseums besteht aus 36.000 bunten Keramikstäben. Im Inneren nicht weniger beeindruckend: Die europaweit größte Kollektion von Werken des Künstlers Andy Warhol und die weltweit einzigartigen Bestände von Cy Twombly sind die Eckpfeiler der Sammlung Brandhorst. Da sich das Museum als Ort der Kreativität und des freien Denkens versteht, hat es sich zur zentralen Aufgabe gemacht, schon Kindern und Jugendlichen die Auseinandersetzung mit Gegenwartskunst an den Originalen zu ermöglichen. Von speziellen Führungen über Kreativhefte, mit denen Kinder individuell auf Entdeckungstouren gehen können, bis zu Workshops – das abwechslungsreiche Programm ist so lehrreich wie unterhaltsam. Frischgebackene Eltern mit Baby können sich den Känguruführungen anschließen. *Theresienstr. 35A, 80333 München-Maxvorstadt, T: 238052286, museum-brandhorst.de*

Museum Erding

Mit über 160 Jahren Sammlungsgeschichte zählt dieses Haus zu den ältesten kommunalen Museen Bayerns.
Im Altbau werden die Vor- und Frühgeschichte sowie die Entwicklung der Stadt Erding seit ihren Anfängen präsentiert. Der Neubau ist zwei bedeutenden Handwerken gewidmet: dem Glockengießen und der Lodenherstellung. Mit gold-schimmernden Platten schmiegt sich der schmucke Bau von 2010 an die historischen Gemäuer und verbindet so Vergangenheit mit der Gegenwart. Eine Bilderwand mit rund 1800 Fotos ist Teil des Gesamtkonzeptes „Lebendiges Museum“, hier ist Platz für Sonderausstellungen und Aktionen. Altersgerechte Führungen richten sich an Kindergärten, Schulklassen und Privatpersonen, auch Workshops und Ferienkurse werden angeboten. *Prielmayerstr. 1, 85435 Erding, T: 08122-408 158, museum-erding.de*

Museum Fünf Kontinente

Im Museum Fünf Kontinente werden in zahlreichen Einzelausstellungen Dinge des alltäglichen Lebens, rituelle Objekte oder Kunstwerke gezeigt und der kulturelle Reichtum der Menschheit vergegenwärtigt. Hier lernt die ganze Familie mitten in München Gemeinsamkeiten und Unterschiede der Kulturen aus Afrika, Amerika, Asien, Australien, Ozeanien, dem Orient und Europa kennen. An der Museumskasse dürfen sich Kinder verschiedene kostenlose Rallyes mitnehmen und knifflige Rätsel rund um die Kontinente lösen. Regelmäßige Familienführungen, Workshops, Themen- und Familientage sowie Filmnachmittage sind Highlights für alle Weltentdecker:innen. Auch Kindergeburtstage werden hier im Museum zum Abenteuer. *Maximilianstr. 42, 80538 München-Altstadt-Lehel, T: 210136100, museum-fuenf-kontinente.de*

Museum Fürstenfeldbruck

Wo einst Mönche Bier brauten, befindet sich heute ein Museum. Herzstück ist die Abteilung „Zisterzienserkloster Fürstenfeld“ mit Originalkunstwerken, neuen Medien und interaktiven Stationen. „Leben in Bruck um 1900“ schildert den Alltag der Erwachsenen und Kinder vor hundert Jahren und die archäologische Abteilung blickt noch weiter zurück: auf die Kelten, Römer und Bajuwaren von der Steinzeit bis in die Gegenwart. Ob Märchenfeste, Römische Gelage, Werkzeug-, Kulissenbau oder Buchdruck – hier können auch Themen-Geburtstage für Kinder jeden Alters gefeiert werden. *Fürstenfeld 6, 82256 Fürstenfeldbruck, T: 08141-611313, museumffb.de*

tipp

Museum Mensch und Natur

Da sich Umbau und Erweiterung zum BIOTOPIA Naturkundemuseum Bayern bekanntlich verzögern, bleibt uns das beliebte Museum Mensch und Natur nun doch noch bis sage und schreibe 2028 erhalten. Neben der Dauerausstellung, die sich in neun Abteilungen unterschiedlichen Themenbereichen aus den Bio- und Geowissenschaften sowie den Life-Sciences widmet, werden in zwei weiteren Ausstellungsräumen regelmäßig wechselnde Sonderausstellungen gezeigt. Weiterhin hat man freitags die Möglichkeit an den kostenlosen Familienführungen teilzunehmen sowie Kindergeburtstage zu feiern. Das Programm beinhaltet jeweils eine Führung und einen praktischen Teil, zur Wahl stehen verschiedene Workshops aus den Themenbereichen Geologie, Mineralogie, Evolution und Naturkunde. Da sich der wunderschöne Nymphenburger Schlosspark in direkter Nachbarschaft befindet, empfiehlt es sich zusätzlich Zeit für einen Spaziergang einzuplanen. *Schloss Nymphenburg, 80638 München-Neuhausen-Nymphenburg, T: 1795890, musmn.de*

TOLL, WENN BESUCH KOMMT

München ist immer eine Reise wert! Stimmt, und so kommen Familie und Freundeskreis häufiger mal zu Besuch, gerne auch als Stippvisite auf der Weiterreise gen Süden. Welche Seiten der Stadt wir dann gerne zeigen.

1 Bunte Brachen

Über München kursieren einige Vorurteile, unter anderem, dass die Stadt überall auf Hochglanz poliert sei. Wenig Schickimicki, sondern ein echt cooler Ort ist das Werksviertel, das ihr vom Riesenrad aus sogar von oben in den Blick nehmen könnt. Die Umgestaltung des ehemaligen Industriegebiets in ein lebendiges Stadtquartier voller Kreativität, Kultur und Kulinarik hat 2023 den Deutschen Städtebaupreis gewonnen. Auch das Schlachthofviertel mit dem Bahnwärter Thiel, der Alten Utting und dem sehenswerten Volkstheater lohnt einen Besuch! *Werksviertel, Atelierstr. 1, 81671 München, werksviertel.de; Umadum, Seite 93; Bahnwärter Thiel, Tumblingerstr. 45, 80337 München-Ludwigsvorstadt, bahnwaerterthiel.de; Alte Utting, Seite 85; Münchner Volkstheater, Seite 83*

2 Moderne bayerische Küche

Vor allem Besuch aus den nördlicheren Regionen der Republik möchten bei einem München-Trip meist gerne richtig bayerisch essen gehen. Umso besser, wenn man die bajuwarischen Traditionsgerichte in einer modernen Interpretation genießen kann. *Servus Heidi, Landsberger Str. 73, 80339 München-Schwanthalerhöhe, servusheidi.de*

3 Bis zum Sonnenuntergang

Der Englische Garten ist ein Must-see – spektakulär, den Surfer:innen an der Eisbachwelle zuzuschauen. Lässt sich prima mit einem Besuch im Haus der Kunst daneben kombinieren – die wechselnden Ausstellungen sind immer sehenswert, ebenso wie die Goldene Bar, deren Terrasse der perfekte Ort für einen Sundowner ist. *Eisbachwelle, Seite 169, Haus der Kunst, Seite 63*

4 Marktvergnügen

Fehlt in keinem Reiseführer und gehört zu einem München-Besuch unbedingt dazu: Der Viktualienmarkt birgt zahlreiche Genüsse und Geschichten, von denen man bei Führungen mehr erfahren kann. Kleiner, aber nicht minder fein ist der Elisabethmarkt, der nach der Sanierung und Umstrukturierung des Platzes im ersten Halbjahr 2024 in neuem Glanz erstrahlen soll. *Viktualienmarkt, Seite 93; Elisabethmarkt, Elisabethplatz, 80796 München-Schwabing*

5 Kultur- und Kaffeegenuss

Ein Bummel entlang der Brienner Straße vom Odeonsplatz bis zum Königsplatz führt an einigen der schönsten Kulturdenkmäler, Museen, Luxusgeschäften und einem der geschichtsträchtigsten Kaffeehäuser der Stadt vorbei. Gestartet wird an der Residenz mit einem Abstecher in den Hofgarten – allein die Dimension des Rennaissancegartens ist imponierend. 1888 als eines der größten Kaffeehäuser der Welt eröffnet, beeindruckt das altehrwürdige Café Luitpold nicht nur mit seinem prunkvollen Flair, dem Palmengarten mit einer zwölf Meter hohen Glaskuppel, sondern auch mit unverschämt guten Torten und Speisen. Kinder lieben die Cake-Pops, die kleine Kunstwerke am Stiel sind. Und rund um Königsplatz mit Glyptothek und Co. erwarten weitere tolle Kunst- und Geschichtsorte die Besucher:innen. *Residenz München, Seite 72; Hofgarten, Seite 134; Café Luitpold, Brienner Str. 11, 80333 München-Maxvorstadt, café-luitpold.de; Glyptothek, Seite 73; Lenbachhaus, Seite 74*

Museumspädagogisches Zentrum (MPZ)

Das Museumspädagogische Zentrum München, kurz MPZ, veranstaltet in den kunst- und kulturhistorischen sowie den naturwissenschaftlichen Museen Bayerns Programme für Kinder und Jugendliche. Schließlich soll Museum Spaß machen! Ferienangebote können auf der Website gezielt gesucht werden. *Infanteriestr. 1, 80797 München-Schwabing-West, T: 954115220, mpz-bayern.de*

Museum Mineralogia München

Überall glänzt und funkelt es in allen erdenklichen Farben aus den gläsernen Schaukästen. Rohe und geschliffene Edelsteine, Edelmetalle wie Gold, Silber und Platin und sogar echte Meteoriten lassen hier nicht nur Kinderherzen höherschlagen. Das Museum Mineralogia ist der öffentlich zugängliche Teil der Mineralogischen Staatssammlung München und zeigt und erklärt großen und kleinen Besucher:innen die Welt der Kristalle. Führungen für Schulklassen und auch Kindergeburtstage können hier vereinbart werden. *Theresienstr. 41, 80333 München-Maxvorstadt, T: 21804312, msm.snsb.de*

Museum Penzberg – Sammlung Campendonk

Der Zwillingsbau des Museums ist mit seiner lebendigen dunklen Klinkerfassade zu einer Attraktion im Stadtbild geworden. Im Inneren widmet sich die Dauerausstellung dem Werk von Heinrich Campendonk. Das jüngste Mitglied des Blauen Reiters stand lange im Schatten von Marc und Kandinsky, doch seine gesteigerte Farbwahrnehmung und ein oftmals ekstatischer Schaffensprozess ließen ihn eine eigene künstlerische Entwicklung nehmen. Der Familien-Audioguide ist hilfreicher Begleiter durch die Sammlung deutscher Expressionist:innen, zeitgenössischer Kunst und der Stadtgeschichte. *Am Museum 1, 82377 Penzberg, T: 08856-813480, museum-penzberg.de*

tipp

Museum Starnberger See

Das Museum pflegt eine historisch gewachsene Sammlung von regionalem Alltagsgut und bildender Kunst. Sehenswert ist das historische Lochmannhaus. In direkter Verbindung mit ihm steht der moderne Museumsneubau, in dem das einzige vollständig erhaltene Boot der königlich-bayerischen Prunkschiffe zu besichtigen ist. Bei Kreativführungen begegnet ihr gemeinsam mit Museumspädagog:innen einem Thema, entdeckt Exponate und hört Geschichten. Anschließend wird inhaltlich passend praktisch und kreativ gearbeitet. Für den spontanen Museumsbesuch gibt es kostenlos ein Heft mit Entdecker:innentouren. *Possenhofener Str. 5, 82319 Starnberg, T: 08151-4477570, museum-starnberger-see.de*

tipp

Museum Villa Stuck

Hier werden Familien und Kinder am Wochenende kreativ. Ein Gesamtkunstwerk ist diese vom Künstler bis ins Detail selbst entworfene Villa, in der die Verbindung von Architektur, Kunst, Musik, Theater und dem Leben des Franz von Stuck am Originalschauplatz erfahrbar gemacht wird. Die historischen Räume sind atemberaubend, noch dazu beherbergen sie Kunst aus der Zeit um 1900 sowie zeitgenössische Werke. Das eigens konzipierte Kinder- und Jugendprogramm FRÄNZCHEN, das offene JUGENDzimmer und die regelmäßig stattfindenden Elternzeit-Familienworkshops machen die Villa besonders kinderfreundlich. *Prinzregentenstr. 60, 81675 München-Au-Haidhausen, T: 4555510, villastuck.de*

Museum Wald und Umwelt

Die Dauerausstellung wiedereröffnet voraussichtlich im ersten Quartal 2024. Ein Besuch der naturkundlichen Bildungsstätte am Rand des Ebersberger Forsts gelegen, lohnt aber auch um an den vielseitigen naturpädagogischen Kinder- und Familienveranstaltungen teilzunehmen wie zum Beispiel an den Nachtwanderungen, der „Kräuterhexenküche“ oder dem Workshop „Vom Schaf zu Filz und Spinnrad“. *Ludwigshöhe 2, 85560 Ebersberg, T: 08092-825552, museumwaldundumwelt.de*

MVG Museum

Eine Straßenbahn von unten angucken – das geht im Museum der Münchner Verkehrsbetriebe. Besucher:innen erwarten historische Omnibusse und Tramwagen aus verschiedensten Epochen. Darüber hinaus machen Fahrzeugmodelle in unterschiedlichen Maßstäben und ein interaktiver Netzplan die Entwicklung des Verkehrs anschaulich. Die originelle Quizstation ist in ein historisches Schaltpult aus den 1980er Jahren eingebaut, das aus der damaligen Leitstelle im Untergeschoss des Marienplatzes stammt. Für einen Besuch bedarf es Vorausplanung, in der Regel hat das Museum nur an zwei Sonntagen im Monat geöffnet. *Ständlerstr. 20, 81549 München-Ramersdorf-Perlach, T: 21910, mvg.de/services.html*

Neue Pinakothek

Die Neue Pinakothek wird saniert und bleibt voraussichtlich bis mindestens 2025 geschlossen. Auf die wichtigsten Werke des Hauses, das vor allem Kunst des 19. Jahrhunderts zeigt, müssen wir aber nicht gänzlich verzichten. Die Sammlung Schack zeigt eine Auswahl, weitere Gemälde und Kunstobjekte sind im Ostflügel der Alten Pinakothek zu sehen. Darunter grandiose Meisterwerke wie Van Goghs Sonnenblumen. *Barer Str. 29, 80799 München-Maxvorstadt, T: 23805195, pinakothek.de*

KINDER-TIPP

DIE KULTURHALLE

Der Gasteig-Interimsstandort beheimatet ein einzigartiges und vielseitiges Kultur-Miteinander für alle.

Von außen ist es ein alter, roter Backsteinbau. Früher fuhren dort Straßenbahnen rein und raus. Heute gehen dort Leute ein und aus. Große wie Kleine, die etwas Besonderes erleben wollen – wie Paula. Wenn man die alte Werkhalle betritt, eröffnet sich ein Labyrinth über drei offene Etagen – mit Stadtbücherei, Musikstationen, Ausstellungen, Ateliers und Isarphilharmonie und sogar einem kleinen Kino. Da geht Paula besonders gerne rein, danach noch eine Limo im Café. Ein toller, bunter, spannender Ort voller Kultur! *Gasteig HP8, Seite 88*

Paula
9 Jahre

NS-Dokumentationszentrum München

Als Gründungsort der NSDAP ist München wie kaum eine andere Stadt mit dem Aufstieg des Nationalsozialismus verbunden. Seit 2015 gibt es hier einen zentralen Lern- und Erinnerungsort, der in der Dauerausstellung „München und der Nationalsozialismus" an die Verbrechen der NS-Diktatur erinnert und sich mit ihren Ursachen, Ausprägungen und Folgen bis in die Gegenwart auseinandersetzt. Was führte zu Ausgrenzung, Krieg und Vernichtung? Wer nach Antworten sucht, kann sie auf historischem Boden finden. Das NS-Dokumentationszentrum steht auf dem Gelände des „Braunen Hauses", der einstigen Parteizentrale der NSDAP. Als Stätte offener Information und lebendiger Diskussion erfährt dieser Ort nun eine Neubestimmung. *Max-Mannheimer-Platz 1, 80333 München-Maxvorstadt, T: 23367000, nsdoku.de*

tipp Paläontologisches Museum

Mammut, Riesenhirsch und Säbelzahntiger, Dinosaurier-Knochen und im Mittelpunkt das Skelett des Mühldorfer Urelefanten – im Paläontologischen Museum können Kinder eine Zeitreise in die Vergangenheit unternehmen. Das Museum ist der öffentlich zugängliche Teil der Bayerischen Staatssammlung für Paläontologie und Geologie und widmet sich der Entwicklungsgeschichte der Erde und des Lebens auf ihr. Multimedia-Vorführungen, ein Kinderquiz und Führungen für Familien gehören hier zum Angebot. Die gesamte Ausstellung kann kostenfrei besichtigt werden. *Richard-Wagner-Str. 10, 80333 München-Maxvorstadt, T: 21806630, palmuc.de/bspg*

Pinakothek der Moderne

Die Pinakothek der Moderne gehört zu Münchens größten Attraktionen und den bekanntesten Ausstellungshäusern der Welt. Sie vereint auf über 12.000 Quadratmeter vier voneinander unabhängige Museen, die in einer einzigartigen Konstellation Kunst, Grafik, Architektur und Design abdecken. Klingende Namen wie Marcel Breuer, Max Beckmann oder Neo Rauch sind mit ihren Werken Teil der ständigen Sammlung. Allein das Gebäude mit berühmter Rotunde, mit offenen und luftigen Räumen und beeindruckender Glaskuppel ist selbst eine Sehenswürdigkeit. Am Wochenende locken Familienführungen samt Kinderprogramm. *Barer Str. 40, 80333 München-Maxvorstadt, T: 23805360, pinakothek-der-moderne.de*

Residenz München

Der herrschaftliche Bau in der Residenzstraße war einst das Münchner Stadtschloss und Residenz der bayerischen Herzog:innen, Kurfürst:innen und König:innen. In den prächtigen Räumen kann man sich in die Welt der adeligen Familien zurückversetzen. In der Schatzkammer funkeln Kronen, juwelenbesetzter Schmuck, aber auch feines Besteck aus Gold oder andere alltägliche Gegenstände aus edlen Materialien um die Wette. Im Residenzmuseum kann man die herrschaftlichen Räumlichkeiten des Adels durchschreiten. Familienführungen können vorab gebucht werden. *Residenzstr. 1, 80333 München-Altstadt-Lehel, T: 290671, residenz-muenchen.de*

tipp

Sammlung Schack

Die Sammlung Schack zeigt die bis heute unveränderte Gemäldesammlung des Literaturhistorikers Graf von Schack (1815-1894). Mit wenigen Ausnahmen besteht diese überwiegend aus Landschafts- und Historienbildern sowie Sagen und Mythen des 19. Jahrhunderts. Besucher:innen werden mit Gemälden wie Böcklins „Villa am Meer“ oder Schwinds „Morgenstunde“ in eine außergewöhnliche Welt der Sehnsüchte und Träume dieser Ära entführt. Dank des frühpädagogischen Kunstvermittlungsprogramms „Kunst und Spiele“ können sich bereits Kinder ab zwei Jahren auf eine magische Welt einlassen. Mit dem temporären Umzug der Meisterwerke aus der Neuen Pinakothek in die Sammlung Schack bietet sich zudem die einmalige Gelegenheit, deren berühmtesten Gemälde in spannenden neuen Kontexten zu erleben. *Prinzregentenstr. 9, 80538 München-Altstadt-Lehel, T: 23805224, pinakothek.de*

Schlossmuseum Ismaning

Das Schlossmuseum bietet einen Einblick in mehr als 1.200 Jahre Ismaninger Geschichte. Hier könnt ihr erfahren, wie das kleine Bauerndorf zu einem Schloss kam, warum der Ort erst 1802 bayerisch wurde und was Napoleon damit zu tun hatte. Modelle der alten Bahnhofsanlage, der Seidl-Säge und der „kleinsten Papierfabrik der Welt“ versetzen euch zurück in die Zeit um 1950. Willi Wasserturm, Madame Spuki und Gustl Krautkopf begleiten Familien im Schlossmuseum bei einer Museums-Rallye. Dank vorbereiteter Museumstasche können sich Kinder im Grundschulalter selbstständig auf einen spannenden Rundgang begeben. *Schloßstr. 3A, 85737 Ismaning, T: 960900153, schlossmuseum-ismaning.de*

tipp

Schloßmuseum Murnau

Natur, Kunst und Kultur gehen in Murnau Hand in Hand. Das den Ortskern bestimmende Schlossmuseum bietet seinen Besucher:innen eine erlesene Sammlung. Die Exponate veranschaulichen, wie die Künstler:innen seit 1908 in Murnau und Umgebung ihre Bildmotive fanden, die bayerische Volkskunst – insbesondere die traditionelle Hinterglasmalerei – kennenlernten und hier der entscheidende künstlerische Schritt zu einer neuen expressiven Malerei gelang. Kreative Ferienprogramme, Mitmachaktionen und ein digitales Angebot für zu Hause bereichern das Programm für Familien. Für Geburtstagsfeiern für Kinder ab fünf Jahren sind verschiedene Programme buchbar. *Schlosshof 2-5, 82418 Murnau am Staffelsee, T: 08841-476201, schlossmuseum-murnau.de*

Spielzeugmuseum

Im alten Rathausturm, direkt am Münchner Marienplatz, versteckt sich das kleine Spielzeugmuseum. In den Gemäuern des Turms, die selbst ein wenig einer Puppenstube ähneln, sind zahlreiche Spielsachen aus den unterschiedlichsten Epochen der letzten beiden Jahrhunderte ausgestellt – dabei stammen die ältesten Stücke sogar aus dem Jahr 1800. Puppen, Holzspielzeug, aufziehbare Figuren, aber auch Spielburgen, Roboter sowie Tier- und Comicfiguren warten im Spielzeugmuseum darauf, von den neugierigen Besucher:innen entdeckt zu werden. *Marienplatz 15, 80331 München-Altstadt-Lehel, T: 294001, spielzeugmuseummuenchen.de*

Staatliche Antikensammlung und Glyptothek

Kinder und Jugendliche können in den Museen am Königsplatz in das Leben der Antike eintauchen. Das Spektrum der Veranstaltungen reicht von individuellen Touren mit Material für Entdecker:innen, Führungen mit anschließenden Kreativangeboten über Kindergeburtstage bis hin zu mehrtägigen Workshops. Glauki, die Museumseule, begleitet Interessierte via Mediaguide durch die Glyptothek. Ihr zur Seite steht die allwissende Göttin Athena. Bei Führungen können Kinder Meisterwerke wie den Kuros von Tenea, den Barberinischen Faun, oder den Knaben mit der Gans spielerisch kennenlernen. *Königsplatz 1 und 3, 80333 München-Maxvorstadt, T: 28927502, www.antike-am-koenigsplatz.mwn.de*

Staatliche Münzsammlung München

Die Staatliche Münzsammlung kann auf eine lange Geschichte zurückblicken. Herzog Albrecht V. gründete die Sammlung 1550, inzwischen besitzt sie um die 300.000 Objekte. Sie ist die älteste verbürgte Sammlung ihrer Art in Bayern. Ab 1807 wurde die Sammlung aus dem fürstlichen Hof ausgegliedert und wurde Teil der Bayerischen Akademie. Seit 1963 ist das Museum in der Münchner Residenz untergebracht. Für Kinder, Jugendliche und Schulklassen werden Führungen sowie ein spezielles Kinderprogramm, Aktivblätter zum Selbstentdecken und Filme angeboten. *Residenzstr. 1, 80333 München-Altstadt-Lehel, T: 277221, staatliche-muenzsammlung.de*

tipp

Staatliches Museum Ägyptischer Kunst

Das Museum präsentiert eine der wichtigsten Sammlungen altägyptischer Objekte weltweit und lädt zu einer Entdeckungsreise durch 5.000 Jahre Kunst und Kultur ein mit faszinierenden Einblicken in die Lebenswelt des alten Ägypten. Gelegen in einem spektakulären unterirdischen Bau im Zentrum des Kunstareals erschließt das Museum seine Inhalte für sein Publikum durch vielfältige Vermittlungsangebote. Beliebt sind vor allem die Familienführungen mit anschließenden Workshops, die jeden zweiten und vierten Sonntag im Monat zu wechselnden Themen stattfinden. Wer sich den archäologischen Rucksack ausleiht, kann ganz individuell mit verschiedenen Aufgaben im Gepäck auf Expedition gehen. Das Haus versteht sich als familienfreundlich, so sind auch Leih-Tragetücher und -Buggys an der Museumskasse erhältlich. Stillen ist in der gesamten Ausstellung ausdrücklich erlaubt. *Gabelsbergerstr. 35, 80333 München-Maxvorstadt, T: 28927630, smaek.de*

neu

Stadtmuseum Freising

Nach mehrjähriger Schließung wegen Sanierungsarbeiten wird das Museum voraussichtlich noch 2023 wiedereröffnen. Das neue, von 250 auf 750 Quadratmeter erweiterte Stadtmuseum im ersten Stock des Asamgebäudes soll dann nicht nur eine facettenreiche Kultureinrichtung sein. Vielmehr auch ein Ort des Genusses, der Emotion und der Inspiration, der dazu dient, die heutige Stadt Freising als altehrwürdigen Geschichtsplatz zu verstehen. Für Schulklassen und interessierte Gruppen bietet das Stadtmuseum Freising während seiner Schließzeit das mobile Programm „Der rollende Koffer" an. *Marienplatz 7, 85354 Freising, T: 08161-5444555, freising.de/kultur-freizeit/stadtmuseum*

Städtische Galerie im Lenbachhaus und Kunstbau München

Das Lenbachhaus ist berühmt für die weltweit größte Sammlung der Gruppe des Blauen Reiter um Franz Marc. Hinzu kommen wechselnde Sonderausstellungen zu internationalen zeitgenössischen Künstler:innen und Klassikern aus der Sammlung sowie vielfältige Führungs- und Workshopformate für alle Altersgruppen. Im Rahmen des Vermittlungsprogramms „WAS TUN!" werden Aktivitäten für unterschiedlichste Gruppen und deren Bedürfnisse angeboten. Einzigartig ist der Blick vom Museumsrestaurant ELLA auf ein weiteres Münchner Glanzstück, dem Königsplatz mit seinen klassizistischen Prachtbauten. *Luisenstr. 33, 80333 München-Maxvorstadt, T: 23396933, lenbachhaus.de*

Sudetendeutsches Museum

Das noch recht junge Sudetendeutsche Museum ist das erste Museum in Mitteleuropa, das sich ausschließlich der vielfältigen Völkergruppe aus den böhmischen Ländern und ihrer Geschichte widmet. Für das Jahr 2023 hat das Europäische Museums-Forum entschieden, das Haus bei der diesjährigen Verleihung zum „Europäischen Museum des Jahres" zu berücksichtigen. Ausschlaggebend dafür waren hochwertige Sonderausstellungen, der bunte Mix aus traditionellen und neuen Veranstaltungen sowie ein von Museumspädagog:innen geschaffenes vielfältiges Kinder- und Familienprogramm. Von Familienführungen bis hin zur Schnitzeljagd wird jungen Besucher:innen einiges geboten. Noch bis zum Mitte November 2023 kann man in der Ausstellung „Ein bisschen Magier bin ich schon ..." in Otfried Preußlers Erzählwelten eintauchen. *Hochstr. 10, 81669 München-Au-Haidhausen, T: 48000337, sudetendeutsches-museum.de*

Südostbayerisches Naturkunde- und Mammut-Museum Siegsdorf

Das Siegsdorfer Naturkunde- und Mammut-Museum verdankt seine Entstehung der Entdeckung von ca. 45.000 Jahre alten Mammut-Knochen, die heute zum besterhaltenen Mammutskelett Europas gehören. Vier Stockwerke mit Grundlagen zur Geologie, Fossilien, den Giganten der Eiszeit und einem Blick in die Welt der Steinzeit machen einen Besuch zum nachhaltigen Erlebnis. Der Steinzeit-Donnerstag ist ein Familienaktionstag der wöchentlich von Mitte Mai bis Mitte Oktober stattfindet, mit Lagerfeuer und Stockbrot. Hier könnt ihr euch vergnügen, ob beim Traumfänger basteln oder Bär in der Höhle spielen. *Auenstr. 2, 83313 Siegsdorf, T: 08662-13316, museum-siegsdorf.de, steinzeit-siegsdorf.de*

TimeRide München

Dank Virtual Reality könnt ihr euch im Zeitraffer durch über 7.000 Jahre bayerische Geschichte begeben. In einem Pfauenwagen, einem abenteuerlichen Fluggerät, seid ihr unterwegs zu neuen Dimensionen. Von den ersten Siedlungen auf bayerischem Boden über die Geburtsstunde des Oktoberfests 1810 bis zu Ludwigs II. Lebzeiten am Schloss Neuschwanstein. Dieser virtuelle Flug trägt euch durch die Epochen zu historischen Stätten und bedeutenden Ereignissen. Auch eine geführte Stadttour, kann mit TimeRide GO! gebucht werden, bei der 850 Jahre Münchener Geschichte hautnah erlebbar werden. An verschiedenen Stationen zieht man die mobile Virtual Reality Brille auf und hat den perfekten Damals-Heute-Vergleich. *Tal 21, 80331 München-Altstadt-Lehel, T: 26010116, timeride.de*

KINDER-
TIPP

Am Elisabethplatz kommen die spannendsten Stücke der Stadt für Kinder auf die Bühne.

IMMER WAS ZU SCHAUEN

Justus
5 Jahre

Die Kinderstücke in der Schauburg greifen oft Themen aus ihrer unmittelbaren Lebens- und Erfahrungswelt auf und setzen sie in hörenswerte Dialoge, sehenswerte Bühnenbilder und Performances um. So spielt das Objekttheater „Socken, Mond und Sterne" für Kinder ab drei Jahren mit vielen Gegenständen die Konstellationen und Alltagserlebnisse einer Familie durch. Kinder wie Justus fühlen sich dabei immer ernst genommen und gut unterhalten. Aber auch ältere Kinder und Teens werden hier jede Spielzeit mit tollen aktuellen Inszenierungen versorgt. *Schauburg, Seite 83*

Urweltmuseum Neiderhell

Auf über 460 Quadratmetern Ausstellungsfläche werden mehr als 2.800 Fossilien und Mineralien präsentiert. Das Sammeln von Fossilien ist jahrzehntelange Familientradition im Hause Neiderhell, die mit der Eröffnung des Urweltmuseums im Jahr 2001 ihre private Sammlung der Allgemeinheit zugänglich machten. Schautafeln vermitteln kleinen und großen Forscher:innen dabei spannende Informationen. Alle Funde stammen aus den Epochen des Präkambriums bis zum Quartär vor zwei Millionen Jahren. Nach dem Besuch lädt ein Erlebnis-Landgasthof direkt neben dem Museum mit Biergarten unter Kastanienbäumen und Schildkrötenteich zur Einkehr ein. *Steinbrucker Str. 4, 83064 Kleinholzhausen, T: 08034-1894, urweltmuseum.com*

Urzeitmuseum – Sammlung Kapustin

Seltsame Urzeittiere, gigantische Dinosaurier und echte fossile Knochen erwarten euch im Urzeitmuseum im Landkreis Erding. Ein 18 Meter langes Brachiosaurus-Skelett, zwei Messeler Urpferdchen, viele weitere Originale und 20 lebensechte Modelle werden hier neben neuester prähistorischer Forschung attraktiv in Szene gesetzt – in den Innenräumen als auch im Dinogarten mit mehr als 20 lebensechten Modellen wie zum Allosaurus, Triceratops, Segnosaurus oder dem über zwölf Meter langen Apatosaurus. Bei schönem Wetter können sich kleine Forscher:innen im Grabungsfeld austoben oder bequem im Dino-Bollerwagen durch die Anlage ziehen lassen. „Lebende Fossilien" aus der Pflanzenwelt sind auf einem paleobotanischen Lehrpfad anschaulich angelegt. *Attinger Weg 9, 84416 Taufkirchen (Vils), T: 0151-21483443, urzeitmuseum.de*

Valentin-Karlstadt-Musäum

Das Isartor beherbergt schon seit 1959 das Valentin-Karlstadt-Musäum. Eine Mischung aus informativen Einheiten und kuriosen Überraschungen präsentiert Leben und Wirken von Karl Valentin und seiner kongenialen Partnerin Liesl Karlstadt. Eine der Sonderausstellungen findet noch bis November 2023 im Innenhof des Isartors statt und dreht sich um ein Lieblingsthema von Karl Valentin, dem Oktoberfest. Vorwiegend in den Herbst- und Wintermonaten treten hier Heinz-Josef Braun und Stefan Murr mit ihren lustigen Märchenerzählungen mit Musik auf. Aktuell steht eine drohende Schließung unter anderem aus Brandschutzgründen im Raum, deshalb sollte man einen Besuch am besten nicht zu lange hinauszögern. *Im Tal 50, 80331 München-Altstadt-Lehel, T: 223266, valentin-musaeum.de*

Technik und Naturwissen-schaften

tipp

BMW Welt und BMW Museum

Die BMW Welt vereint futuristische Architektur mit fesselnden Einblicken in Gegenwart und Zukunft der Mobilität. Neben der Dauerausstellung mit rund 120 Original-Exponaten finden in der Rotunde und „Museumsschüssel" Wechselausstellungen zu unterschiedlichen Themenschwerpunkten statt. Für Kinder ab fünf Jahren gibt es Workshops und Ferienangebote im Rahmen des BMW Group Junior-Programms – von der Social Media-Bilderjagd über Designworkshop und Bastelaktion bis zum Ausflug ins Future Lab ist alles dabei. Auch für Geburtstagsfeiern stehen spannende Angebote zur Auswahl, die die Fantasie anregen, Kreativität und Teamgeist fördern und vor allem ganz viel Spaß machen. *Am Olympiapark 1 und 2, 80809 München-Milbertshofen-Am Hart, T: 125016001, bmw-welt.com*

Deutsches Museum Flugwerft Schleißheim

Von der historischen Flugwerft zum Museum für Luft- und Raumfahrt: Die Flugwerft Schleißheim wurde 1912-1919 für die Bayerischen Fliegertruppen gebaut und zählt heute zu den ältesten erhaltenen Flugplatzbauten in Deutschland. In der gläsernen Restaurierungswerkstatt lässt sich beobachten, wie Flugzeuge noch heute restauriert werden. Bei den verschiedenen Führungen können Kinder Flugzeuge, Hubschrauber, Motoren und Triebwerke aus der Nähe kennen lernen, etwa 70 Flugobjekte sind ausgestellt. *Effnerstr. 18, 85764 Oberschleißheim, T: 2179333, deutsches-museum.de/flugwerft-schleissheim*

tipp

Deutsches Museum Verkehrszentrum

Vom Rennauto bis zur Dampflok, vom Hochrad bis zum ICE – im Verkehrszentrum könnt ihr nahezu alles sehen, mit dem man sich auf der Erde bewegen kann: Das Verkehrszentrum des Deutschen Museums bietet eine einzigartige Ausstellung zur Geschichte und Gegenwart von Verkehr und Mobilität. Als Ort der Reflexion über geschichtliche Entwicklungen ist das Museum bestens geeignet, über Verkehrsprobleme von heute und Lösungsansätze für morgen zu informieren. Dank Führungen und Workshops sind auch Kinder eingeladen, sich tiefer mit der Materie zu beschäftigen oder sich per Audioguide durch Geschichte, Gegenwart und Zukunft der Mobilität leiten zu lassen. Einmal im Monat nutzen die ehrenamtlichen Mitarbeiter:innen des Lesefüchse e.V. das Museum als Kulisse für ihre Vorlesestunde. *Am Bavariapark 5, 80339 München-Schwanthalerhöhe, T: 2179333, deutsches-museum.de/verkehrszentrum*

ESO Supernova Planetarium und Besucher:innenzentrum

Wolltet ihr schon immer mal wie echte Astronaut:innen den Blick ins All richten? Beim ESO Supernova Planetarium – dem hochmodernen astronomischen Zentrum für die Öffentlichkeit – kommt ihr den Sternen sehr nah. Die Dauerausstellung, die ebenso faszinierend wie lehrreich ist, beschäftigt sich auf 2.200 Quadratmetern mit den Fragen nach Leben im Universum im weitesten Sinne. Sie bringt den Besucher:innen scheinbar weit entfernte und abstrakte Themen näher. Sehenswert sind auch die in die Kuppel projizierten Shows: „Die Abenteuer von Rosetta und Philae", „Dort Draußen – die Suche nach fremden Welten" oder „Jenseits der Sonne". Der Eintritt in die Ausstellung ist während der Öffnungszeiten kostenlos, Zeitfenster-Tickets lassen sich online reservieren. Für Kindergeburtstage gibt es zwar kein spezielles Angebot, möglich ist jedoch eine Führung oder Plätze in einer der Planetariumsshows zu buchen und im Anschluss den Picknickbereich und die angrenzende Sonnenterrasse zum Kuchenessen zu nutzen. *Karl-Schwarzschild-Str. 2, 85748 Garching, T: 32006900, supernova.eso.org*

Planetarium und Sternwarte im Deutschen Museum

In zehn Minuten durch 13,7 Milliarden Lichtjahre! In einer sehr klaren Nacht könnte man theoretisch von München aus mehr als 3.500 Himmelskörper sehen. Doch Luft- und Lichtverschmutzung verhindern einen optimalen Blick in den Sternenhimmel. Im Planetarium im Deutschen Museum dagegen können sich Besucher:innen nicht nur einen perfekten Münchner Nachthimmel ansehen, sondern auch das Himmelszelt über jedem beliebigen Punkt der Erde. Oder so, wie er um Christi Geburt ausgesehen hat – oder wie er voraussichtlich in 1.000 Jahren aussehen wird. Dafür sorgt der hochmoderne Lichtfaser-Sternenprojektor Zeiss-Skymaster ZKP4. Wer also Planeten anfliegen und unser faszinierendes Sonnensystem oder die Milchstraße mal betrachten möchte, ist hier genau am richtigen Ort. Die Sonderausstellung „100 Jahre Planetarium" ist noch bis Ende 2024 zu sehen und zu erleben. Etwa 60 Leute finden dabei unter der Kuppel Platz und können bei den drei täglichen Vorführungen eine atemberaubende Reise zu den Sternen machen. *Museumsinsel 1, 80538 München-Ludwigsvorstadt-Isarvorstadt, T: 21791333, deutsches-museum.de*

KUNST KANN ALLES

Der von Elena Janker gegündete Verein fördert die intellektuelle, emotionale und künstlerische Entwicklung von Kindern.

little ART
Münchner Künstlerhaus,
Lenbachplatz 8,
80333 München-Altstadt
little-art.org,
kuenstlerhaus-muc.de

Im Herzen der Stadt befindet sich das Münchner Künstlerhaus, das Ende des 19. Jahrhunderts als Vereinsheim der Münchner Kunstschaffenden erbaut wurde. Der prachtvolle Bau beherbergt bis heute ein abwechslungsreiches Kunst- und Kulturprogramm, vor allem aber bietet er Raum für die fantastische Arbeit von little ART.

Gründerin, Herz und Seele des Vereins ist Elena Janker, die einen gleich mit ihrer fröhlichen, warmherzigen und zugewandten Art für sich einnimmt. Man kann sofort verstehen, warum sich die Kinder bei ihr sichtbar wohlfühlen. Sie nehmen sie an der Hand, vertrauen ihr intuitiv und erzählen ihr ihre Geschichten. Das ist nicht selbstverständlich, denn unter den Kindern und Jugendliche bei little ART sind viele mit Kriegs- und Fluchterfahrungen.

Schon 2002, der Verein war noch gar nicht gegründet, wurde Elena klar, dass es gerade die Kinder am Rande der Gesellschaft, an der Peripherie der Stadt und diejenigen, die ganz frisch aus anderen Ländern kommen, in denen Krieg herrscht, sind, denen sie mit ihren Kunstworkshops helfen kann. Über alle Sprachbarrieren hinweg lässt sich mit Kunst nonverbal kommunizieren und das schöpferische Tun bringt die

„Ich bin überzeugt: Kreativität ist der Rohstoff der Zukunft.“

Seele der Kinder hervor, wie Elena sagt. Oft sei ihnen gar nicht richtig bewusst, was mit ihnen gerade los ist. Es wird aber sichtbar in den Bildern, die sie erschaffen. Wichtig sei, dafür einen erwartungsfreien Raum zu bieten und zuzulassen, was kommt. Elena, die in Bulgarien aufgewachsen ist, hat selbst als Zehnjährige die Erfahrung gemacht, dass ihr das Malen dabei half, die traumatische Erfahrung des Todes ihres Vaters zu verarbeiten.

Seit Corona und dem Kriegsausbruch in der Ukraine ist das Angebot noch bedeutsamer geworden und dementsprechend schnell gewachsen. Als wir Elena im Künstlerhaus besuchen, stammen etwa die Hälfte der Kinder, die ganz versunken an ihren Kunstwerken arbeiten, aus der Ukraine, einige in Begleitung ihrer Mütter oder Großmütter, die hier ebenfalls Anschluss gefunden haben und sich willlkommen fühlen. Um die Projekte in München und bundesweit ausbauen zu können sind auch Sponsor:innen sehr willkommen!

Die Neugier der Kinder bestimmt, was an Kunstwissen vermittelt wird. Über das eigene Tun, über das Erleben der kunstvollen Umgebung entstehen ihre Fragen.

Sternenpark Winklmoosalm

Auf der Winklmoosalm bei Reit im Winkl wurde im Mai 2018 der erste anerkannte Sternenpark der Alpen eröffnet. Sternenparks bieten aufgrund der sehr geringen Lichtverschmutzung außergewöhnliche Naturlandschaften und einen atemberaubenden Blick in den Nachthimmel. Sie helfen, die faszinierende Schönheit des Sternenhimmels als wertvolles Gut und Kulturgut zu erhalten und schützen auch den Lebensraum für viele tag- und vor allem nachtaktive Tiere. Was ist ein Stern, wie entsteht er, warum leuchtet er, warum und wie stirbt er? Oder ist das, was man da sieht, ein Planet? Laienverständlich und auf lockere Art erklärt der Physiker Manuel Philipp Erwachsenen und Kindern ab acht Jahren das Weltall. Die Sternenführungen finden von Mai bis Oktober statt. *83242 Reit im Winkl, T: 0174-3049099, abenteuer-sterne.de*

tipp Volkssternwarte München

Interessierte ab etwa fünf Jahren können bei einem Besuch der „Sternstunden für Kinder" in der Volkssternwarte große Augen machen. Bei altersgerechten Führungen geht es in Gruppen durch die spannende Ausstellung mit Modellen und einem echtem Meteorit, durch das Planetarium mit Sternenhimmel und auf die Besucherplattform zu den Teleskopen. Flappi, die neugierige Fledermaus, stellt viele Fragen zum Himmel, aber auch die Märchenstunde unterm Sternenhimmel oder die Betrachtung kosmischer Weltallrekorde für Kinder bis zwölf Jahre sind beliebte Veranstaltungen im Kinderplanetarium. Auch für Kindergeburtstage ist eine Sternwartenführung buchbar, optional kann im Anschluss noch in der „Space Bar" weitergefeiert werden. *Rosenheimer Str. 145H, 81671 München-Berg am Laim, T: 406239, sternwarte-muenchen.de*

Walchenseekraftwerk

Eindrucksvoll fügt sich seit 1924 das Walchenseekraftwerk an den Berghang zwischen Kochel- und Walchensee. Die langen Rohre reichen vom sogenannten Wasserschloss bis hinunter zum Kraftwerk. Der Höhenunterschied von rund 200 Metern wird zur umweltfreundlichen Energiegewinnung durch Wasserkraft genutzt. Es lässt sich nur erahnen, mit welcher immensen Kraft das Wasser hier herunterstürzt, um die Turbinen unten am Kochelsee anzutreiben. Ein interaktives Informationszentrum ergänzt dieses außergewöhnliche Technik-Monument anschaulich auch für Kinder und Jugendliche. Ein Besuch ist in der Regel von Anfang April bis Anfang November möglich, bei freiem Eintritt. *Informationszentrum Walchenseekraftwerk, Altjoch 21, 82431 Kochel am See, T: 08851-77225, walchensee.net*

Bühnen

Alexander Krist Theater

Der Zauber des Augenblicks lässt sich in diesem besonderen und weltweit ersten Table Magic Theater hautnah erleben. Im Stil eines Amphitheaters sitzen die Zuschauer:innen um den Tisch des Magiers und können alle Tricks und Kniffe aus einer Entfernung von weniger als fünf Metern verfolgen. Mit der Eröffnung des KRISTELLI Theaters am Münchner Olympiapark gibt es noch eine weitere Adresse für magische Unterhaltung aus dem Hause Krist. *Unterer Anger 3, 80331 München-Altstadt-Lehel, T: 54809950, magic-theater.de*

tipp Bayerische Staatsoper – Bayerisches Staatsballett

Wie wird in der Oper das unterschiedliche Licht erzeugt? Wer sagt den Sänger:innen den Text ein? Die „Abenteuer Oper"-Führung beantwortet diese Fragen und macht neugierig auf die Welt der Oper. Vor allen Familienvorstellungen finden Einführungen speziell nur für Kinder statt. Das Werk und die Inszenierung werden vorgestellt und die Besucher:innen auf die Aufführung vorbereitet. Mitwirkende der Produktion sind oftmals zu Gast und berichten von ihren persönlichen Erfahrungen. Ebenso werden umfangreiche Einführungsworkshops angeboten, um das jüngste Publikum spielerisch und interaktiv an die Oper und das Ballett heranzuführen. Sehenswert sind stets die Produktionen für Kinder wie zum Beispiel „Der Mondbär" oder „Max und die Superheld:innen". Im März 2024 feiert das Stück „Frank und Bert" Premiere. *Max-Joseph-Platz 2, 80539 München-Altstadt-Lehel, T: 218501, staatsoper.de, maestro-margarini.staatsoper.de*

Circus Krone

Fliegende Menschen, Zauber:innen, Akrobat:innen und große wie kleine Tiere – willkommen beim Circus Krone. Der Bau ist das einzige feste Zirkusgebäude im deutschsprachigen Raum und bietet rund 3.000 Menschen Platz mit barrierefreiem Zugang. Jedes Jahr im Winter führt der Zirkus vom ersten Weihnachtstag bis Anfang April drei unterschiedliche Programme im monatlichen Wechsel auf. Den Sommer über tourt der Zirkus durch Europa, währenddessen finden in der Manege Konzerte und Shows statt. Wer in den Ferien Lust hat Zirkusluft zu schnuppern kann sich zu einem mehrtägigen Workshop anmelden. Fachtrainer:innen unterrichten vom Tanz bis zur Pyramidenshow und bereiten die Teilnehmenden für die große Abschlussshow vor. *Marsstr. 43, 80335 München-Maxvorstadt, T: 5458000, circus-krone.com*

tipp

Circus Leopoldini

Der Circus Leopoldini ist eine echte Kinder- und Jugendzirkusschule. Die heute rund sechzig Elf- bis 13-jährigen Artist:innen präsentieren in jedem Jahr, eingebunden in eine spannende Geschichte, ihr stetig wachsendes Können in Vorstellungen vor großem Publikum im Zirkuszelt. Jede:r der Schüler:innen muss in der Leopoldini-Zirkusschule alle Disziplinen durchlaufen. Entsprechend vielseitig können die Nachwuchstalente schon in diesem jungen Alter mit Akrobatik und Artistik verzaubern. *Theater Leo17: Leopoldstr. 17, 80802 München-Schwabing-Freimann; Zirkuszelt im Westpark, 81373 München-Sendling-Westpark, circus-leopoldini.de*

Deutsches Theater München

Rund 1.500 Zuschauer finden im großen Theatersaal des Deutschen Theaters Platz. Ein modernes Beleuchtungskonzept zieht sich in breiten Lichtadern an Wänden und Decke durch das helle Foyer und findet sich auch an den tiefrot gestrichenen Wänden des großen Saales wieder. Aktuell stehen Musicals wie „Robin Hood“ und „Fack ju Göhte“ auf dem Programm, die auch das junge Publikum interessieren dürften. Im Januar 2024 kann man den Musical-Klassiker „West Side Story“ in einer Neuinszenierung sehen. In der kommenden Ballsaison wird auch wieder der traditionelle Kinderfasching gefeiert werden, mit kreativen Spielen und Tänzen und großem Konfettiregen. *Schwanthalerstr. 13, 80336 München-Ludwigsvorstadt-Isarvorstadt, T: 55234444, deutsches-theater.de*

FestSpielHaus

Neben seinen Theaterwerkstatt-Projekten mit Jugendlichen und Erwachsenen bietet das FestSpielHaus auch Kindertheater an. Die Yorick's Company, dessen Ensemble für jede Produktion neu zusammengestellt wird, erzählt starke Geschichten: originell, leidenschaftlich, anarchisch, mit Livemusik, Theatermagie und jeder Menge Action. *Rosenheimer Str. 192, 81669 München-Ramersdorf-Perlach, T: 672020, festspielhaus.biz*

Galli Theater

Seit über 30 Jahren zeigt das Galli Theater die beliebtesten Märchen, kindgerecht inszeniert. Beim Mitspieltheater darf das Publikum dem Märchen nicht nur gespannt zuhören, sondern aktiv mitwirken. Die Schauspieler:innen agieren auf Zuruf und auch die Kinder selbst dürfen sich in Persona ins Theatergeschehen auf der Bühne einbringen. Für aufregende Geburtstagsfeiern gibt es verschiedene Formate für Kleinkinder ebenso wie für Jugendliche. *Türkenstr. 86, 80799 München-Maxvorstadt, T: 20324055, galli-amalienpassage.de*

Hofspielhaus

Zwischen Staatsoper, Kammerspielen und dem Marienplatz liegt es leicht versteckt: das Hofspielhaus mit individuell kuratierter Theaterbühne, auf der auch Eigenproduktionen für Kinder zur Inszenierung kommen. Hier ist alles möglich, hier darf alles sein, denn das Hofspielhaus ist nicht nur ein Ort des Theaters, sondern ebenso der Kunst und der Begegnung im Herzen Münchens. Der Jugendclub ist ein kostenloses Angebot für alle zwischen 14 und 20 Jahren. *Falkenturmstr. 8, 80331 München-Altstadt-Lehel, T: 24209333, hofspielhaus.de*

Kleines Theater Haar

Das Haarer Jugendstiljuwel wurde 1912 als Theater den Mitarbeiter:innen der Psychatrie übergeben. Die Nutzung reichte von Apotheke, Bettenlager bis Kino – die Geschichte des Hauses ist lang. Heute folgt das Kleine Theater Haar wieder seiner ursprüngliche Bestimmung als Kulturort mit vielseitigem Programm, bestehend aus Theaterstücken für kleine und große Zuschauer:innen, dazu gibt es Konzerte und Kabarett. Beliebt sind auch die oft musikalischen Feierabend-Veranstaltungen im Café oder auf der Außenbühne mit Garten. *Casinostr. 6, 85540 Haar, T: 890569810, kleinestheaterhaar.de*

tipp

Kleines Theater im Pförtnerhaus

Seit nun schon 30 Jahren führt der Kasperl im „Kleinen Theater im Pförtnerhaus“ Regie. Als Handpuppentheater mit liebevollen Inszenierungen spricht die Bühne besonders jüngere Kinder zwischen drei und neun Jahren an. Für Geburtstagsfeiern lässt sich ein individuelles Programm vereinbaren – vom einfachen Theaterbesuch mit Drehorgel-Begleitung bis zur aufwendigen Themenparty mit Kinderdisco. Jährlich findet das Münchner Papiertheaterfestival „alles Papier“ statt, mit Ausstellung, Workshops und natürlich zahlreichen Aufführungen für Groß und Klein. *Oberföhringerstr. 156, 81925 München-Bogenhausen, T: 953125, kasperlbuehne.de*

KulturBunt Neuperlach

Wirft man einen offenen Blick nach Neuperlach, dann entdeckt man hier einladende und bunte Seiten, zum Beispiel das Kulturhaus und das Pepper Theater. Zwei Orte, die zusammengehören und zusammenspielen – gemeinsam sind sie KulturBunt. Theater, Konzerte und auch immer mehr Vorstellungen und Aktionen für Kinder und Jugendliche füllen das vielfältige, interkulturelle Programm. *Kulturhaus: Albert-Schweitzer-Straße 62, 81735 München-Ramersdorf-Perlach, T: 63891845; Pepper Theater: Thomas-Dehler-Str. 12, 81737 München-Ramersdorf-Perlach, T: 63891845, kulturbunt-neuperlach.de*

tipp

Marionettentheater Bille

Nachmittags werden hier Märchenklassiker wie der Froschkönig, Aschenputtel, Rumpelstilzchen, Hänsel und Gretel, Tischlein deck dich, Peter und der Wolf und vieles mehr gezeigt, abends gibt es Stücke für Erwachsene – ebenfalls mit Puppen in den Hauptrollen. Für kleine Theaterfans kann die gesamte Marionettenbühne auch für eine Geburtstagsgesellschaft gemietet werden oder ihr besucht das Theater nach Absprache einfach eine Stunde vor Programmbeginn mit Kuchen und Co. *Raiffeisenstr. 25, 85716 Unterschleißheim, T: 1502168, marionettentheater-ush.de*

Münchner Marionettentheater

Seit 1900 hat das traditionsreiche Münchner Marionettentheater sein festes Zuhause in der Blumenstraße. Intendant Siegfried Böhmke präsentiert eine Mischung aus zeitgemäßen Geschichten und klassischen Figurentheaterformen für kleine und große Besucher:innen. Kindergeburtstage werden hier mit einer Theateraufführung und einem Blick hinter die Kulissen gefeiert, außerdem sind ganztägige Ferienprogramme und Führungen im Angebot. *Blumenstr. 32, 80331 München-Altstadt-Lehel, T: 265712, muema-theater.de*

Münchner Symphoniker

Das Münchner Orchester spielt seine vielseitigen Konzerte für Groß und Klein an verschiedenen Orten in und um München vom Prinzregententheater über die bigBOX Kempten bis zur Isarphilharmonie. In letzterer kommt in der Spielzeit 2023/2024 der sechste Teil der „Harry Potter Film Concert Series" zur Aufführung, bei dem der Film von Live-Musik begleitet wird. Beim Nachwuchs besonders beliebt sind auch die Schultütenkonzerte. *T: 44119610, muenchner-symphoniker.de*

tipp

Münchner Theater für Kinder

Astrid Lindgren, Janosch, Otfried Preußler oder die Gebrüder Grimm – im Münchner Theater für Kinder werden die großen Klassiker der Kinderliteratur aufgeführt. Bereits seit über 50 Jahren bietet das Theater Unterhaltung und abwechslungsreiche Nachmittage für Erwachsene und Kinder ab vier Jahren. Freitags und an den Wochenenden werden jeweils zwei verschiedene Stücke des umfangreichen Programms aufgeführt. Für Geburtstagsfeiern wird in der Pause ein Geburtstagstisch mit Thron arrangiert. Des Weiteren haben Kinder von sieben bis elf Jahren die Möglichkeit am T-Camp teilzunehmen, einem theaterpädagogischen Workshop. *Dachauer Str. 46, 80335 München-Maxvorstadt, T: 595454, mtfk.de*

Münchner Volkstheater

Der Spielplan sieht zwar keine Stücke für Kinder vor, doch mit Heranwachsenden kann man hier spannende Inszenierungen sehen. Hervorzuheben ist das jährlich stattfindende Festival „Radikal jung" im Münchner Volkstheater. Dabei lädt die Jury junge Regietalente ein, die sich mit ihren Arbeiten in der deutschen und europäischen Theaterlandschaft hervorgetan haben. Spitzenmäßig ist auch das Theaterrestaurant Schmock! *Tumblingerstr. 29, 80337 München-Ludwigsvorstadt-Isarvorstadt, T: 5234655, muenchner-volkstheater.de*

PATHOS Theater

Das PATHOS Theater im Kreativ Quartier zwischen Schwabing und Neuhausen ist ein spannender, lebendiger Ort für Publikum ohne Altersbegrenzung. Von interaktiven Stücken über experimentelles Theater bis hin zu zeitgenössischen Performances schafft es eine Plattform für innovative und mutige Künstler:innen, die junge Menschen zum Nachdenken anregen und ihre Vorstellungskraft beflügeln. Das PATHOS bietet Raum für unterschiedliche Kunstformen wie Theater, Tanz und Musik, die miteinander verschmelzen und ein einzigartiges Theatererlebnis schaffen. *Dachauerstr. 110D, 80636 München-Neuhausen-Nymphenburg, pathosmuenchen.de*

Residenztheater

Als Bayerisches Staatsschauspiel vereint es drei Spielstätten, die sich allesamt in Laufdistanz der Münchner Residenz befinden. Klassiker wie „Hamlet" oder „Leonce und Lena" stehen hier genauso auf dem Programm wie „Ronja Räubertochter". Als partizipatives Theater lädt das „Resi für alle" auch zum Mitmachen in Workshops ein, gewährt Einblicke in den Theateralltag oder besucht Schüler:innen im Klassenzimmer. Im Oktober 2023 feiert mit „Reineke Fuchs" ein Theatermusical nach dem gleichnamigen Gedicht Goethes Premiere. *Residenztheater: Max-Joseph-Platz 1, 80539 München-Altstadt-Lehel; Cuvilliéstheater: Residenzstr. 1, 80539 München-Altstadt-Lehel; Marstall: Marstallplatz 4, 80539 München-Altstadt-Lehel, T: 21851940, residenztheater.de*

tipp

Schauburg

Das renommierteste und spannendste Kinder- und Jugendtheater Münchens liegt im Herzen Schwabings am Elisabethplatz. Die Inszenierungen, vor allem zeitgenössischer Autor:innen oder Neuinterpretationen klassischer Stoffe, richten sich an alle Altersgruppen. Das Ensemble spielt Stücke bereits für Mini-Zuschauer:innen ab drei Monaten. Im Untergeschoss der Schauburg ist die Kleine Burg eingezogen, die barrierefrei zu erreichen

KINDER-TIPP

Ziemlich coole Held:innen, Märchenfiguren, mitreißende Musik und Storys in einem prachtvollen Ambiente – so macht Kultur Spaß!

WER MIT ESELN TANZT

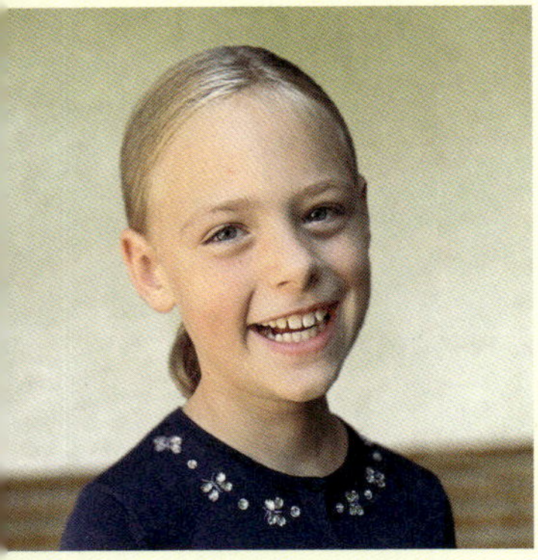

Julie
8 Jahre

Traditionsreich und originell müssen sich nicht ausschließen – das stellt das altehrwürdige Opernhaus mit seinem „Kind & Co"-Programm unter Beweis. So nennt sich das begeisternde gemeinsame Kinder- und Familienangebot von Staatsoper und Staatsballett. Musiktheaterstücke wie „Max und die Superheld:innen", oder Familienballet-Inszenierungen wie „Cinderella" verzaubern musik- und theateraffine Kinder wie Julie immer wieder. *Bayerische Staatsoper und Bayerisches Staatsballett, Seite 81*

ist und Theater auf Augenhöhe ermöglicht. Wie wichtig die Arbeit für die Jüngsten ist, zeigt auch das Kuckuck-Theaterfestival für Babys und Kleinkinder. Das Tanz-, Musiktheater- und Performance-Festival „Think Big" hingegen richtet sich an die etwas älteren Kinder und Teens. *Franz-Joseph-Str. 47, 80801 München-Schwabing-West, T: 23337155, schauburg.net*

tipp

Staatstheater am Gärtnerplatz

Dem jungen Gärtnerplatztheater liegt vor allem am Herzen, Theater für alle zugänglich zu machen und kulturelle Teilhabe zu ermöglichen. Neben Workshops und Familienvorstellungen gibt es die Möglichkeit für Interessierte ab acht Jahren, im Kinderchor des Theaters mitzusingen oder als Statist:in auf der großen Bühne zu stehen. Auch in der neuen Spielzeit 2023/24 gibt es wieder eine Reihe an Vorstellungen, die sich wie die Oper „Die Zauberflöte", das Ballettmärchen „Peter Pan", die Operette „Drei Männer im Schnee" oder der Dschungelspaß „Dschungelbuch" an das junge Publikum richten. *Gärtnerplatz 3, 80469 München-Ludwigsvorstadt-Isarvorstadt, T: 202410, gaertnerplatztheater.de*

Theater HochX

Subkultur wird hier hoch und groß geschrieben. Das HochX ist eine Spielstätte für Theater und Live Art. Dabei kommen nicht nur Erwachsene auf ihre Kosten, für Kinder und Familien sind die Aufführungen ebenfalls ausgelegt. Dabei produziert das HochX keine eigenen Inszenierungen, sondern bietet der freien Theater- und Tanzszene eine Plattform. *Entenbachstr. 37, 81541 München-Au-Haidhausen, T: 20970321, theater-hochx.de*

Theater im Fraunhofer

Auf den ersten Blick ist es eine uralte Gastwirtschaft, die bereits 1775 ihre Gäste erfreute. Wenn man jedoch in den Hinterhof geht, erstrahlt dort ein kultureller Hochgenuss – sonntagnachmittags erfreut das Kindertheater im Fraunhofer die Jüngsten mit Produktionen wie „Das Krokodil aus dem Koffer" oder er Erzählperformance „Bella". *Fraunhoferstr. 9, 80469 München-Ludwigsvorstadt-Isarvorstadt, T: 267850, fraunhofertheater.de*

Theaterakademie August Everding

Das große Haus des Prinzregententheaters wurde einst nach dem Vorbild des Bayreuther Richard-Wagner-Festspielhauses erbaut und beherbergt die Theaterakademie August Everding. 350 Vorstellungen pro Jahr sind auf der Bühne zu sehen, darunter allein 40 Eigenproduktionen. *Prinzregentenplatz 12, 81675 München-Bogenhausen, T: 218502, theaterakademie.de*

Kulturzentren

tipp

Alte Utting

Normalerweise schaukeln Schiffe auf dem Meer oder einem See herum. Nicht so im Schlachthofviertel! Dort hat auf einer alten Bahnbrücke die Alte Utting, die mal durch den Ammersee kreuzte, ihren Anker geworfen. Partys, Konzerte und Theater laufen auf und unter Deck. Für den Nachwuchs wird an Bord ein kunterbuntes Kinderprogramm geboten. Kleine Schiffe basteln, auf Seetauglichkeit prüfen oder Kasperltheater. *Lagerhausstr. 15, 81371 München-Sendling, T: 707770, alte-utting.de*

Backstage

Das Kulturzentrum ist vor allem als Konzertort bekannt, dort finden aber auch Kinderflohmärkte statt und im Biergarten gilt die „Licence to grill", d.h. ihr dürft euer eigenes Grillgut dort zubereiten. *Reitknechtstr. 6, 80639 München-Neuhausen-Nymphenburg, backstage.eu*

Bellevue di Monaco

Das 2018 eröffnete Kulturzentrum ist ein lebendiger Ort, an dem im Herzen der Stadt Geflüchtete und Alteingesessene bei Veranstaltungen und im schönen Café zusammenkommen. *Müllerstr. 2-6, 80469 München-Isarvorstadt, bellevuedimonaco.de*

Bürgerhaus Glockenbachwerkstatt

Kulturarbeit abseits kommerzieller Interessen, generationenübergreifender Stadtteiltreff, Kinder- und Jugendarbeit, Ferienangebote, Töpfer-, Fahrrad-Werkstätten, Bolzplatz, Kurse von Capoeira bis Klavierunterricht, Konzerte und Kleinkunst – die Glocke ist eines der ältesten Bürgerhäuser der Stadt, das seinen integrativen Ansatz mit Leben füllt. *Bürgerhaus: Blumenstr. 7, 80331 München-Altstadt, Städtisches Atelierhaus Baumstraße: Baumstr. 8b/ Klenzestr. 85, 80469 München-Ludwigsvorstadt-Isarvorstadt, T: 268838, glockenbachwerkstatt.de*

DAKS – Dachauer Kreativschmiede

Das DAKS ist eine Kinder- und Jugendkunstschule des gemeinnützigen Vereins ECHO e.V. Hier vertreiben sich Kinder und Jugendliche von sechs bis 18 Jahren in der Kunst-, oder Medienwerkstatt die Zeit, verbringen den Abend bei der Lesenacht in der Stadtbücherei oder üben sich in Akrobatik und Clownerie in der Zirkusschule Krullemuck. Das Team arbeitet mit Methoden der Kultur-, Spiel-, und Erlebnispädagogik sowie nach den Grundsätzen der kulturellen und politischen Bildung. *Klagenfurter Platz 3, 85221 Dachau, T: 08131-356710, echoev.de*

KULTUR FÜR KLEINES GELD

Kultur & Spielraum e.V.
kulturundspielraum.de

Kinder-Krimi-Fest München
März 2024, Münchner Stadtbibliothek,
muenchner-stadtbibliothek.de
kinderkrimifest.de

Müchner Bücherschau junior
März 2024, Münchner Stadtmuseum,
muenchner-buecherschau-junior.de

Kulturelle Teilhabe sollte nicht am Geldbeutel scheitern – es gibt zahlreiche kostenlose oder kostengünstige Möglichkeiten, um Kunst, Kultur und kreative Angebote wahrzunehmen.

Der Kultur & Spielraum e.V. steckt hinter vielen fantastischen und fantasievollen Projekten für Kinder und Jugendliche. Dazu zählt auch die Spielstadt Mini-München. Bei dem kostenlosen und offenen Ferienprogramm für Kinder zwischen sieben und 15 Jahre bespielen sie auch 2024 wieder ihre Modellstadt.

Der GasteigHP8 bietet nahezu täglich kostenfreie Kulturerlebnisse für alle: Austellungen, Konzerte, Lesungen, Kino, Sprachcafés, Vor-

Münchner Kindertag
April 2024, muenchner-kindertag.de

KiKS-Festival
Juni 2024, kiks-muenchen.de

Mini-München
29.07.-16.08.2024,
mini-muenchen.info

Oper für alle
27.07.2024, Max-Joseph-Platz,
Bayrische Staatsoper, Seite 92

Gasteig HP8
Seite 88

Kinder können Kunst
jeden Sonntag, Pinakotheken,
Seite 56, 70, 72

Münchner Familienpass und Ferienpass
muenchen.de/familienpass
muenchen.de/ferienpass

träge und Workshops. Auch für Kinder und Teens findet sich viel Spannendes im Gratisprogramm. Die dort ansässige Münchner Stadtbibliothek veranstaltet reihenweise kostenlose oder kostengünstige Events wie das Kinder-Krimi-Fest oder das Große KinderKino.

Jedes Jahr im Sommer lockt das mehrtägige Kinderkulturfestival: Auf der großen Bühne und in den Foyers der Alten Kongresshalle, in Zelten rund um den Schneckenplatz und im Verkehrszentrum lässt sich die Bandbreite kultureller Bildungsangebote für Kinder und Jugendliche eintrittsfrei erleben. An den zwei Tagen davor tourt „KiKS unterwegs“ mit Aktionen und Veranstaltungen durch die Stadt. Bei „Kinder können Kunst“ gehen Kinder zwischen fünf und zwölf Jahren kostenfrei auf Erkundungstouren durch die Sammlungen der Pinakotheken und widmen sich in Kreativworkshops wechselnden, von den Exponaten inspirierten, Themen.

Absolutes Must-Have für alle unternehmungslustigen Familien sind jedes Jahr der Münchner Familienpass und der Ferienpass, die für zahlreiche Vergünstigungen sorgen.

Die Färberei

Kunst und Kultur haben hier Platz, Kontroverses kann gedeihen. Die Färberei ist eine Einrichtung der überregionalen Jugendkulturarbeit. Sie unterstützt Jugendliche und junge Erwachsene bei ihrer künstlerischen Entwicklung mit offenen Workshops, Graffiti und Co. Im Fokus stehen seltene Experimentierräume zum Machen und Scheitern, Orte der Selbststärkung und Selbstermächtigung. *Claude-Lorrain-Str. 25 RG, 81543 München-Untergiesing-Harlaching, T: 62269274, diefaerberei.de*

neu Fat Cat Kulturzentrum

Erklärtes Ziel der Zwischennutzung des alten Gasteig ist kreative Vielfalt zu ermöglichen, Leerstand zu vermeiden und Kreativen aus allen möglichen Sparten wie Musik, Tanz, Theater, Film, Darstellende und Bildende Kunst Platz zu bieten. Und so kann man sich noch bis Ende des Jahres an einem bunten Programm für Jung und Alt erfreuen, das mit Livemusik, Theateraufführungen, Performances, Installationen, Breakdance, Workshops und sogar einem Soccer Court aufwartet. Kulinarisch ist auch einiges geboten, sei es im ehemaligen „Gast" oder hoch über der Stadt auf dem Kulturdachgarten, der manch einem oder einer noch aus Alpina-Parkhaus Zeiten bekannt sein dürfte. *Rosenheimer Str. 5, 81667 München-Au-Haidhausen, fatcat-muc.de*

tipp Feierwerk Dschungelpalast

Der Dschungelpalast ist ein wahres Paradies für Kreative: „Zuschauen, Mitmachen, Selbermachen" steht als Motto über allen Angeboten. Als anerkanntes Mehrgenerationenhaus ist der Dschungelpalast ein Kulturzentrum, das jenseits von Alters- und Generationsgrenzen ein kreatives Miteinander ermöglicht. Das Dschungelcafé, die angrenzenden Veranstaltungsräume und Werkstätten bieten vielfältige Möglichkeiten der Begegnung und kulturellen Teilhabe. Highlights im Laufe des Jahres sind das Ferienprogramm, das Kinderkulturfestival DSCHUNGEL mit Theater, Livemusik, Tanz, Kinderkino, Schnupperworkshops, fantasievollen Spiel- und Bastelangeboten im Herbst und das große Sommerfest. *Hansastr. 41, 81373 München-Sendling-Westpark, T: 72488240, dschungelpalast.feierwerk.de*

tipp Feierwerk Südpolstation

Die Südpolstation in Neuperlach gehört zu den größten und am besten ausgestatteten Jugendeinrichtungen Münchens. Ab acht Jahren können Kinder im hauseigenen Radiostudio die „Südpolshow" gestalten. Diese Sendung wird jeden Samstagmorgen bei Radio Feierwerk auf der Frequenz 92,4 ausgestrahlt und ist in ganz München und Umgebung zu hören. Sie wird nicht live ausgestrahlt, sondern ist von und mit Kindern in der Kinderredaktion vorproduziert. Zum Spielen und anderweitig Kreativsein lädt die Krea(k)tiv-Werkstatt ein. Allen ab zwölf Jahren bietet sich im Jugendtreff „PC-Pool" die Möglichkeit, den Umgang mit Medien und Content aus dem Netz gemeinsam zu hinterfragen. *Gustav-Heinemann-Ring 19, 81739 München-Ramersdorf-Perlach, T: 6373787, suedpolstation.de*

tipp Gasteig HP8

Der Gasteig HP8 ist eines der größten Kulturzentren Europas und bietet Raum für alle, die Kultur selbst (er)leben und ausprobieren möchten. Mehr als 1.000 Veranstaltungen im Jahr locken jährlich rund zwei Millionen Besucher:innen in das Interimsquartier nach Sendling. Von Ausstellungen bis Programmkino kommen Erwachsene und Kinder auf ihre Kosten. Jährliche Familien-Highlights sind die „Münchner Bücherschau" und das große Kinder-Musik-Festival „Der Gasteig brummt!" oder das Alpenrausch-Festival. Außerdem bieten die Münchner Philharmoniker mit ihrem Programm „Spielfeld Klassik" regelmäßig Familienkonzerte in der Isarphilharmonie an. *Hans-Preißinger-Str. 4-8, 81379 München-Sendling, T: 480980, gasteig.de*

Guardini90

Das Guardini90 ist ein Freiraum für alle mit viel Raum für Kultur und Ehrenamt. Dieser offene Begegnungsort für kreative Ideen, neue Erlebnisse und Menschen von jung bis alt befindet sich unter einem Dach mit der Münchner Stadtbibliothek Hadern und der Münchner Volkshochschule. Mit Konzerten, Kindertheater, Lesungen, Stadtviertelprojekten, Filmvorführungen, Ausstellungen, Workshops und Mitmachaktionen wird das Guardini90 von vielen Akteur:innen belebt! *Guardinistr. 90, T: 45216440, 81375 München-Hadern, guardini90.de*

Import Export Werkstatt

In den Workshops der Import Export Werkstatt wird gebastelt, gedruckt, geschmeckt, gehandwerkt, geformt, gemalt, geknetet und gestaunt. An oberster Stelle steht der Spaß an freiem, künstlerischem Gestalten in einem sicheren und freundlichen Umfeld. Dabei werden interkulturelle Aspekte und Interaktion zwischen verschiedenen Altersgruppen fokussiert und ein bewusster und nachhaltiger Umgang mit Ressourcen vermittelt. Die Erfahrung der Werkstatt-Dozierenden erstreckt sich von Kunst und Kunstpädagogik, über Handwerk, IT, Kulinarik, Musik und Tontechnik. *Schwere-Reiter-Str. 2H, 80636 München-Neuhausen-Nymphenburg, import-export.cc*

tipp

Kulturzentrum LUISE

Die LUISE ist eines von über 30 Stadtteilkulturzentren in München, Träger ist die Glockenbachwerkstatt e.V. Hier gibt es Räume und Programm für die Nachbarschaft. Kinder und ihre Familien finden in der LUISE Theater, Workshops, Konzerte und mehr. Einmal im Monat gibt es einen kostenlosen Gitarrenworkshop und jeden Dienstag Kindertanz. *Ruppertstr. 5, 80337 München-Ludwigsvorstadt-Isarvorstadt, T: 76759100, luise-kultur.de*

KUNSTLABOR 2

Seit Oktober 2021 ist das Kunst- und Kulturzentrum als Zwischennutzung im ehemaligen Gesundheitshaus in der Dachauer Straße beheimatet und wurde vom MUCA-Team in einen faszinierenden Ort verwandelt. Workshops, Ausstellungen, Konzerte, Lesungen sowie der parkähnliche Außenbereich und das Restaurant AMARi mit Außenterrasse locken Familien. *Dachauer Str. 90, 80335 München-Ludwigsvorstadt-Isarvorstadt, kunstlabor.org*

neu

MachWerk eV

„Mach Deine Ideen wahr!" lautet das Motto des MachWerk, dass ihr seit Mai 2023 in neuen Räumen in Laim findet. Menschen jeden Alters, jeder Herkunft, haben hier Raum und Möglichkeit kreativ tätig zu werden. Alle zwei Wochen heißt es freitagnachmittags alle Generationen „MACHEN", bedeutet freies gemeinsames Arbeiten mit Holz, Papier, Ton, Recyclingmaterialien, Farbe und vielem mehr. In den Kinder-Kunstkursen wird ausprobiert, viel experimentiert und selbst erfunden und dabei verschiedene Materialien und Werkzeuge kennengelernt. *Landsberger Str. 212, 80687 München-Laim, T: 55291972, machwerk-muenchen.de*

tipp

Münchner Künstlerhaus, little ART

Die Förderung von Kunst und Kultur sowie die Erhaltung des denkmalgeschützten Hauses am Lenbachplatz ist das Anliegen der Stiftung Münchner Künstlerhaus, die ein facettenreiches Kulturprogramm, unter dem Titel „Junges Programm" auch für Kinder und Jugendliche ermöglicht. Hier ist auch little ART mit dem wertvollen Kunstprogramm für Kinder und Jugendliche zu Hause. *Lenbachplatz 8, 80333 München-Altstadt-Lehel, T: 288065, kuenstlerhaus-muc.de, little-art.org*

Pasinger Fabrik

Die Kulturfabrik direkt am Pasinger Bahnhof ist Heimstatt vieler kultureller Disziplinen für alle Generationen. Kleinkunst- und Kabarettgruppen, Theaterensembles, Musiker:innen aller Sparten haben hier ihre Heimat gefunden, aber auch die wechselnden Ausstellungen sind ein wesentlicher Bestandteil des kulturellen Lebens in München. Die Familienbildungsstätte FABI, Kinder- und Jugendtheatergruppen, vor allem aber Kultur & Spielraum e.V. machen die Pasinger Fabrik zu einem lebendigen Ort der Kinder. Herzstück ist das Kindercafé International mit Kindertheater, Werkstätten und Kursen. *August-Exter-Str. 1, 81245 München-Pasing-Obermenzing, T: 8292900, pasinger-fabrik.com, kulturundspielraum.de*

tipp

PA/SPIELkultur e.V.

Seit über 40 Jahren werden von PA/SPIELkultur e.V. im Auftrag des Stadtjugendamts der Landeshauptstadt München sinnlich-reale und digitale Spiel- und Erfahrungsräume realisiert und stadtweit Spiel-, Kultur-, Natur- und Medienprojekte für Kinder, Jugendliche und Familien organisiert. In den Räumlichkeiten der LEO 61 laden die wechselnden Spiel- und Erfahrungsräume für Gruppen zum spielerischen Lernen ein. Bei der LEOs Sonntagszeit haben Familien die Möglichkeit das kreative Aktivitäten zu wechselnden Themen gemeinsam zu erleben. *Leopoldstr. 61, 80802 München-Schwabing-Freimann, T: 38338310, spielkultur.de*

Quax

Im Quax bietet ECHO e.V. seit über 20 Jahren ein buntes Programm mit dem Anspruch Inklusion zu fördern und kulturelle Bildung im Sinne von Bildung zur kulturellen Teilhabe für alle Menschen erlebbar zu machen. Fast alle Aktivitäten sind kostenlos, darunter kreative Kunst- und Theaterangebote, ein Kinder-Kochstudio uvm. 2023 wurde es erstmals im denkmalgeschützten Kopfbau der Messestadt, der ehemaligen Kassenhalle der Riemer Flughafentribüne, auf die Beine gestellt. Im Herbst ist außerdem ein Literaturfestival mit Autorenlesungen, Kindertheater und Lesenächten geplant. *Helsinkistr. 100, 81829 München-Trudering-Riem, T: 94304845, echo-ev.de*

tipp

Seidlvilla

Die im Stil der Renaissance mit Jugendstil-Elementen erbaute Villa ist im Besitz der Landeshauptstadt München und wird als Veranstaltungsort für kulturelle Begegnungen jeglicher Art genutzt. Regelmäßige Aktionen für die junge Generation finden sowohl drinnen als auch draußen im schönen Garten statt. Beliebter kreativer Treffpunkt ist die Kinder- und Jugendkulturwerkstatt, deren Programm von Kultur & Spielraum e.V. gestaltet wird und außerhalb der Ferien immer freitagnachmittags ihre Türen für alle öffnet. In den Sommermonaten organisiert die Nachbarschaft Schwabing hier die beliebten Hinterhof-Flohmärkte. *Nikolaiplatz 1B, 80802 München-Schwabing-Freimann, T: 333139, seidlvilla.de*

tipp shaere

In einem ehemaligen Bürogebäude in Neuperlach mit vielen verschiedenen Räumen, Innenhöfen und Vorplätzen ist ein einzigartiger Ort der Vielfalt entstanden, der alle von Jung bis Alt zum Mitmachen, Mitgestalten, Mitentwickeln, Lernen, Forschen, Nachdenken, Neudenken, Inspirieren, zum Fördern und Weitergeben einlädt. Jeden Montag finden Führungen statt, die zeigen, was bereits entstanden, sich derzeit im Entstehen befindet, noch geplant und möglich ist. Die fantastische Community Kitchen und einige Werkstatt-, Workshop- und Bildungsangebote erwarten euch dort. *Fritz-Schäffer-Str. 9, 81737 München-Neuperlach, shaere.net*

tipp Sugar Mountain

Die spektakuläre Zwischennutzung im ehemaligen Betonwerk Katzenberger in Obersendling ist ein wahrer Lichtblick für die Münchner Kulturszene. Theater, Musik, Tanz, Kulturfestivals, Kunst, Film und vieles mehr hat das Sugar Mountain noch bis 2024 zu bieten. Das urbane Gelände ist rund um die Uhr geöffnet und mit Skatepark, Pingpong Area, Soccer Five und Basketball Court auch bestens für sportliche Aktivitäten gerüstet. Bei sonnigem Wetter öffnet der Urban Beach Club – bayerischer Biergarten mit wechselndem Musikprogramm und Beach Volleyball Feld zugleich – und lädt wahlweise zum entspannten Chillen oder Schwitzen ein. *Helfenriederstr. 12, 81379 München-Sendling, T: 12162373, sugarmountain-munich.com*

Sehenswürdigkeiten

Bayerische Verwaltung der staatlichen Schlösser, Gärten und Seen

Einst als Hofverwaltung der Kurfürst:innen und der König:innen entstanden, betreut die Schlösserverwaltung heute 45 Schlösser, Burgen und Residenzen sowie weitere Baudenkmäler bzw. Künstler:innenhäuser, 32 historische Gartenanlagen und 21 Seen in allen Regierungsbezirken Bayerns. Vor allem im Sommerhalbjahr bietet sie interessante und spannende Führungen für Kinder und Jugendliche, spezielle Ferienprogramme sowie Aktionen für Familien. Der Eintritt in die Schlösser und Burgen ist für Kinder und Jugendliche bis 18 Jahre grundsätzlich frei. Tipp für zu Hause: Im Kinderbereich der Website finden sich einige tolle Bastelvorlagen und Anleitungen für Helme, Kronen oder Memo-Spiele. *Schloss Nymphenburg, Eingang 16, 80638 München-Neuhausen-Nymphenburg, T: 179080, schloesser.bayern.de*

Bavaria und Ruhmeshalle

Von ihrem wuscheligen Kopf der Bavaria bis zu den Füßen sind es 18 Meter. Die weltliche Patronin Bayerns ist aus Bronze gegossen und eines der Wahrzeichen Münchens. Sie steht am Rande der Theresienwiese in Begleitung eines Löwen auf einem Sockel. Dahinter erstreckt sich die Ruhmeshalle mit lauter Promis der bayerischen Geschichte, darunter der Komponist Carl Orff und der Maler Albrecht Dürer. Von April bis Oktober kann man sogar in den Kopf der Bavaria steigen. *Theresienhöhe 16, 80339 München-Schwanthalerhöhe, T: 0162-4121726, schloesser.bayern.de*

Friedensengel

In Bogenhausen wacht der 38 Meter hohe Friedensengel – eine Nachbildung der Nike des Paionios – über München. Das Denkmal an die 25 Jahre Frieden nach dem Deutsch-Französischen Krieg wurde 1899 eingeweiht und kann von der Prinzregent-Luitpold-Terrasse aus mit einer großartigen Aussicht über die Prinzregentenstraße mit ihren Prachtbauten punkten. Um den Brunnen unterhalb des Denkmals findet im Sommer das mehrtägige Friedensengelfest statt. *Europaplatz 1, 81675 München-Bogenhausen*

tipp Münchner Dom Zu Unserer Lieben Frau – Frauenkirche

Die Frauenkirche, das Wahrzeichen Münchens, wurde von 1468 bis 1488 gebaut und gehört naturgemäß zu den Highlights der Stadt. In der Altstadt ist kein Gebäude höher als die Türme des Münchner Doms. Im Inneren der Kirche kann man geheimnisvolle Orte wie den Teufelstritt oder die Automatenuhr, aufspüren. Der 98,45 Meter hohe Südturm kann täglich besichtigt werden. Nach 89 Stufen und einem Aufzug wird man mit einem atemberaubenden Panorama Blick über die ganze Stadt belohnt. *Frauenplatz 1, 80331 München-Altstadt-Lehel, T: 2900820, muenchner-dom.de*

Neues Rathaus

Berühmt und Anzugspunkt für viele Besucher:innen ist das Glockenspiel. Zur Glockenmusik tragen kleine Ritter ein Turnier aus und Fassmacher tanzen den Schäfflertanz. Doch auch viele historische Räume sind öffentlich zugänglich, am Tag der offenen Tür sogar das Büro des Oberbürgermeisters. Den Lesesaal der Juristischen Bibliothek lohnt sich ebenfalls zu besichtigen, er diente schon dem Kinder-Abenteuerfilm „Bibi Blocksberg“ als Filmkulisse. Zwei Lifte führen das ganze Jahr über hinauf zur Aussichtsplattform des 85 Meter hohen Turms, auf dessen Spitze das Münchner Kindl über die Stadt wacht. In der ehemaligen Kassenhalle, heute Rathausgalerie genannt, finden zudem regelmäßig Ausstellungen zur Stadtgeschichte statt. *Marienplatz 8, 80331 München-Altstadt-Lehel, T: 23300, muenchen.de*

KINDER-
TIPP

DAS ABC DER MOBILITÄT

In drei alten Messehallen ist alles versammelt, was sich so auf Straßen, Gleisen und in der Luft bewegt.

Ein Ausflug zum Bavariapark ist vor allem bei Familien mit kleineren Kindern wie Augustin beliebt. Dort kann man herrlich im Biergarten sitzen, während sich der Nachwuchs auf dem Spielplatz oder noch lieber auf der Fläche rund um die Schnecke vor dem Verkehrszentrum austobt. In dessen Inneren lockt nicht nur das ABC der Mobilität von den ersten Automobilen bis zu modernsten Zügen, sondern auch der tolle Kinderbereich zum Spielen, Bauen, Toben und Ausprobieren.

Deutsches Museum Verkehrszentrum, Seite 77

Augustin
4 Jahre

Olympiapark

tipp

Hier findet man tatsächlich alles auf einmal: Entspannung, Natur, Events und Konzerte, dazu Sehenswürdigkeiten wie das Münchner Olympiastadion, die Olympiahalle und den Olympiaturm. Vor allem von April bis Oktober ist der Park die perfekte Open Air Location und dementsprechend ist der Veranstaltungskalender vollgepackt mit Events für jeden Geschmack. Im Frühling das Osterfest, Kino am Olympiasee von Mai bis August, Tollwood im Juni und Juli, Sommerfestival im August und so weiter. In den Sommerferien lassen Kinder und Jugendliche von sieben bis 15 Jahren zwei Wochen lang Konstruktionen, Objekte, Medienproduktionen, Dinge und Spiele im Rahmen von „Kunst & Krempel" entstehen. *Spiridion-Louis-Ring 21, 80809 München-Milbertshofen-Am Hart, T: 30670, olympiapark.de*

Olympiaturm

Das höchste Bauwerk der Stadt bietet selbstverständlich auch den spektakulärsten Rundumblick. Insgesamt 291,28 Meter inklusive seiner Antenne misst der Olympiaturm, dessen Aussichtsplattform auf 190 Metern auch Kinder beeindruckt. Das Drehrestaurant auf 181 Metern ist dann eher etwas für besondere Anlässe. Ab Juni 2024 wird der Turm saniert und ist voraussichtlich zwei Jahre lang gesperrt. *Spiridion-Louis-Ring 7, 80809 München-Milbertshofen-Am Hart, T: 30670, olympiapark.de*

Pfarrkirche Sankt Peter – Alter Peter

St. Peter hinter dem Marienplatz ist die älteste Pfarrkirche Münchens. 306 Stufen müsst ihr erklimmen, um die Aussichtsplattform im Turm, bekannt als Alter Peter, zu erreichen und den Ausblick in alle Himmelsrichtungen zu genießen. Unten liegen die Dächer der Altstadt, die Isar, die Bavaria, das Rathaus, der Olympiaturm – bei Föhn reicht der Blick sogar bis zu den Alpengipfeln. Wetterfühlige und Nichtschwindelfreie sollten lieber beim Postkartenstand warten und Panorama-Bildchen anschauen. Der Alte Peter ist ganzjährig täglich geöffnet. *Rindermarkt 1, 80331 München-Altstadt-Lehel, T: 268808, alterpeter.de*

Schloss Nymphenburg

Das Nymphenburger Schloss und seine weitläufige Parkanlage bilden ein einzigartiges Gesamtkunstwerk und lässt Besucher:innen in die prunkvolle Vergangenheit des höfischen Münchens eintauchen. Was Kinder schon immer über das Schloss wissen wollten, gibt es jetzt verpackt in einem speziellen Audioformat. Marie und Max erzählen an 19 Stationen, was es im Festsaal, in der Schönheitengalerie und anderen Schlossräumen zu sehen gibt und wie die bayerischen Kurfürst:innen und König:innen mit ihren Familien hier einst gelebt haben. Ebenso gewähren verschiedene Themenführungen Einblicke in den Schlossalltag vergangener Zeiten. *Schloss Nymphenburg 1, 80638 München-Neuhausen-Nymphenburg, T: 179080, schloss-nymphenburg.de*

Schlossanlage Schleißheim

tipp

Gedacht war es als Sommerresidenz der bayerischen Kurfürsten, wurde jedoch nicht vollendet. Heute zählt das Ensemble aus drei Schlossbauten des 17. und 18. Jahrhunderts zu den bedeutendsten Barockanlagen Deutschlands. Die durch eine weitläufige Gartenlandschaft verbundenen Schlösser – Neues Schloss, Altes Schloss und Schloss Lustheim – können ganz klassisch besichtigt werden oder man begibt sich mit den Kindern auf eine der beiden Geocaching-Touren „Historische Jagd in Schleißheim“ oder „Wasserwelt im barocken Hofgarten“. Mit der Historischen Reiter- und Kutschengala präsentiert der Bayerische Reit- und Fahrverband alljährlich ein Schauprogramm historischer Reiter:innen und Kutschen im barocken Schlosspark das Jung und Alt begeistert. Gelegentlich finden auch Familienführungen in der prächtigen Anlage statt, an deren westlichen Rand die Schlosswirtschaft mit Biergarten seit Juli 2023 wieder zum Einkehren lockt. *Max-Emmanuel-Platz 1, 85764 Oberschleißheim, T: 3158720, schloesser-schleissheim.de*

Umadum – Das Münchner Riesenrad

Das Münchner Riesenrad im Kreativquartier Werksviertel-Mitte ist rein faktisch durch seine Höhe von knapp 80 Metern Münchens größte Attraktion. In 27 Gondeln bekommt ihr einen atemberaubenden Rundumblick über München bis hin zu den Alpen geboten. Eine Fahrt dauert rund 30 Minuten, viel Zeit also, um München von oben zu erkunden. Für alle, die noch länger genießen wollen, gibt es Angebotspakete: Zum Beispiel das Weißwurstfrühstück – das dauert dann sogar 60 Minuten. *Atelierstr. 11, 81671 München-Berg am Laim, T: 0173-6774435, umadum.info*

Viktualienmarkt

Der Viktualienmarkt im Herzen der Münchner Altstadt war ursprünglich ein Bauern- und Kräutermarkt. Heute ist er ein beliebter Platz für Genießer:innen und Feinschmecker:innen, die hier von urbayerischen Waren bis exotischen Früchten alles finden, was das Herz begehrt. Zunächst hieß der Platz einfach nur Marktplatz und wurde erst später durch das spätlateinische Wort Viktualien – ein Ausdruck für Lebensmittel – zum Viktualienmarkt. *Viktualienmarkt, 80331 München-Altstadt-Lehel, viktualienmarkt-muenchen.de*

Wittelsbachergruft in St. Michael

Niemand Geringerer als König Ludwig II. von Bayern, der Märchenkönig, ist hier im Zinksarg bestattet. Läden, Veranstaltungen und Menschengedränge lenken oft von der Michaelskirche ab, so ganz ohne charakteristischen Turm. Dabei prägte der erste und größte Renaissancebau mit großer Fassade nördlich der Alpen für zwei Jahrhunderte den Kirchenbau in Süddeutschland. In der Fürstengruft haben auch noch weitere Mitglieder der Wittelsbacher Familie ihre letzte Ruhe gefunden, sie kann außer an Sonn- und Feiertagen täglich besichtigt werden. *Neuhauser Str. 6, 80331 München-Altstadt-Lehel, T: 2317060, st-michael-muenchen.de*

Stadtführungen

tipp ArtSchnitzel

Bei der Familientour, geeignet für Kinder von sechs bis 14 Jahren, ist man gefordert, dem fremden Mädchen Wanda mit ihrer Kreativität zu helfen. Dabei gilt es verschiedene kreative Aufgaben und Fragestellungen gemeinsam zu lösen. Tickets werden online bestellt. Das Kreativpaket erhält man per Post. *Schwere-Reiter-Str. 2B, 80797 München-Schwabing-West, T: 0151-23282012, kunstschnitzeljagd.de*

Die Stadtdetektive

Seit fast zehn Jahren bieten die Stadtdetektive Stadtführungen in München für Kinder und Jugendliche an. Mit den Führungen begibt man sich auf detektivische Spurensuche, dabei wird in anschaulicher Weise die Geschichte der Stadt vermittelt – spielerisch und mit viel Spaß. Auch für Kindergeburtstage sind Themenführungen buchbar. *T: 27375637, stadtdetektive.com/start.html*

Drehorte München

Drehort-Führungen zu den Schauplätzen beliebter Münchner Serien und Filme bietet Sebastian Kuboth seit 2009 Neugierigen ab sechs Jahren an. Für Familien besonders interessant sind die Drehorte und die dazugehörigen Hintergrundgeschichten und Informationen zur TV-Serie „Meister Eder und sein Pumuckl“. Aber auch Kinder- und Familienserien wie „Pusteblume“ mit Peter Lustig, oder „Rappelkiste“ wurden in München gedreht. *T: 07231-1333956, drehorte-muenchen.de*

KuKi – Kunst für Kinder e.V.

Das aus Kunstpädagog:innen und -historiker:innen bestehende Team veranstaltet kreative Erlebnisreisen in den Museen und zu bedeutenden Bauwerken. Ziel ist es, Kindern auf spielerische Weise Kunst und Stadtgeschichte nahe zu bringen. Anschließend steht das eigene Gestalten im Mittelpunkt. *T: 36108171, kuki-muenchen.de*

tipp Ludwig & Lola – Stadtführungen in München

Diese Stadtführungen stehen für echte Erlebnisse jenseits der Klischees, sie sorgen für beste Unterhaltung durch spannende Geschichten hinter der Geschichte. So lassen sich verschiedene Touren buchen. Für Kinder von sechs bis zwölf Jahren gibt es unter anderem die „Nachtwächter für Kinder“-Tour – ein abendlicher Rundgang mit Laterne, bei dem man erlebt, wie es im mittelalterlichen München zuging. *T: 693138090, ludwigundlola.de*

MUCguck Rallye von Green City

Klimawandel und Klimaschutz, nachhaltige Lebensstile im urbanen Raum, gutes Leben ohne Geld – das sind Begriffe, die uns im Alltag schon heute immer häufiger begegnen. Gemeinsam mit Jugendlichen hat sich das Greencity-Team die Frage gestellt, welche Alternativen die Stadt bereits für einen umweltfreundlichen Lebensstil bietet. Mit der App „Actionbound" können Interessierte in verschiedenen Bezirken an Rallyes zum Thema Nachhaltigkeit teilnehmen. *T: 8906680, greencity.de*

München-Safari

Was haben Dracula und Nosferatu mit München zu tun? Und wie kommt das Münchner Rathaus auf das Berliner Telefonbuch? Wer München von Kenner:innen und abseits der bekannten touristischen Trampelpfade gezeigt bekommen möchte, ist bei den Safaris richtig. Die Touren führen durch verschiedene Teile der Stadt, besonders interessant für Kinder und Jugendliche ist auch die Street Art-Safari. *T: 64294757, muenchen-safari.de*

Münchener Stadtrundfahrten

Münchener Stadtrundfahrten – das Original seit 1890 – ist gut zu erkennen an den blauen Doppeldeckerbussen. Wenn ihr verschiedene Sehenswürdigkeiten mit eher lauffaulen Kindern erreichen möchtet, sind die Hop On-Hop Off-Touren eine gute Wahl. Der Express Circle bedient acht Stationen zwischen Marienplatz und Eisbach. Der Grand Circle bringt euch zusätzlich noch zum prachtvollen Schloss Nymphenburg, zur futuristischen BMW Welt und zum Olympiapark. Für kleine Fußballfans ist auch die Erlebnistour zum FC Bayern München interessant. *T: 54907560, stadtrundfahrten-muenchen.de*

Munich Secrets

Für den Sherlock Holmes oder die Miss Marple in euch: Munich Secrets bietet rasante Escape Games und GPS-Geocaching-Rallyes durch München. Die Rätsel begegnen euch dabei auf vielen Ebenen und bauen aufeinander auf. Um sie zu lösen, braucht ihr vor allem eines: Teamwork! Die City-Mission „Magisches Portal" eignet sich für Kinder ab acht Jahren. *T: 125012267, munich-secrets.de*

Spurensucher München

München hat mit seinen vielen Sehenswürdigkeiten, Schlössern und Museen viel zu bieten: ob eine klappernde Mühle, funkelnde Schatzkammern, verzweigte Wasserwege oder Schlossgeschichten. Die Spurensucher:innen wollen mit ihren Touren und Führungen Kinder wie Erwachsene für die Münchner Stadtgeschichte begeistern. *T: 86307951, spurensucher-muenchen.de*

Stadtspürer

Diese Stadtführungen lassen die Sagen, Mythen und Geschichten Münchens lebendig werden. Man begibt sich auf die Spur rätselhafter Zeichen und Symbole, mystischer Begebenheiten und kraftvoller Plätze und erhält überraschende Einblicke in Altbekanntes und noch nicht Gesehenes. *T: 27375707, stadtspuerer.de*

tipp

Stattreisen München

Stattreisen München bietet Touren in deutscher, englischer, italienischer und französischer Sprache an. Während der Kinderführungen lernt der Nachwuchs, was es mit Breznreitern und Salzsäumern auf sich hat und was das alles mit der Stadtgründung zu tun hat. Bei „Hacken und Henker" erfahren sie Spannendes über Münchens dunkle Geheimnisse. Wer es lieber fürstlich mag, kann sich bei einer Entdeckungstour durch Schloss Nymphenburg königlich unterhalten lassen. *T: 54404230, stattreisen-muenchen.de*

tipp

Street Art München Bike Tour

Wusstet ihr, warum München als ein europäischer Vorreiter der Street Art-Szene gilt und wie das Museum of Urban and Contemporary Art dazu beigetragen hat ein bisschen „New York an die Isar" zu bringen? Mit der MUCA Fahrradtour können alle ab acht Jahren München von einer ganz anderen Seite erfahren. Versteckte Geheimtipps abseits gängiger München-Guides werden hier mit einer der schönsten Radtouren durch die Stadt kombiniert. *Lerchenfeldstr. 1a, 80538 München-Altstadt-Lehel, T: 215524310, muca.eu*

Weis(s)er Stadtvogel

Die Stadtführungsagentur hat vielseitige Touren durch München im Angebot: Erlebnisführungen mit Schauspiel, Führungen mit dem Nachtwächter, dem Henker oder mit der Zofe, Viktualienmarkt-Probiertouren und noch viele mehr. Zu Fuß, per Bus, Rad oder Tram mit oder ohne Kulinarik. Dank einer speziellen Kinderführung wird auch die kindliche Fantasie beflügelt. *T: 203245360, stadtvogel.de*

Your City Quest

Flexibler als mit den Smartphone-Stadtrallyes geht es kaum. Nach der Buchung erhaltet ihr einen Code, mit dem ihr die jeweilige Mission starten könnt, wann ihr möchtet. Ihr könnt das Abenteuer auch unterbrechen und später weiterspielen, wenn euch beispielsweise ein Regenguss überrascht. Wählen könnt ihr aus einer Vielzahl an Themen an den verschiedensten Orten in der ganzen Stadt. *T: 20060355, yourcityquest.de*

SHOPPING

Baby und Schwangerschaft

Baby Ansorge

Die Lindwurmstraße ist nicht unbedingt als Shoppingmeile Münchens bekannt. Dennoch pilgern Bald-Mamas oder Großeltern-to-be hierher, um diesen einen Laden nahe am sonst so hektischen Sendlinger Tor zu besuchen. Schon das nostalgische Ladenschild wirkt vertrauenserweckend. Es verrät: Hier kennt man sich seit Generationen bestens mit den Belangen frischgebackener Eltern aus. Im Sortiment findet sich alles, was diese für den Start ins Leben mit Baby brauchen. *Lindwurmstr. 17, 80337 München-Isarvorstadt, T: 265431, baby-ansorge.de*

BabyOne

Von der ersten Umstandshose bis zur kompletten Babyausstattung: BabyOne hilft dabei, in der aufregenden Zeit der Schwangerschaft und nach der Geburt alles Nötige für ein Leben mit Kind zusammenzusuchen. In den Läden kann man wunderbar verschiedene Marken vergleichen, Neues entdecken sowie sich vom geschulten Personal beraten lassen. Niedliche Strampler für das Baby finden sich hier ebenso wie die Kinderwagen sämtlicher Marken: BabyOne hat, was sich junge Eltern wünschen. Neben der Möglichkeit, im Onlineshop zu bestellen, wartet in der Filiale in München und den drei Filialen im Münchner Umland eine große Vielfalt an Produkten zum Anschauen und Ausprobieren auf euch. *Ottobrunner Str. 6, 81737 München, T: 20209910; Zusestr. 1, 85649 Brunnthal, T: 95085590; Münchner Str. 173, 85757 Karlsfeld, T: 08131-279450; Johann-Auer-Str. 2-4, 85435 Erding, T: 08122-880210, babyone.de*

baby-walz

Der bundesweit vertretene Fachmarkt hat es sich auch in der Münchner Filiale zur Aufgabe gemacht, die ersten Jahre des Nachwuchses professionell zu begleiten. Werdende Eltern sind hier gut beraten, denn die große Auswahl an hochwertigen Babyartikeln vieler bekannter Marken reicht vom niedlichen Strampler bis hin zum schicken Kinderwagen. Auch im Bereich Umstandsmode ist baby-walz ein guter Tipp. *Keferloher Str. 24, 85540 Haar, T: 12021410, babywalz.de*

chic + schwanger

Schwanger sein und schick gekleidet, das muss kein Widerspruch sein. Sich dabei außerdem rundum wohlzufühlen, das ist der Wunsch fast jeder Schwangeren. Wie gut, dass es Profis gibt, die auch für festliche Anlässe die richtige Garderobe im Angebot haben. Mit Everyday-Basics sowie einem umfangreichen Sortiment an Braut- und Festtagsmode bekommt jeder Babybauch sein passendes Ausgehkleid. Für alle gut erreichbar, da super zentral am Isartor gelegen. *Frauenstr. 40, 80469 München-Altstadt, T: 833183, chicundschwanger.de*

tipp Lykkehus

Im Lykkehus – dänisch für Glückshaus – wird hübsche Bio-Babymode schon für die Allerkleinsten angeboten. So werden Frühchen ab Größe 38 bei Larissa Bieber liebevoll ausgestattet. Neben ausgewählten Stücken aus den Kollektionen bekannter Labels verkauft die Inhaberin tolles Handgestricktes in skandinavischem Design ihres eigenen Labels Lykkehus. Damit hochwertige Designer:innen-Mode für Kinder nicht ungenutzt im Schrank verstauben muss, gibt es im wunderschönen Laden auch eine kleine Secondhand-Ecke. Für noch mehr Glück im Haus wurde das Lykkehus vergrößert und bietet nun weiteren Platz für noch mehr Spielzeug und bald auch Ausstattung und Schuhe. *Oßwaldstr. 1A, 82319 Starnberg, T: 08151-5550751, lykkehus-babybox.com*

tipp Mamarella Showroom

Das Münchner Label für Umstandsbrautmode sowie festliche Umstands- und Stillkleidung steht für Wohlfühlen und Lebensfreude in der Schwangerschaft und Stillzeit. Von Alltagskleidung über Businessmode bis hin zur Ausstattung für Hochzeit und Feste ist für alles gesorgt, was ein New Mom-Herz begehrt. Neu sind die Tragejacken und -Hoodies und -Westen für Männer, sodass auch Papas ihre Kleinen am Körper durch Wind und Wetter am Körper tragen können. *Showroom (Freitags 15:00-18:00 geöffnet, ansonsten Termine nach Vereinbarung), Geisenhausenerstr. 17, 81379 München-Obersendling, T: 14727690, mamarella.com*

Neuhauser Kinderecke

Wenn ein neuer Mensch erwartet wird, ist das eine besondere Zeit. Die Vorfreude ist groß, die To Do-Liste und der Einkaufszettel vergleichsweise lang. Denn Kinderwagen, Autositz, Hochstuhl, Beistellbett, Tragetuch, Tragehilfe, Wickeltasche, Erstausstattung, Spielbogen und Fußsack sind in etwa das, was besonders Erstlingseltern besorgen möchten. All das hat die Neuhauser Kinderecke für ihre Kund:innen im Angebot. Natürlich von beliebten Marken wie Cybex, Joolz, EasyWalker und Stokke – um nur eine kleine Auswahl bei den Kinderwagen und Hochstühlen zu nennen. *Hirschbergstr. 21, 80634 München-Neuhausen, T: 13011363, kinderecke-neuhausen.de*

RUNDUM WOHLFÜHLEN

Mamarella

Festliche Umstandsmode und Schönes für Schwangerschaft, Stillzeit und Baby aus München. Seite 96

2004 gründetet Petra Bedford ihr Umstandsbrautmodelabel in München. Inzwischen werden die Kollektionen nicht nur weltweit verkauft, sondern umfassen auch alltagstaugliche Schwangerschaftskleidung.

Noppies

Der wahr gewordene Traum für Mehrfach-Mamas und modebewusste Schwangere. Ein Laden, der neben Umstands- oder Stillmode auch Säuglings- und Kinderkleidung von Geburt bis zum Schuleintritt im Sortiment hat – das nennt man ein breit gefächertes Angebot. So ist man allen Höhepunkten und Herausforderungen eines Lebens als Eltern gewachsen – zumindest modisch betrachtet. Der Shop, im Herzen Schwabings gelegen, führt neben Noppies auch die Marken Esprit sowie Supermom. *Hohenzollernstr. 20, 80801 München-Schwabing, T: 33039479, noppies.com*

tipp Popolini organic parenting since 1991

Früher war doch manches besser, so wundert es nicht, dass der Trend unter Eltern zurück zur Stoffwindel geht. Dabei können die verschiedenen Systeme nur bedingt mit den früheren Windeln verglichen werden, auch wenn die Materialzusammensetzung in Teilen gar nicht so unähnlich zu damals ist. Sicher ist, die heutigen Systeme sind praktisch, ökologisch, gesünder für Babys Haut und in Summe preiswerter als Wegwerfwindeln. Popolini aus Österreich hat sich auf Stoffwindelsysteme und windelfrei-Produkte spezialisiert, die in der ersten Niederlassung Deutschlands nun seit 2019 auch in München verkauft werden. Bekannt für kompetente Beratung, faire Preise wie ökologische Produkte bietet Popolini eine große Auswahl an hochwertigen Produkten für Baby, Kind und Eltern. Gemeint sind: Stoffwindeln, Windelfreitöpfchen und Bekleidung, Baby- und Kinderkleidung, Heimtextilien, Schlafsäcke, Spielzeug, Stillhilfen, Pflegeprodukte, Kinderwagen, Tragen und mehr. Richtig toll: Die Filialen punkten mit Still- und Wickelmöglichkeiten sowie Spielbereichen. Eine wirklich gute Adresse! *Lindwurmstr. 5A, 80337 München-Ludwigsvorstadt-Isarvorstadt, T: 74033627, popolini.com*

probaby Babymarkt

Eine Spritztour gefällig? proBABY bietet seit über 20 Jahren persönliche Beratung sowie hochwertige und stets neueste Produkte rund ums Baby. In Traunstein führt der Babymarkt auf sehr großer Fläche die komplette Erstausstattung, im probaby Lagerverkauf in Eiselfing bei Wasserburg warten super Aktionen, Einzelstücke und tolle Angebote von namhaften Hersteller:innen rund um das Thema Baby und Kleinkind auf Groß und Klein. Ein besonderer Service ist ein eingezäunter Bereich, in dem Kids alle Kinderfahrzeuge wie Elektrofahrzeuge, Tretautos oder auch Go-Karts testen können. *Wolkersdorfer Str. 44, 83278 Traunstein, Obermüller Str. 9, 83549 Eiselfing bei Wasserburg am Inn, probaby-babymarkt.de*

Rasselfisch

Im Werksviertel bei Rasselfisch gibt es neben all den tollen Kindermöbeln von Leander und Sanders, einer großen Auswahl an Kinderwagen von baby jogger, Mountainbuggy, Uppababy oder Thule auch ein großes Sortiment an hochwertigem, meist ökologisch hergestellten Textilien, Spielzeug und anderen Accessoires. Zudem berät besonders geschultes Personal in allen Fragen rund um die so wichtige wie schwierige Wahl des passenden Kindersitzes – spezialisiert auf den Bereich Reboarder. *Atelierstr. 10, 81671 München-Berg am Laim, T: 41876864, rasselfisch.de*

Reinartz Babyland

Reinartz Babyland blickt auf eine 30-jährige Erfolgsgeschichte zurück. Schon seit 1993 weiß man hier, was Elternherzen höher schlagen lässt. Alles von A-Z, das den Familienalltag erleichtern kann, unter einem Dach! Kinderwagen, Buggys, Kindersitze, schönes Spielzeug, lässige Baby-, Kinder und Umstandsmode, bequeme Schuhe, wunderschöne Kinderzimmer und vieles, vieles mehr. Geführt werden die Marken: Naturkind, MaxiCosi, ErgoBaby, Stokke, Joolz, Leander, Bugaboo, Cybex, Hartan und weitere. *Lochhamer Schlag 10, 82166 Gräfelfing, T: 89820000, reinartz-babyland.de*

tipp Tuchfühlung Trageladen München

Erst den Säugling, dann das Baby, später das Kleinkind. Es ist nicht ungewöhnlich, den Nachwuchs heutzutage lang und ausgiebig zu tragen. Egal, ob Papa oder Mama – die Hauptsache ist, nah am Herzen. Ob man nun lieber im Tuch, im Sling, auf dem Rücken, vorne oder auf der Hüfte, mit Half- oder Fullbuckle trägt – das bleibt Geschmackssache. Auch kann es in einem Haushalt durchaus mehrere Tragesysteme geben, für die unterschiedlichen Situationen im Alltag der tragenden Eltern. Für all diese Eventualitäten gibt es in München beste Beratung, denn Körper und Ansprüche können grundverschieden sein. Der Trageladen Tuchfühlung in Neuhausen bietet ein sehr umfangreiches Sortiment verschiedener Fabrikate an. Dazu hochwertige Babykleidung von Disana, Engel Natur, loud + proud oder Reiff. *Schulstr. 37, 80634 München-Neuhausen, T: 23753540, tuchfuehlung-muenchen.de*

Wäschewunder

Es gibt diese ganz besonders warme Atmosphäre, die von einem Inhaber:innen-geführten Laden ausgeht, die einen schon beim Betreten des Ladens willkommen heißt. Sylvia Sedlmeiers Wäschewunder ist so ein Ort. Hier findet man Nützliches und Schönes rund um Schwangerschaft und die erste Zeit mit Baby. Kompetente Beratung, auch in puncto „passende Trage“ gibt es gratis dazu. Ihr Augenmerk liegt auf der Auswahl naturbelassener Stoffe und hautfreundlicher Materialien. Sylvia bietet in ihrem Geschäft Naturtextilien von der Mütze bis zur Socke, für drunter und drüber, für drinnen und draußen, für Sommer und Winter, für Tag und Nacht. Im Laden gibt es auch Spielzeug, Spieluhren, Babytragen, Still-BHs sowie Bio-Pflegeprodukte für Babys, Schwangere und Mütter. Selbst zur Wiesn oder für besondere Anlässe lässt sich hier das richtige Baby-Outfit erwerben – in der Trachtenabteilung findet man Babydirndlröckchen- und Babylederhosen-Unikate. *Kaiserstr. 51, 80801 München-Schwabing, T: 31202090, waeschewunder.de*

Kinderkleidung und Accessoires

Armor Lux

Wer bekommt beim Anblick der „Marinieres“ nicht augenblicklich schweres Fernweh? Wir denken sofort an die bretonische Atlantikküste, kleine Fischerdörfer und duftende Lavendelfelder. Wie toll, dass es das kleidsame Matrosenhemd ganz passend in der Pariser Straße im Münchner Franzosenviertel zu erstehen gibt. Für die ganze Familie hat Franziska Wintermeyer die mit Bio-Baumwolle nachhaltig produzierte Lieblingsstücke im Angebot. Für die Allerkleinsten gibt es außerdem süße Bodys im gestreiften Matrosenlook. Was die Kollektion sonst noch zu bieten hat? Jede Menge zeitlose Klassiker im sportlich-eleganten französischen Stil. Nous aimons! *Pariser Str. 50, 81667 München-Haidhausen, T: 20971769, armor-lux-muenchen.de*

Auryn Naturfashion

Organic, nachhaltig und fair ist schon lange kein Widerspruch mehr zu hip, schick und modern. Für Laden- sowie Label-Inhaberin Christine Frehe-Reynartz bereits seit über 25 Jahren nicht. Seit dieser Zeit führt sie ihr Herzensprojekt im Gärtnerplatzviertel. Hier hat sie über die Jahre sicher einige kommen und gehen sehen. Sie ist geblieben. Dass alles unter fairen Bedingungen und mit schadstofffreien Materialen produziert wurde, ist für sie selbstverständlich. Auryn hat neben Bekleidung, niedliche Accessoires sowie Spielzeug im Angebot. Ein Laden mit echtem Lieblingsteile-Potenzial dank Labels wie Liewood, Meri Meri oder Hust & Claire, Play Up, GoBabyGo. *Reichenbachstr. 35, 80469 München-Isarvorstadt, T: 2010103, auryn-shop.de*

Bazaar Noir

tipp

Marie-Charin, bekannt durch „The Lovely Concept Store“, macht seit 2022 mit „Tiny Totsies“-Gründerin Heidi gemeinsame Sache. In den ehemaligen Salto-Ladenräumen, gut in Haidhausen am Beginn der Wörthstraße gelegen, lädt seitdem das Bazaar Noir zum genussvollen Shoppen ein. Die hellen Ladenräume lassen das fein ausgewählte Kids-, Fashion & Interior-Warenangebot im besten Licht erscheinen. Stilsicherheit bewiesen die beiden bereits bei ihren vorherigen Projekten und haben sich auf Schönes und Nachhaltiges jenseits des Mainstreams fokussiert. So könnt ihr hier euch selbst, eure Kinder und Wohnungen immer geschmackvoll ausstatten. Die schönen Tiny Totsies-Produkte gibt es natürlich ebenfalls vor Ort als auch im Onlineshop. Ach ja, komplettiert wird der Concept Store durch einen super Café-Bereich im Laden. *Preysingstr. 39, 81667 München-Haidhausen, T: 0178-5855635, bazaar-noir.com*

Breuninger

neu

Wer kennt sie nicht, die mehrstöckige, geschwungene Glasfassade des Modehauses an der Sendlinger Straße? Bald thront auf dieser ein neuer Name – aus „Konen“ wird „Breuninger“. Gleich bleibt der Anspruch, den Münchner:innen ein Haus mit besonderem und lebendigem Einkaufserlebnis zu bieten. Der neue Breuninger Flagship-Store setzt mit seinem Sortiment an internationalen Designer:innenmarken und ausgesuchten Newcomer Brands hohe Maßstäbe in den Bereichen Fashion, Beauty und Lifestyle. Auch für Kinder gibt es neben klassischen Must-haves die Highlights der aktuellen Kollektionen. Ein Besuch lohnt sich, um neue Trends aufzuspüren oder modische Looks für die Kleinen zu kreieren. Wer von den farbenfrohen Abenteuern durstig geworden ist, kann sich bei einer Pause im Café des Hauses erfrischen. *Sendlinger Str. 3, 80331 München-Altstadt, T. 2444220, breuninger.com*

Carlotona & Co.

Geboren in Madrid und viel gereist, hat Maria del Mar von Borries 2005 ihr Label in München gegründet. Seit 2020 führt sie es gemeinsam mit ihrem ältesten Sohn Philip. Sie setzen weiterhin auf zeitlose Klassiker, hochwertige Stoffe, elegante Schnitte und beste Verarbeitung für Kinderkleidung, die sich für alle Anlässe wie Hochzeiten, Taufen oder Kommunionen eignet. Besonders edel ist die Cashmere-Kollektion. Aber auch alltagstaugliche Mode und jede Menge Accessoires für Kinder bis zwölf Jahren findet ihr im Haidhausener Flagship-Store und im Onlineshop. *Steinstr. 3, 81667 München-Haidhausen, T: 48998770, carlotona.com*

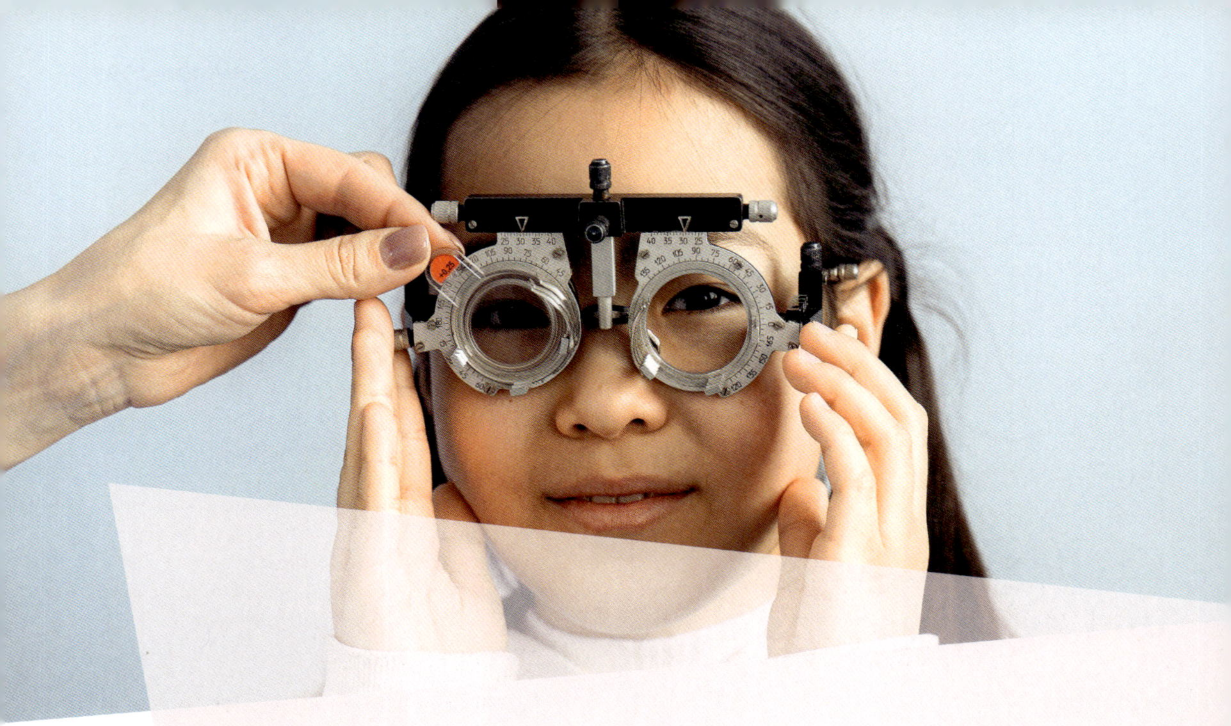

SCHÖNES SEHEN

TOP-LÄDEN KINDERBRILLEN

Optik Trudering

Wenn man mit Kindern Brillen oder Kontaktlinsen aussuchen und anpassen lassen muss, zählt nicht nur die fachliche Kompetenz, sondern ebenso das kinderfreundliche und zugewandte Ambiente. So wie bei Anja Kolbe und ihrem Team, die Familien von Anfang an betreuen und schon Babybrillen im Angebot haben. Und nicht zuletzt sorgt die Rutsche in die Kinderabteilung für Vergnügen. *Wasserburger Landstr. 206, 81827 München-Trudering, optik-trudering.de*

rookies leidman

Münchens erstes reines Kinderbrillen-Geschäft ist auch erste Wahl für alle, die Wert auf gutes Design und kompetente – auf Kinder spezialisierte Beratung – legen. Denn hier findet ihr nicht nur eine fein kuratierte Auswahl an kindgerechten und schönen Modellen von Marken wie MOSCOT, Very French Gangsters, LINDBERG, MYKITA, Garrett Leight und YOU MAWO, sondern auch den neuesten Stand der Kinderoptometrie. *Maximilianstr. 13, 80539 München-Altstadt, rookies.rocks*

Manti Manti

Manti Manti

Ende Juni 2023 wurde die neue nachhaltige Kinderbrillenmarke gelauncht, produziert werden die aus Rizinus 3D-gedruckten Brillen für Kinder von drei bis zwölf Jahren in Deutschland und sind nahezu unkaputtbar. Ihr könnt euch online im Mantiversum umschauen und Probierboxen für zu Hause bestellen. Die Sonnenbrillen gibt es übrigens auch für Erwachsene. *mantimanti.de*

Optik Holinka

Gut sehen, gut aussehen – hier werden Kinderaugen schon ab dem Babyalter behutsam vermessen und achtsam mit den passenden und ansehlichen Sehhilfen ausgestattet. *Landsberger Str. 507, 81241 München-Pasing, optik-holinka.de*

augenart Brillenmanufaktur

Nur Kinderbrillen, die ihren hohen Qualitätsansprüchen genügen, finden sich im Sortiment der beiden Standorte der Brillenmanufaktur, die vor allem für ihre Maßanfertigungen bekannt ist. *Sollner Str. 42, 81479 München-Solln; Kirchplatz 6, 82049 Pullach, augenart-muenchen.de*

Brillen Winkler

In allen drei Fillialen werdet ihr kompetent zu Kinderbrillen beraten. Besonders gut mit einer großen Auswahl für die kleinen Kund:innen ausgestattet sind die Läden in Fürstenried und Großhadern. *Züricher Str. 37, 81476 München-Fürstenried; Heiglhofstr. 4, 81377 München-Großhadern; Schöngeisinger Str. 2, 82256 Fürstenfeldbruck, brillen-winkler.de*

Very French Gangsters

tipp De Bambini Concept Store

Montessori-Pädagogin Antje Müller gründete vor mehr als zwölf Jahren die Kinderkrippe De Bambini. Durch die Arbeit mit den Kindern sowie dem dadurch entstandenen engen Kontakt zu den Eltern bemerkte sie immer mehr, welche Bedürfnisse die Kinder und ihre Eltern an Textilien stellen, worauf es wirklich ankommt bei der Bekleidungswahl. Die Idee zum De Bambini Concept Store war geboren. Seit der Eröffnung hat sich das Konzept stetig weiterentwickelt. Geblieben ist die Einstellung zum Thema Ökologie sowie Qualität. Bei ihrem Label setzt Antje auf nachhaltige und umweltfreundliche Produktion, bei der öko-zertifizierte und antiallergene Stoffe aus Europa verwendet werden. Genäht wird gemäß dem Motto „mit 100% Bio-Liebe handgemacht in Deutschland". Zu begutachten gibt es die Kollektion im Showroom. Toll sind auch die Geschenkboxen zur Geburt, zum ersten oder zweiten Geburtstag! *Barer Str. 82, 80799 München-Maxvorstadt, T: 23549545, de-bambini.de*

die kleine manufaktur

Viele, viele tolle Dinge! Dafür steht die kleine manufaktur. Kund:innen erwartet eine erlesene Auswahl an Kinderbüchern, Kinder- sowie Babygeschenken, ergänzt durch bezaubernde Wohnaccessoires, Taschen, Körbe und Bekleidung. Die kleine Werkstatt ist außerdem spezialisiert darauf, Kinderkleidchen, Schultüten, Shirts, Kissen und Kindergartentaschen mit personalisierten Wunschapplikationen zu versehen. *Aggensteinstr. 25, 81545 München-Harlaching, T: 95444779, die-kleine-manufaktur.com*

domino Kindermoden

Der feine Laden für Kindermode führt exklusive Marken für Babys wie für Teens. Roswitha Strauchs Erfolgsgeheimnis „Dem Trend eine Saison voraus" scheint voll und ganz aufzugehen. Wie sonst könnte sie es schaffen, seit 38 Jahren erste Adresse am Platz zu sein. Denn wer Wert auf stilsichere Beratung und Einkaufen in gemütlicher Atmosphäre legt, ist in Grünwald bei domino Kindermoden goldrichtig. Gut sortiert finden sich hier die besten Teile der Saison vieler namhafter Labels wie Play Up, Solo Tu, Gent, Pepe Jeans, Mayoral, Il Gufo, LUPACO, Save The Duck, oder Polo Ralph Lauren. *Schloßstr. 14C, 82031 Grünwald, T: 6414860, dominokindermoden.de*

en petit

Das kleine Lädchen im malerischen Haidhausen ist bunt und vielfältig wie eh und je. Schon beim Betreten von Stefanie Dulliens Geschäft kann man sich kaum entscheiden, in welcher Ecke man zuerst mit dem ausgiebigen Stöbern beginnen möchte. Bis unter die Decke ist es voll mit Dingen, die man sich für seine Kinder wünscht. Egal, ob man auf der Suche nach einem Festtagsdress oder dem Wollwalk-Anzug für den Winter ist, einem die gute Knete ausgetrocknet ist oder ein Taufgeschenk gekauft werden soll – bei en petit wird man höchstwahrscheinlich fündig. *Johannisplatz 13, 81667 München-Haidhausen, T: 44769707*

tipp Engel und Bengel

Bei Petra Lock sind alle herzlich willkommen, egal ob Engel oder Bengel. Die Kids sind meistens prompt in der süßen Spielecke verschwunden, während die Eltern das stets hübsch dekorierte, zum ausgiebigen Stöbern einladende Geschäft durchforsten. Das dauert so seine Zeit, denn das Angebot ist so ansprechend wie umfangreich. Möbel von Sanders, Mathy by Bols oder Oliver Furniture, Hübsches aus Textil von Liewood, Number74 und Spielzeuge von OMY, Maileg oder Ava & Yves findet ihr hier. Huch, bevor wir es vergessen – Spielzeug, Kindergeschirr und Wohn-Accessoires gibt es außerdem zu entdecken. Hübsch einkleiden kann man die Kinder hier auch. Wer es nicht in den Laden schafft, keine Sorge: Der Engel & Bengel-Onlineshop zählt zu den besten in Deutschland! *Innere Wiener Str. 61, 81667 München-Haidhausen, T: 44419868, engelundbengel.com*

hessnatur Store

Bei hessnatur werden keine halben Sachen gemacht. Alle Produkte sind kompromisslos nachhaltig und fair produziert unter Berücksichtigung der hessnatur-Sozialstandards. Zum Einsatz kommen ausschließlich Naturfasern wie Bio-Baumwolle, Leinen oder Merino. Auch Allergiker:innen sind im Münchner Store der hessischen Naturtextilienmarke bestens aufgehoben. Die vielfältige Produktplatte umfasst alles vom Babystrampler über Damenwäsche bis hin zu Herren-Outdoorbekleidung. Auch sämtliche Accessoires finden sich im Sortiment. Alles zu begutachten, befühlen und bestaunen auf 500 Quadratmetern in bester Schwabinger Lage. *Hohenzollernstr. 10, 80801 München-Schwabing, T: 12473172, hessnatur.com*

tipp heyRuby!

Die Mode von heyRuby! kommt aus München und wird zu 100 Prozent hier entworfen, genäht, verarbeitet. Jasmin Meuthens Vision, mit ihren Textilien die Gesundheit der Kinder zu schützen, indem sie ausschließlich GOTS-zertifizierte Stoffe verwendet, geht auf. Dass sie dadurch auch Natur und Umwelt schützt, ist kein zufälliger Nebeneffekt, sondern ihre Prämisse. Ihre Kollektion besticht durch zeitlose kindgerechte Schnitte, die hohen Tragekomfort garantieren. Besonders hübsch sind die festlichen Kleidungsstücke für Hochzeit, Taufe oder andere Anlässe, aber auch für den Alltag könnt ihr eure Babys und Kinder hier einkleiden. In ihrem Laden bietet Jasmin neben den eigenen Teilen auch ausgewählte Accessoires von Labels an, die zu ihrer Philosophie passen, wie Maileg, CamCam oder Fabelab. *Hohenzollernstr. 33, 80801 München, T: 38859893, heyruby.de*

Infanzia Kindermode

Im Vorgänger:innenladen Marc & Celine konnte man italienische, spanische und französische Kindermode mit einem extra Quäntchen Chic kaufen. Unter neuer Führung von Valeria und Paolo wird nun mit neuem Namen weitergemacht. Der Fokus bleibt auf alltagstauglicher, dennoch schicker Kindermode bestehen. Zu erstehen gibt es die besten Teile von Northsails, pure pure by Bauer, weekend a la mer, Isartrachten oder Vingino. Bei den Schuhen stehen italienische Marken im Regal, allen voran Primigi und Naturino. *Marktstr. 10, 80802 München-Schwabing, T: 337343, infanzia.store*

Jacadi

Dieses französische Label steht für Baby- und Kindermode vom Feinsten. Jacadi ist mit knapp 300 Stores weltweit international für Kindermode mit dem gewissen französischen Etwas beliebt wie bekannt. Im Münchner Flagshipstore lässt sich herrlich elegante Baby- und Kinderbekleidung mitsamt schöner Accessoires und Schuhe shoppen. Jacadi führt, worin kosmopolite stilsichere Eltern ihren Nachwuchs gerne kleiden. *Brienner Str. 6, 80333 München-Maxvorstadt, T: 54198582, jacadi.de*

Lieblingsstücke

Es hat seinen Grund, dass bei Andrea und Niki im Würmtal Lieblingsstücke zu finden sind. Sie kennen ihre Kund:innen, wissen, welche Vorlieben diese haben und geben sich besonders viel Mühe mit der Beratung der Kleinen und Großen. Andrea und Niki stecken viel Liebe in die Auswahl der Labels sowie des aktuellen Sortiments. Helles Mobiliar, viel Tageslicht – so kommen die Kollektionen richtig gut zur Geltung. Genug Platz für witzige Geschenke oder Accessoires bleibt auch. Für Fans von Noppies, Cerises, Pepe Jeans, Vingino, Play Up oder Name It. *Bahnhofstr. 32, 82152 Planegg, T: 8599511, lieblingsstuecke-kindermode.de*

tipp Lili & Milou

Es gibt sie, die Store-Liebe auf den ersten Blick! Wer durch die Tür in den niedlichen Laden tritt, dem zaubert der Anblick der vielen schönen Dinge ein Lächeln ins Gesicht. Lässige Mode, witzige Geschenke für jede Gelegenheit, alles hübsch arrangiert. Ihr findet Sachen von Bobo Choses, Billiblush, Jellycat, Vilac und Djeco. Dank der tollen Lage mitten in Schwabing eignet sich ein Besuch hervorragend als Startpunkt für ausgedehnte Shopping-Bummel. Für alle, die selten in die Nähe kommen: Ihr könnt hier auch prima online shoppen. *Kurfürstenplatz 8, 80796 München-Schwabing, T: 38888867, lilietmilou.de*

neu Little Department

Seid ihr auf der Suche nach Kinderkleidung oder Spielzeug? Im 2023 neu eröffneten Little Department Store hält Gründerin Robin Beniers, gebürtige Niederländerin, alles für Kinder bis ca. acht Jahren bereit. Ihr Augenmerk bei der Auswahl des bunten Sortiments liegt auf nachhaltig und lokal produzierten Produkten von kleinen Manufakturen. Mit Leidenschaft berät sie persönlich in Sachen Kleidung, Lifestyle und Spielwaren. *Wasserburger Landstr. 186, 81827 München-Trudering, T: 28941057, little-department-store.de*

Lodenfrey

Münchens Innenstadt ist einem stetigen Wandel unterlegen. Gleich bleibt jedoch: Wer auf exklusive Designer:innenmode sowie ein umfangreiches Sortiment an hochwertigen Trachten Wert legt, geht zu Lodenfrey, dem Münchner Original seit 1842. Neben der hauseigenen Lodenfrey-Trachtenlinie steht das Traditionshaus heute vor allem für internationale Labels aus dem gehobenen Segment. Im sehr schicken Haus mitten in der Innenstadt kann man die ganze Familie fein einkleiden. *Maffeistr. 7, 80333 München-Altstadt, T: 210390, lodenfrey.com*

tipp LOVE Kidswear

Hochwertiges, nachhaltiges Material, faire Produktion und die Kombination aus „Fashion forward pieces und all time Classics" – diese Designphilosophie vertritt das Münchner Label. Franziska Bergmiller schafft es, zwischen schlicht und verspielt, zwischen sportlich und elegant und zwischen öko und hip zu liegen. Als Modedesignerin, die bei internationalen Labels wie Vivienne Westwood gearbeitet hat, schöpft sie aus einem reichen Erfahrungsschatz. Als Mutter kennt sie die Anforderungen, die an Robustheit und Bewegungsfreundlichkeit gestellt werden. Dabei entsteht Mode für Kinder von null bis 14 Jahren, die Freude macht – seit ein paar Jahren auch für erwachsene Frauen. Bei einem Bummel durch Haidhausen lohnt sich ein Abstecher zum hübschen Laden. *Sedanstr. 11, 81667 München-Haidhausen, T: 0163-3540253, love-kidswear.com*

IN NEUEM GLANZ

Ohooo – vintage for little ones

Liebevoll aufgearbeitete Möbel und mehr für Kinder. Seite 128

Daniela Wilkes Laden ist eine wahre Fundgrube an Schätzen fürs Kinderzimmer – vor allem aber sind die von ihr aufgearbeiteten Vintage-Kindermöbel echte Prachtstücke, die in neuen warmen Farben erstrahlen.

Ludwig Beck

Egal, ob es um Bekleidung für die ganze Familie, Hüte, Taschen, Koffer oder auch Papeterie geht – hier bleibt kein Wunsch unerfüllt. Das Traditionshaus, auch Kaufhaus der Sinne genannt, liegt mitten in der Innenstadt und bietet in der Baby- und Kinderabteilung in der zweiten Etage wie im Strumpfhaus in der ersten eine große Auswahl für den Nachwuchs von null bis 16 Jahren. *Marienplatz 11, 80331 München-Altstadt, T: 236910, ludwigbeck.de*

[ma:1]

Es gehört glücklicherweise inzwischen zum guten Ton, sich Nachhaltigkeit und fairen Produktionsbedingungen zu verschreiben. Nicht immer wird es so klar gelebt wie bei Angela Martens. Sie schneidert Mädchen und Frauen die Kleider auf den Leib. Kein Stoffverschnitt, keine Überproduktion, individuelle Wünsche werden berücksichtigt – das ist nachhaltig und fair. Ihre wunderschönen Kommunionkleider, Taufkleider oder Blumenmädchenkleider können nach dem Anlass als Sommerkleider hervorragend weitergetragen werden. Die Schnitte sind klassisch, die Stoffe hochwertig und alle Stücke kindertauglich, sodass darin getobt, gelacht und gespielt werden kann. *Rothmundstr. 6, 80337 München-Isarvorstadt, T: 0179-4873888, ma-eins.de*

tipp Marie Morenz

Stil kann man nicht kaufen? Bei Marie Morenz schon. Ihre Kleider für Kinder sind von klassischem Design, verbinden dabei Zeitgeist und Traditionsbewusstsein, vergessen jedoch niemals die Alltags-Ansprüche, welche Eltern an die Kleidung ihrer Kinder beim Spielen und Toben stellen. Dass der Großteil ihrer Kollektion in Deutschland produziert wird, gehört ebenso zur Philosophie der Marke wie der Sinn für Qualität von Material und Verarbeitung. *Rumfordstr. 4, 80469 München-Isarvorstadt, T: 23000280, mariemorenz.de*

tipp Milchtiger

Nachhaltiger Konsum bedeutet auch, am besten regionale Produkte zu nutzen. Dies gilt auch für Lederschühchen für Krabbelkinder oder Lauflerner:innen, Babydecken aus Schurwolle, Mützen oder Wendecappis und vielen weiteren Dingen für kleine wie große Kinder sowie in bester Qualität gearbeitete Taschen oder Geldbeutel aus weichem Rindsleder, die nach eigenen Wünschen angefertigt werden können. All dies findet ihr im Milchtiger-Ladenatelier im schönen Untergiesing, nah am Schyrenbad. Die Babyschühchen gibt es auch personalisiert, das heißt, ihr sucht euch Motiv und Farben nach euren Vorlieben aus. Entworfen, von Hand gefertigt und verkauft werden die Stücke von Carola Nickel, die nach ihrem Kommunikationsstudium an der Münchner Modeschule ihre Nähleidenschaft zum Beruf machte. Außerdem zu haben sind schöne Dinge weiterer Labels, darunter besondere Accessoires aus Beton von Herna Studio sowie Papeterie von Frau Ottilie. *Freibadstr. 26, 81543 München-Giesing, T: 0179-2943838, milchtiger.com*

Moritz Home Collection

Im Karree von Theatinerstraße, Maffeistraße und Schäfflerstraße liegt der Schäfflerhof vis-a-vis der Fünf Höfe und so an einer der besten Adressen der Münchner Innenstadt. Passend zur Lage gestaltet sich das Angebot von Sabine und Franz Hengst. Ihr Credo: „Kindermode ohne Firlefanz, aber mit Anspruch“. Dem werden sie seit über 25 Jahren gerecht. International renommierte Designlabels wie Marc Jacobs, Chloé, Balmain, Dsquared2 Kids, Liu Jo, Scotch & Soda sind hier ebenso mit ihren Kinderlinien vertreten wie junge Designer:innen. Nicht zu vergessen die außergewöhnlichen Mini-Ohrensessel für Kinder, die es so nicht oft zu kaufen und zu sehen gibt. *Schäfflerstr. 8, 80333 München-Altstadt, T: 25556970, moritzhome.de*

Murmelwald

Seit bald zehn Jahren findet man bei Dorothea Hall allerlei Schönes und Kleidsames für Kinder. Im November 2014 öffnete der Murmelwald in der Maxvorstadt seine Türen und bietet seither verlässlich eine feine Auswahl an Kinderbüchern, süßen Geschenkideen für werdende Eltern, hübschen Accessoires, nachhaltigen Spielsachen und Kinderkleidung von kleinen, feinen Labels. Besonders beliebt unter den Spielsachen sind die Stempel von Perlenfischer, beim Textil kommt einiges vom schwedischen Hersteller Joha sowie von Frugi aus Großbritannien. *Schleißheimer Str. 34, 80333 München-Maxvorstadt, T: 55275060, murmelwald.de*

neu Nica's Cosmos

Wer nicht so oft im Glockenbachviertel unterwegs ist, kennt die Räume vielleicht noch als „Chi*Ka so kind“ – doch seit Januar 2023 betreibt dort Manu Heintze ihren kunterbunten Kosmos voller toller Sachen für Kinder und junge Teens in dem frisch renovierten und neu gestalteten Laden. Ihr findet bei Nica's Cosmos in gemütlicher, familiärer Atmosphäre Spielsachen, Kindermode, Accessoires und auch für die Mamas ist etwas dabei: Manu hat eine Mama-Selfcare-Ecke im Laden eingerichtet – mit Kerzen, Beauty-Produkten, Büchern, Accessoires und einigen lässigen Looks. *Müllerstr. 1, 80469 München-Isarvorstadt, T: 66561617, nicascosmos.com*

neu

Nyani

Wer in Bayern einen Blick in den Kinderwagen oder Buggy eines Kleinkindes wirft, entdeckt dort mit ziemlicher Sicherheit eines – ein Stück Brezel! Inspiriert von der Laugengebäckliebe der Kleinen kam Melanie Epp einst die Idee zur Plüsch-Brezel. Inzwischen gehört das kuschelige Ding zur Grundausstattung beinahe jeder Münchner Spielzeugkiste. Es gibt sie in verschiedenen Designs mit diversen Füllungen, die dann je nach Machart wahlweise knistern, rasseln oder gar quietschen. Nyanis Brezel ist aber nur eins der vielen besonderen Produkte aus Melanie Epps Kindertextil-Linie. Bei dieser, ebenso wie bei der Trachtenlinie „Wildfang by Nyani“, legt sie größten Wert auf hochwertige, ökologisch unbedenkliche, nachhaltig produzierte Teile. Die Kleidchen, Hosen, Röcke, Hemden, T-Shirts oder Pullover fallen durch ansprechende Schnitte und Designs auf. Ihr Laden führt daneben auch eine gut sortierte Auswahl an schönen Dingen für Babys und kleine Kinder von Djellycat, Moses, Djeco oder Scoot and ride. Seit Mai 2023 ist der Nyani-Laden wieder in der Anglerstraße zu finden. *Anglerstr. 19A, 80339 München-Schwanthalerhöhe, T: 51082433, nyani.de*

tipp

OKOMOi – Organic Fashion

Die Kinderkleidung von OKOMOi ist so frech wie farbenfroh, Tiermotive oder grafische Muster auf den ökologisch und fair produzierten Stoffen sind bei Designerin Lena Höfer, selbst Zweifachmama, sehr beliebt. Neben der Optik spielt die Funktionalität eine große Rolle. Freilich achtet sie bei ihrer kindgerechten, bequemen Wohlfühlkleidung auf sozial verträgliche Standards. Ihre selbst entworfenen Teile kann man daher ebenso guten Gewissens kaufen wie alle anderen Dinge von Labels, die ihrem Geschmack wie Anspruch gerecht werden. Dazu gehören Rucksäcke, Tassen, Spielsachen von Fresk, OMM Design oder Poco Nido. Dafür lohnt sich ein Ausflug in die Brudermühlstraße allemal. Einen gut sortierten Onlineshop gibt es auch. *Brudermühlstr. 1, 81371 München-Sendling, T: 23961212, okomoi-shop.com*

Petit Bateau

Ein französischer Kinderreim war einst namensgebend für dieses Label, das vor allem für seine Kindermode bekannt ist, die zwar auch in vielen anderen schönen Münchner Shops zu finden ist. Doch wer gezielt nach den zeitlosen Kleidungsstücken vom Strampler bis zum Schneeanzug sucht, ist richtig in der offiziellen Boutique von Petit Bateau aufgehoben. Neben dem allseits beliebten Ringellook gibt es noch mehr hübsche Teile mit dem kleinen Boot für alle Altersklassen. *Weinstr. 11, 80333 München-Altstadt, T: 2426860, petit-bateau.com*

Phelinchen Fashion Boutique

Wenn es um Fashion geht, fällt der Apfel oft nicht weit vom Stamm. Ein Glück für die Sprösslinge modeaffiner Eltern, dass viele Luxuslabels eigene Kinder- und Jugendlinien herausbringen. Elena Hoffmann und ihr Team kuratieren das Angebot der Boutique mit herausragender Expertise sowie viel Liebe zum Detail. Ein gutes Gespür für den Zeitgeist kann die Inhaberin dank jahrelanger Erfahrung im Bereich Design und High Fashion vorweisen. Bei Phelinchen werden die Wünsche modebewusster Frauen ebenso bedient wie die des Nachwuchses. Von ganz klein bis ins Teenager:innenalter kann man diesen hier in Schönes von Chloe, Karl Lagerfeld, DKNY, Diesel, The Marc Jacobs Kids, Bellerose oder Scotch & Soda einkleiden. *Planegger Str. 64, 81241 München-Pasing, T: 82087126, phelinchen.de*

Rapunzel

Sicher würden uns viele der Kindersachen, die hier 1977 an den Stangen hingen, heute wieder gut gefallen – auf sage und schreibe mehr als 46 Jahren Ladengeschichte schaut Rapunzel bereits zurück und darf sich somit ältestes Geschäft für Kinderkleidung in Haidhausen nennen. Auf kleiner Verkaufsfläche schafft es die aktuelle Betreiberin – immerhin auch schon seit 2011 – beständig, ein Sortiment anzubieten, das sich sehen lassen kann. Eltern kaufen dort für ihre Kinder robuste Outdoor-Kleidung von Minymo, Schönes von Hust & Claire, Cremie oder von Bio-Modelabels wie Enfant terrible oder Kite. Zudem werden auch individuelle Accessoires nach Maß angefertigt, darum kümmert sich Schneidermeisterin Jennifer Danner. *Preysingstr. 67, 81667 München-Haidhausen, T: 4484316, haidhausen-kindermode.de*

tipp

Spielplatzkind

Nomen est omen – im Spielplatzkind steht alles unter dem Motto: Es gibt kein schlechtes Wetter, nur die falsche Kleidung! Damit eure Sprösslinge garantiert bei jedem Matschvergnügen auf dem Spielplatz trocken bleiben, findet ihr in dem Schwabinger Concept Store alles, um sie zum Draußensein auszustatten. Premium-Outdoormarken sind hier ebenso gut vertreten wie etwas erschwinglichere, unter anderem Reima, Miniature, ISBJÖRN, Villervalla oder Huttelihut. Wer etwas von LUPACO Munich sucht, wird dank des gut bestückten Shops im Shop garantiert fündig. Langlebigkeit ist den Betreiber:innen ebenso wichtig wie Nachhaltigkeit – auch Eltern von Waldkindergartenkindern werden hier glücklich und gut ausgestattet den Laden verlassen. *Pündterplatz 2, 80803 München-Schwabing, T: 33039580, spielplatzkind.de*

tipp

Stadtkind

Schön dekoriert lockt schon die Auslage in diesen besonders empfehlenswerten Laden in der Altstadt. Dort findet ihr eine wirklich fantastische Auswahl an Baby- und Kinderkleidung in bester Qualität, ein feines Schuhsortiment, tolle Holz- und andere Spielsachen, Hübschem und Nützlichem. Ein super Ort für kleine und große Geschenke, die auf Wunsch auch liebevoll verpackt werden. Da ist man doch gleich ganz verliebt in die Dinge von Poudre Organic, FUB, Bobo Choses, Grimms, Jellycat, Djeco oder Gray Label. Und hier bekommt ihr die schicken Ranzen von kundschafter. *Marienplatz 8, 80331 München-Altstadt, T: 18944180, stadtkind-muenchen.de*

Studio 163 – Finest Cashmere

Es wäre viel zu schade, wenn Barbara und ihr Design-Team ausschließlich in Kaschmir machen würden. Diese Schnitte, diese Stoffe! Ein Glück, dass STUDIO163 seine Kollektion erweiterte und inzwischen auch Kleider, Röcke wie allerlei Schickes-Schönes aus Tencel, Seide oder Baumwolle anbietet. Niedliches für Kinder wie Babys findet sich weiterhin im Sortiment. Ihr helles Ladengeschäft ist ein absolutes Muss beim Bummel durch das Glockenbachviertel. *Jahnstr. 25, 80636 München-Isarvorstadt, T: 18928268, studio163.de*

Süßling

Einen Laden wie das Süßling sollte jedes Viertel haben. Einen Ort, an dem es neben hochwertigen Schuhen für Groß und Klein stylische Klamotten für Kids, Jugendliche und die Mamas, Tanten oder Großmütter gibt. Abgesehen von der exzellenten Kleider- sowie Schuhauswahl findet ihr hier stilvolle Wohn-Accessoires, Handschuhe, Taschen, Geldbeutel, Tücher und wovon ihr sonst noch so träumt. *Sollner Str. 47, 81479 München-Solln, T: 79086516, suessling-muenchen.de*

Thierchen – Atelier für Kindermode

Wie der Name schon vermuten lässt – Thierchen ist eine etwas altertümliche Schreibweise von Tierchen. Inhaberin und Designerin Constanze Mehler lässt sich für ihre Schnitte und Muster gerne von der kunterbunten Welt der Tiere inspirieren. Die fröhlichen und bunten Kreationen werden beinahe ausschließlich in ihrem Atelier mitten im Glockenbachviertel sorgfältig von Hand hergestellt. Ob hübsche Schlupfhosen, Mützchen oder Kleider – bei Thierchen lassen sich Kinder schön einkleiden. Und auf Wunsch können auch eigene Vorstellungen bei Constanze in Auftrag gegeben werden. *Hans-Sachs-Str. 15, 80469 München-Isarvorstadt, T: 266776, thierchen.com*

tipp

WiLLi the Label

Kurz gesagt: WiLLi the Label stickt Kinderzeichnungen auf hochwertige Kleidungsstücke – zum Verlieben cool! Angefangen hat alles mit den Bildern von Gründerin Utes Sohn Willi, der verdammt gut zeichnen kann. Und weil Ute und ihre Freundin Alex als Kreative bei einer Modezeitschrift arbeiteten, lag es nahe, die Zeichnungen auf Textil zu bringen. Aus der Idee entstand das Label und dann kam noch der Laden dazu. Hier kann man entweder die ultracoolen Shirts und Pullis von der Stange kaufen oder den künstlerischen Output der eigenen Kinder präzise gestickt auf der gewünschten Kleidung verewigen lassen. Parallel zur Isar, direkt gegenüber von Münchens beliebtestem Kiosk an der Reichenbachbrücke, lockt der Laden zu WiLLi the Label außerdem mit witzigen Geschenkideen. *Auenstr. 2A, 80469 München, T: 45204409, willithelabel.com*

Kinderschuhe

Der Kinderschuh

Ausmessen ist gut – aber Anprobieren ist besser! Das macht hier besonders viel Spaß: Ein großes Sortiment von über 40 Marken und Verkaufsflächen gestaltet wie ein Spielplatz machen den Kinderschuhkauf an beiden Standorten zum entspannten Erlebnis für die gesamte Familie. Um die passenden Schuhe kümmern sich gut geschulte Mitarbeiter:innen. *Kochelseestr. 10, 81371 München, T: 7243485; Karl-Theodor-Str. 42, 80803 München, T: 337477; Kochelseestr. 10, 81371 München-Sendling, T: 7243485, kinderschuh.de*

tipp

Der kleine Knurrhahn

Mehr als diese Adresse braucht es eigentlich nicht, um Kinder vom Laufenlernen bis zum Erwachsenwerden mit gutem Schuhwerk auszustatten. Genau genommen sind es zwei Läden, die sich im selben Haus befinden – im Vorderhaus werden im „Ganz kleiner Knurrhahn" die Minis mit den ersten Lauflernschuhen bis Größe 25 versorgt, im idyllischen Hinterhof findet sich für größere Kinder bis Schuhgröße 41 eine ebenso tolle Auswahl bester Marken von Aigle über Bisgaard, Ricosta, Sun San bis zu Timberland. Von garantiert wasserfesten Gummistiefeln bis zu schicken Sommersandalen, ergänzt durch bunte Accessoires und hübsche Geschenke findet man hier einiges, das man so schnell nicht in anderen Läden findet. Auch die eine oder andere Mutter kauft gerne für sich selbst mit ein. *Adalbertstr. 10 und 12, 80799 München-Maxvorstadt, T: 38799709, kleinerknurrhahn.de*

Reima

ÜBER STOCK UND STEIN

TOP-LÄDEN OUTDOOR

Patagonia

Fans hat die nachhaltige Outdoormarke bundesweit, Shops gibt es aber nur in Berlin und München. Sollten die langlebigen Sachen doch mal kaputtgehen, könnt ihr sie zur Reparatur bringen. *Leopoldstr. 47, 80802 München-Schwabing, patagonia.com*

McTREK Outdoor Sports

Zum Zelten, Klettern, Radfahren, Wandern und Trekking findet ihr die passende Ausstattung und Beratung beim Outdoor-Sport-Spezialladen. *Feringastr. 14, 85774 Unterföhring, mctrek.de*

DECATHLON

Die größte Filiale des französischen Sport- und Outdoorausstatte findet ihr in Unterföhring. Aber auch an den anderen Standorten gibt es eine breite Auswahl an Basics und speziellen Ausrüstungen für abenteuerlustige Familien. *Elisenstr. 3, 80335 München-Maxvorstadt; MONA am OEZ, Pelkovenstr. 143-147, 80992 München-Moosach; Feringastr. 16, 85774 Unterföhring; Anton-Huber-Str. 4, 85435 Erding; Grubholzer Str. 1, 83026 Rosenheim, decathlon.de*

LUPACO Munich

Den Showroom des am Starnberger See beheimateten Outdoorfashionlabels in Seeshaupt gibt es leider seit Februar 2023 nicht mehr, die klassisch schönen Kollektionen für Kinder und Erwachsene könnt ihr aber weiterhin online bestelllen und in etlichen Münchner Läden finden. *lupaco.de*

Für jedes Outdoor-Abenteuer gewappnet.

Spielplatzkind

Nicht nur Eltern von Waldkindergarten-Sprösslingen sind am Pündterplatz an der besten Adresse für die richtige Ausstattung, um Wind und Wetter zu trotzen, zum Matschen, Planschen, draußen Herumtoben. Beim Spielplatzkind findet ihr Kleidung und Schuhwerk für kleine Abenteurer:innen von ausgesuchten Labels, darunter LUPACO Munich, Reima, ISBJÖRN of Sweden und andere. *Seite 106*

Sporthaus Schuster

Von alpinem Trailrunning, über Biken, Bouldern, Fußball, Hochtouren, Schwimmen, Skitouren und besonders für die großen Outdoor-Abenteuer sportlicher Natur ist das Sporthaus Schuster eine der besten Adressen in der Münchner Innenstadt. Toll für Wintersport-Familien: das Kinderski-Tauschsystem. *Seite 132*

Testbecken bei Globetrotter

Globetrotter

Nicht nur die Markenauswahl, auch der Fun-Faktor beim Sport- und Outdoorausstattungsladen ist riesig! Im obersten Stock lockt die Kletterwand, ganz unten das Becken, in dem je nach Saison Kanus schwimmen oder Schlitten stehen. Vom Rucksack über Trekking-Ausrüstung und Funktionskleidung bis zum Zelt oder Ski gibt es einfach alles Nötige und Nützliche für alle Frischluft-Freund:innen. Und jährlich lockt das Outdoor-Testival. *Seite 132*, *Globetrotter Testival: 27./28.04.2024, globetrotter.de*

Der kleine Schuh

Von Kleinkind bis Teenie – der kleine Schuh begleitet seine Kund:innen mit optimal sitzendem Schuhwerk in allen Lebenslagen. Neben der riesengroßen Auswahl an Kinderschuhen bietet der Laden im Münchner Norden viel Platz zum Spielen. Da wird der notwendige Einkauf zum vergnüglichen Familienausflug. Inzwischen bietet das Geschäft außerdem persönliche „Onlineberatung" per E-Mail oder Messenger-Dienste an und liefert die Schuhe im Umkreis zur Anprobe aus – regionales Homeshopping! Neben der umfassenden Auswahl an Schuhen gibt es ein gutes Sortiment an Funktions-Kinderkleidung wie Regen-Kombis, Schneehosen oder Strumpfwaren, dazu eine spezielle Beratung für Eltern von Waldkindergartenkindern. *Baubergerstr. 49, 80992 Moosach, der-kleine-schuh.com*

GEA gehen – sitzen – liegen

Um neue Pfade zu gehen und die Welt zu erobern, braucht es Schuhwerk, das optimal passt und die Kinderfüße bei ihrer Entwicklung unterstützt. Krabbelkinder und Lauflerner:innen werden bei GEA mit erstem Schuhwerk ausgestattet, größere Kinder und Erwachsene können aus einem umfangreichen Sortiment wählen. Das Österreicher Unternehmen engagiert sich nicht nur in puncto Fußgesundheit, sondern auch für einen verantwortungsvollen Umgang mit Mensch und Umwelt. Aber es heißt ja nicht nur gehen, sondern auch sitzen und liegen, folgerichtig findet ihr zudem Möbel bei GEA. Wer auch beim Kinderwagen ökologisch sein möchte – die Modelle von Naturkind findet ihr in beiden Läden in München. *Weißenburger Platz 1, 81667 München-Haidhausen, T: 52032020; Amalienstr. 71, 80799 München-Maxvorstadt, T: 46227603, gea-waldviertler.de*

Geiger KIDS

Nichts ist beim Kauf eines Kinderschuhs wichtiger als eine umfassende und gute Beratung. Hier wird dafür gesorgt, dass jeder kleine Fuß seine passende Sohle findet – und zwar auch dann, wenn der Nachwuchs noch nicht selber sagen kann, wo es drückt. Denn bei Geiger KIDS gibt es geschultes Personal, das sich genau darum kümmert. Geführt werden Marken wie Superfit, Ricosta, Kamik, Primigi, Bisgaard, Sketchers, Lurchi und Balduggi. *Leibstr. 17, 85540 Haar, T: 42002679, geiger-schuhe.de*

KinderSchuhKlub

Neben dem physischen Fußabdruck ist beim Schuhkauf auch der ökologische Fußabdruck von Bedeutung. Nicht nur die Frage, wie der Schuh aus orthopädischer Sicht passt, will beantwortet werden. Es stellen sich auch die Fragen: Woraus besteht er? Wo wurde er gefertigt? Wurde auf Umweltfreundlichkeit geachtet? Um Antworten zu finden, lohnt ein Besuch beim KinderSchuhKlub. Dort stimmt Auswahl und Beratung, obendrein wird den Hersteller:innen genau auf die Finger geschaut. Nachhaltigkeit sowie Umweltfreundlichkeit sind den Inhaber:innen ebenso wichtig wie Passform, Herstellungsart, hochwertige Verarbeitung und Materialien. *Wasserburger Landstr. 186, 81827 München-Trudering, T: 30705894; Augsburger Str. 16, 82110 Germering, T: 89460388, kinderschuhklub.de*

tipp Oselot Kinderschuhe

Durch Pfützen hüpfen, über Wiesen flitzen oder über Waldboden wandern – das Oselot Team hilft bei der Auswahl des richtigen Kinderschuhs und stellt sicher, dass es bei all den Abenteuern nirgendwo drückt. Die bei Oselot bevorzugten Modelle sind aus feinem Leder mit flexiblen Sohlen, die zudem den ästhetischen Wünschen anspruchsvoller Kund:innen entsprechen. Dazu gehören unter anderem Froddo, Naturino, clic!, Bisgaard, Vado und Viking für Draußenabenteuer. *Josef-Retzer-Str. 44, 81245 München-Pasing, T: 80070959, oselot.de*

Schmid

Wer es schafft, sich mit mehr als 50 Filialen in Deutschland zu platzieren, muss wohl vieles richtig machen. Seit mehr als drei Generationen steht Schuh Schmid für Qualität sowie fachkundige Beratung – auch bei Kinderschuhen, die man hier von Marken wie Pepino, Lurchi oder Geox findet. Denn kindgerechte Schuhe, ein hohes Maß an Qualität und die optimale Passform sind die Basis gesunder Kinderfüße. Da diese so unglaublich schnell wachsen, wird ein Rabatt von 20 Prozent auf ein Paar Kinderschuhe eingeräumt, wenn die Kleinen sechs Mal im Jahr ihren Kinderfußmesspass gezückt haben. *Riesstr. 61, München, T: 143329190; Münchner Str. 173, 85757 Karlsfeld, T: 08131-29936200, schuh-schmid.com*

Sohletti

Der Kinderschuhbedarf im bekanntlich kinderreichen Glockenbachviertel ist riesig und so finden unentwegt kleine Füße ihren Weg in das liebenswerte Lädchen mit der guten Lage, direkt neben dem beliebtesten Spielplatz der Gegend. Auch sonst stimmt dort alles: Es wird besonders auf ökologische Produktion im europäischen Raum geachtet, jeder Kinderfuß wird hier sorgfältig ausgemessen und im Sortiment sind beliebte Schuhmarken Kavat, Naturino, Ricosta, Froddo, Acebos, Telyoh, Lowa, Bergstein oder RAP vertreten. *Am Glockenbach 11, 80469 München-Isarvorstadt, T: 18985289, sohletti-kinderschuhe-am-glockenbach.business.site*

Tausendfüssler

Kein Fuß gleicht dem anderen – und deshalb ist es umso wichtiger, sich bei der Auswahl der passenden Kinderschuhe Zeit zu lassen. Das nette Team berät gerne rund um das umfangreiche Sortiment, das Schuhwerk von clic!, Gallucci, Primigi, Naturino, Froddo, Super Fit, Telyoh, Acebo's oder Naturalworld umfasst. Schöne Dinge wie Spielzeug, Kinderbesteck oder Regenschirme werden auch verkauft. *Naupliastr. 81, 81545 München-Harlaching, T: 64280198, kinderschuhe-tausendfuessler.de*

Willibald – Schuhe für Kinder

Kleine Zehen brauchen genügend Platz zum Wackeln, Wachsen, Laufen und Rennen. Das Wachstum und die Entwicklung der Füße sollen unterstützt werden, auf keinen Fall aber gestört oder gar behindert. Bequeme Lauflernschuhe, Ballerinas für den Sommer oder coole Sneakers zum Herumtoben – dank der großen Auswahl ist bestimmt für alle etwas Passendes dabei. Praktisch: Hier werden auch Mamas fündig, das Angebot geht bis Größe 42. *Willibaldplatz 1, 80689 München-Laim, T: 58929454, willibald-muenchen.de*

Secondhand

Kinderkram

Wer in dem Secondhand-Laden des Sozialdiensts katholischer Frauen München e.V. hinter der Kasse steht oder im Verkauf berät, tut dies ehrenamtlich. Die guterhaltene Kleidung für Kinder von null bis sechs Jahren, das Spielzeug, die Kinderbücher und Ausstattungsgegenstände stammen aus Spenden. Der ganze Gewinn fließt in soziale Projekte des Vereins für bedürftige Frauen und Kinder fließen. So schont ihr mit dem Einkauf hier nicht nur euren eigenen Geldbeutel, leistet einen Beitrag für die Umwelt, indem ihr Gebrauchtes statt Neuproduziertes erwerbt, sondern tun direkt noch was Gutes. *Kidlerstr. 34A, 81371 München-Sendling, T: 7298923311, skf-muenchen.de*

neu

Kindersecondhand Glücksgriff

In dem von Tanja Bergner übernommenen und mit viel Liebe renovierten Secondhandladen klappt es hervorragend, auf kleinem Raum ein riesiges Sortiment anzubieten. Nicht nur Baby- und Kinderbekleidung bis Größe 152 schafft es ins Sortiment, sondern auch Bücher, Spielzeuge, Umstandsmode, Stillkissen, Wippen und Babyschalen. *Rosenheimer Str. 187, 81671 München-Ramersdorf, T: 69372928, kindersecondhand-gluecksgriff.de*

Klamottchen

Allseits beliebte Marken wie Petit Bateu, Finkid oder Mini Boden, die sich durch gute Qualität sowie Langlebigkeit auszeichnen, sind bei Stephanie Heikes im Klamottchen zu erstehen. Zu finden ist der kleine Laden gegenüber vom großen Spielplatz beim Gollierplatz. Auf wenigen Quadratmetern tummelt sich Stephies feine Auswahl an hochwertigen und bestens erhaltenen Kinderkleidern in den Größen 56 bis 146, Kinderschuhe in allen Varianten, Bilderbücher und hochwertiges Spielzeug aus zweiter Hand. *Gollierplatz 12, 80339 München-Schwanthalerhöhe, T: 0152-02906051, klamottchen-secondhand.de*

tipp

Romy's Room

Hier kommt seit der Eröffnung vor zehn Jahren im September 2013 nur Gebrauchtes an die Stange, das für stilvoll befunden wird. Eltern, die gern auf High Fashion-Label zurückgreifen und Sinn für Secondhand haben, sind bei Romy's Room goldrichtig. Mit einem besonders guten Blick für Stil und Qualität arrangiert Inhaberin Mandy Hentschel die Designmode, die sie in ganz Europa einkauft. Preloved-Stücke von Missoni, Burberry, Prada Kids oder Little Marc Jacobs baumeln neben einer feinen Auswahl an Neuware. Und das Beste – inzwischen können nicht nur Familien in München von Mandy feinem Gespür profitieren, dank Onlineshop lassen sich die Designschnäppchen bundesweit bestellen. *Seitzstr. 13, 80538 München-Lehel, T: 0177-2077000, romysroom.de*

Spielwaren

BlueBrixx Store München

Man nennt sie „Klemmbausteine" oder „Noppenbausteine" – wir alle kennen sie in Form der dänischen Marke LEGO. Kompatibel dazu sind die Steine von BlueBrixx, die sich allerdings weniger zum Spielen für Kinder eignen, sondern eine große Vielfalt für kleine und große Modellbauer:innen bieten. Diese erfreuen sich daran, Klassiker aus Architektur, Fahrzeugwelt oder Raumfahrt nachzubauen. Im BlueBrixx Store werden daneben weitere Baustein-Marken von Achko bis ZHE GAO geführt. *Im Forum Schwanthalerhöhe, Theresienhöhe 5, 80339 München-Schwanthalerhöhe, bluebrixx.com*

tipp

Brauseschwein

Der etwas versteckte Laden in Neuhausen ist ein Traum für Klein und Groß. Für die Schultüte, den Adventskalender, das Mitgebsel-Säckchen beim Kindergeburtstag oder einfach so als nette Geschenkidee gibt es hier

KLUGE ALLTAGS-HELFERLEIN

NOUI NOUI
Praktisch und schön anzusehen: Lätzchen, Trinklernbecher und mehr. nouinoui.com

Wenn sich zwei Expat-Däninnen in München in der Elternzeit mit ihrem jeweils ersten Kind treffen… Julie Hansen und Laura Herold gründeten 2018 ihr Label für klug durchdachte und designte Kinder-Accessoires.

witzige Radiergummis in allen Formen und Varianten, Murmeln und altmodisches Blechspielzeug. Außerdem ist die Auswahl an Süßigkeiten geradezu paradiesisch. Wer hier einkauft, darf sich über farbenfrohen Krimskrams, ausgefallene Spielzeuge sowie witzige Kleinigkeiten freuen. Wir sagen nur: bunt, bunter, Brauseschwein – ein Kindertraum auch für Erwachsene! *Frundsbergstr. 52, 80637 München-Neuhausen, T: 13958112, brauseschwein.de*

Bube & Dame

Seit 2008 ist Bube & Dame eine beliebte Adresse für alle, die Mode und Deko abseits des Mainstreams mögen. So gibt es in dem Neuhausener Laden auch für Kids besonderes Spielzeug und Party-Deko ebenso wie die allseits beliebten Tonie-Figuren für die dazugehörige Box. Für Frauen findet sich schicke Kleidung von ausgewählten Hersteller:innen neben Geschenkideen, Dekoartikel und Accessoires. *Wilderich-Lang-Str. 6, 80634 München-Neuhausen, T: 0172-9960630, bube-dame.com*

Die Spielzeugkiste

Wie der Name schon verrät: Hier geht es vorrangig um alles, was das Kinderspieler:innenherz begehrt. Damit beim nächsten Geburtstag garantiert auf dem Gabentisch das richtige Geschenk liegt, bietet die Spielzeugkiste eine Geburtstagskiste an. Toll, dass Eltern sich hier ebenso mit Schreibwaren für den Schulbedarf eindecken können. Die Spielzeugkiste ist der Anlaufpunkt für Kinderspielzeug im Münchner Süden. Eine Besonderheit: die Heliumballons in verschiedensten Formen, Motiven und Farben. *Wolfratshauser Str. 207, 81479 München-Solln, T: 23549599, diespielzeugkiste-solln.de*

tipp

Flügels Spiel- und Holzwerkstatt

Der nachwachsende Rohstoff spielt hier die Hauptrolle. Wer den kleinen Laden direkt am Nymphenburger Kanal betritt, findet sich zwischen wunderschönem Holzspielzeug, Schaukelpferden und allerlei hübschen Kleinigkeiten wieder. An der Decke hängen traumhaft schöne Mobiles und in jeder Ecke gibt es etwas Neues zu entdecken. Bei der Auswahl des Sortiments legen die Flügels großen Wert auf hohe Qualität, pädagogischen Nutzen und faire Bedingungen. *Nördliche Auffahrtsallee 62, 80638 München-Nymphenburg, T: 177682, die-fluegels.de*

KOSMOS Shop München

Für Entdecker:innen ab drei Jahren hat München eine spannende Anlaufstelle im Shopping-Repertoire. Beinahe das vollständige Angebot von Kosmos gibt es im Shop zum Entdecken, Erproben und Erstehen. Vorher kann ausgiebig an den verschiedenen Probierstationen getestet werden. Neben den allseits beliebten Experimentierkästen gibt es für Nachwuchs-Detektiv:innen die drei ???- oder TKKG-Bücher und -Produkte. Außerdem jede Menge aufregende Spiele, bunte Puzzles und spannende Bücher. *Thomas-Wimmer-Ring 11, 80539 München, T: 29088120, kosmos.de*

tipp

Kunst und Spiel

Die Institution in München seit vielen Jahrzehnten, genau genommen seit 1956. Die Inhaber:innen von Kunst und Spiel haben sich seit jeher zur Nachhaltigkeit verpflichtet, begründet auf der Idee, dass die zur Verfügung stehenden Ressourcen behutsam genutzt werden sollen. Was man hier kauft, besteht fast ausschließlich aus Materialien wie Holz, Wolle, Textil oder Metall und hält bestenfalls mehrere Generationen. Im Angebot finden sich neben den hochwertigen Spielwaren auch nachhaltige Baby- und Kinderbekleidung bis Größe 140, Bücher, eine breite Auswahl an Bastelmaterialien und schöne Geschenkartikel, an denen sich auch Erwachsene erfreuen. Seit der Umgestaltung und Erweiterung der Räume fühlt man sich noch wohler beim Stöbern. Viel, viel mehr als nur ein Spielzeugladen! *Leopoldstr. 48, 80802 München-Schwabing, T: 3816270, kunstundspiel.de*

myKäfer

Kinder lernen im Spiel – in der Kinderküche beim Kochen, mit Holzgemüse, beim Basteln mit Schere, Papier und Kleber, beim klassischen Gesellschaftsspiel oder beim Türme bauen mit Klötzen. Das ganze Repertoire zum Spielen und Gestalten, dazu Nützliches wie Außergewöhnliches für Kinder bietet mykäfer in Großhadern seinen kleinen Kund:innen. *Heiglhofstr. 4A, 81377 München-Hadern, T: 32490464, mykäfer.de*

tipp

Nauli & Stories

Die Geschichte von Nauli & Stories begann bei Etsy, wo die Schwestern Eva-Dewi and Johanna Pangestian Harahap ihre handgemachten Papeterie-Kleinode verkauften. Ihre Fotoalben, Notizbücher, Schachteln und preisgekrönten Kabelkisten könnt ihr ihrem Concept Store begutachten. Doch es gibt noch viel mehr in dem hübschen Laden zu entdecken, der sich übrigens in direkter Nachbarschaft zum Kinderschuhladen „Der kleine Knurrhahn" befindet. Bei der Auswahl des gesamten Sortiments beweisen die beiden kreativen Frauen Geschmack und Gespür für besondere Stücke. Nicht zuletzt machen tolle DIY-Bastelsets und eine super Auswahl an Spielen und Spielsachen es zu einem tollen Spot, um Geschenke für Klein und Groß zu finden. *Adalbertstr. 10-12, 80799 München, T: 0179-4838022, nauliandstories.com*

Obletter

Ein wenig nostalgisch darf's schonmal sein. Zwar gehört das Spielwarengeschäft, seit 1825 am Münchner Stachus, inzwischen zur Drogeriekette Müller, eine Spielwareninstitution ist es dennoch geblieben. Schon von Weitem lassen die rot leuchtenden Lettern einen in Erinnerungen schwelgen. Wer in München aufgewachsen ist, suchte mit hoher Wahrscheinlichkeit schon in Kindertagen seine Schätze dort in den Regalen aus. Und wer nach einer großen Auswahl der gängigen Spielzeugmarken sucht, wird auch heute noch fündig. *Karlsplatz 11/12, 80335 München-Altstadt, T: 55089510, mueller.de*

Peters Spielkiste

Ene, mene, miste, es rappelt in der Spielkiste! In dem Inhabergeführten Spielwarengeschäft treffen quietschbunte Badeentchen auf Brettspielklassiker. Inhaber Peter Böhm berät kompetent und hilfsbereit zu jedem Stück in seinem Sortiment. Wer auf der Suche nach klasse Kinderspielzeug in der Spielkiste landet, wird bestimmt nicht mit leeren Händen nach Hause gehen. *Karwinskistr. 52, 81247 München-Obermenzing, T: 89137770, petersspielkiste.de*

Sapino – Spiel, Sport, Therapie

Bewegung ist für Kinder so wichtig wie die Luft zum Atmen oder gesunde Ernährung. Da wundert es nicht, dass Margarete Tannenbaum in ihrem Reich den Dreiklang aus Spiel, Sport und Therapie vereint. Der Spielzeugladen ist an einen Massage- und Pilatesraum angeschlossen. Das erklärte Ziel der Inhaberin und ausgebildeten Rückenschulleiterin: Wohlfühlmomente zu schaffen, eine Oase fernab des Alltagstrubels zu sein. Vorne im Verkaufsraum findet man neben allen möglichen Spielwaren von Bauklotz bis zur Handpuppe viel Motorik- und Bewegungsspielzeug. *Balanstr. 10, 81669 München-Haidhausen, T: 0174-7858154, sapino.eu*

tipp sent from heaven

Obwohl Obersendling bereits 1900 eingemeindet wurde, hat es sich seinen beinahe dörflichen Charakter an vielen Ecken erhalten können. Der niedliche Kinderladen passt mit seinem bunten Sortiment für Kinder bis ins Grundschulalter gut hierher. Von knalligen Brotzeitdosen und wundervollen Schultüten bis hin zu pastelligen Glitzerstiften und witzigen Kartenspielen gibt es hier jede Menge schöner Sachen. Für die Einschulung kann man sich mit vielen Geschenkchen für die Schultüte eindecken. Steht eine Party an? Dann findet ihr bei sent from heaven Partygeschirr, Geburtstagsgirlanden, Mitgebsel und natürlich allerlei Geschenke. *Danklstr. 8, 81371 München-Sendling, T: 20926225, sentfromheaven.de*

Steiff Store

Wunderschön in einem denkmalgeschützten Haus gelegten warten im Flagshipstore Teddys & Co. mit dem obligatorischen Knopf im Ohr auf neue kleine Besitzer:innen. Am Wittelsbacherplatz versammeln sich Kuschel- und Schmusetiere, Babyartikel, fröhliche Kindermode sowie als besonderes Highlight eine Auswahl an Studiotieren in Originalgröße. Das Obergeschoss beherbergt die exklusive Sammler:innenwelt. Außerdem zu finden: Spielzeug, Textilien, Schuhe sowie Sondereditionen und limitierte Repliken. *Brienner Str. 9, 80333 München-Maxvorstadt, T: 55284006, steiff.com*

neu Urlaubskind – spielend verreisen

Den beliebten Online Concept Store für schöne und praktische Produkte rund um einen gelungenen und stressfreien Familienurlaub gibt es nun auch als „echten" Laden – und zwar im Stemmerhof, der eh immer einen Ausflug lohnt. Dort findet hier neben Reiseführern, Kindergepäck und Beschäftigungsartikeln für unterwegs auch tolle Utensilien für den Kindergarten, Rucksäcke von Lässig, Liewood, Fresk und Blafre sowie Spielsachen, Stickerbücher und kleine Geschenke. Simone Widemann, die Gründerin, ist selbst Mutter von zwei Kindern und, wie sie sagt „Reisende aus Leidenschaft". Sowohl von ihren Erfahrungen des Reisens mit Kindern als auch ihren Ansprüchen an Nachhaltigkeit profitieren alle, die sich so auf das kuratierte Sortiment des Ladens vor Ort wie online verlassen können. *Am Stemmerhof, Plinganserstr. 6, 81369 München, urlaubskind.de*

tipp Toms Spielzeugladen

Kaum zu glauben, dass das Lieblingsviertel hipper Großstädter:innen in München – das Glockenbachviertel – lange keinen festen Spielzeugladen für größere Kinder hatte. Dann kam Tom! Erst mit seinem mobilen Stand auf dem Klenzemarkt, später mit diversen Pop-Ups, bis 2019 endlich der feste Laden in der Müllerstraße eröffnete. Seitdem zeichnet sich dieser durch ein besonders ausgewähltes Angebot aus. Neben Klassikern wie Kapla und Brettspielen findet ihr anthroposophisches und Fair Trade-gehandeltes Gummibaumholz-Spielzeug. Sein Bestseller ist der fast unzerstörbare Segelflieger Felix IQ mit Looping aus Nürnberg. Außerdem stehen spaßige Outdoor-Spiele neben handgestrickten Babyrasseln aus Paris im Regal. Alle Kinder mal hergehört: Wer für seinen Geburtstag ein Geschenkeregal buchen möchte, kann in dieses alle seine Wünsche sammeln und den Freund:innen und Geburtstagsgäst:innen den Tipp geben, mal vorbeizuschauen. *Müllerstr. 50, 80469 München, T: 0176-59995141, shop.tomsspielzeugladen.de*

Kinderbücher und Comics

Buch in der Au

Lesen macht glücklich! Mit diesem Credo führen die Buchhändlerinnen in der Au ihr Geschäft – das inzwischen seit mehr als 20 Jahren besteht. Dort gibt es meist viel Neues zu entdecken. Im Bereich der Kinderbücher ebenso wie bei den Erwachsenen – so werden alle Familienmitglieder fündig. Raum zum direkt Loslesen und ein wenig die Seele baumeln lassen gibt es auch. *Humboldtstr. 12, 81543 München-Au, T: 62269665, buch-in-der-au.de*

Buch Perthel – Buchhandlung am Gasteig

Die Ecke, an der sich Innere Wiener Straße und Rosenheimerstraße treffen, ist ein wichtiger Knotenpunkt und daher ein guter Standort für einen so fein sortierten Buch- und Papierladen wie es der von Herrn Perthel ist. Ein Glück, dass er und seine Angestellten ein Händchen für ansprechend dekorierte Schaufenster haben. So kann man eigentlich gar nicht anders, als hier wenigstens kurz zu stöbern … Ein neues Kinderbuch, der aktuelle Bestseller, vielleicht eine persönliche Empfehlung der belesenen Menschen, die hier arbeiten – irgendetwas wandert immer über die Ladentheke. *Rosenheimer Str. 12, 81669 München-Haidhausen, T: 45879909, buchperthel.de*

tipp Buch & Bohne

Ein Ort für Buchliebhaber:innen, die es gern entspannt haben, ist das blaue Haus am Kapuzinerplatz. In ihrer Buchhandlung berät Marianna Geier ihre Gäste nicht nur in puncto Büchern exzellent, sie serviert ihnen dazu gern auch noch Kaffee und Kuchen. Neben einer gut sortierten Auswahl an Belletristik gibt es für Kinderliteratur ein kleines extra Kinderzimmer. Hier lässt es sich in Ruhe in den vielen Büchern stöbern. *Kapuzinerplatz 4, 80337 München-Isarvorstadt, T: 37414060, buchbohne.de*

Buchhandlung Horne

Die Jüngsten finden hier ihr erstes robustes Bilderbuch, während ältere Geschwisterkinder sich an der lobenswerten Auswahl an Kinder- und Jugendliteratur sowie ein paar Spielsachen erfreuen können. Auch für Erwachsene gibt es neues Lesefutter, dazu gute Beratung und meistens nette Unterhaltung von Frau Horne höchstpersönlich. In der Wörthstraße befindet sich der Laden in bester Gesellschaft, es lohnt sich ein Bummel vom Orleans- bis fast zum Johannisplatz. *Wörthstr. 18, 81667 München-Haidhausen, T: 4484557, buchhandlung-horne.de*

woody 3 in 1 von STABILO
für den Schulstart

ERSTKLASSIG STARTEN

TOP-LÄDEN SCHULSTART

Kokolores

Von wegen Kokolores – genau solchen kleinen ausgefallenen Krimskrams, den es zuhauf in dem bunten Haidhauser Lädchen gibt, können Schulkinder immer gut gebrauchen! *Seite 125*

Schulranzen Edelbauer

Vor allem, wenn man das erste Schulkind in der Familie ausstattet, tut persönliche und fachkundige Beratung gut. Beides, nebst einer großen Ranzenauswahl von Affenzahn bis Scout, bietet das alteingesessene Fachgeschäft. Auch in puncto Füller und allen anderen Schulmaterialien kennt sich das Team bestens aus. *Radolfzeller Str. 5, 81243 München-Aubing, schulranzen-edelbauer.de*

Stadtkind

Wir sind Fans der formschönen Ranzen von kundschafter, die ihr in der Altstadt bei Stadtkind anprobieren könnt. Wo ihr darüber hinaus viele hübsche Kleinigkeiten für Schultüte und -alltag findet. *Seite 107*

pleased to meet

Das Papeterie-Label ist berechtigterweise bundesweit beliebt, Münchner:innen haben das Glück, vor Ort im Flagshipstore im Glockenbachviertel außergewöhnlich hübsch designte Notizblöcke, Karten, Geschenkpapiere, Freundschaftsjournale und Stiftetäschchen shoppen zu können. *Hans-Sachs-Str. 18, 80469 München-Ludwigsvorstadt-Isarvorstadt, pleasedtomeet.de*

pleased to meet

Geh zum Weber

Der Name ist Programm, denn so lautet der Rat, wenn eine Einschulung ansteht und ihr aus der breiten Palette namhafter Ranzenhersteller:innen auswählen möchte – geht zum Weber, auch wenn ihr später Schreibwaren und Materialien für eure Schulkinder braucht. *Theresienstr. 100, Eingang Luisenstr. 61, 80333 München-Maxvorstadt, geh-zum-weber.de*

sent from heaven

Der Spielzeugladen in Sendling hält nicht nur kleine und große Geschenke für die Einschulung und Praktisches für die Schulzeit bereit, sondern hat auch die schönen Schultüten von Ava & Yves im Angebot. *Seite 114*

Kundschafter

Kunst und Spiel

Es gibt eigentlich keinen Anlass in einem Kinderleben, für den ihr nicht das Passende in dem wunderbaren Laden in Schwabing findet – dort lassen sich Schultüte und Ranzen mit allerlei sorgsam Ausgewähltem füllen.
Seite 113

tipp

Buchhandlung Kuckuck

Viele Münchner Buchläden führen Kinderbücher, etliche davon haben ein gutes Sortiment. Doch mit expliziten Kinderbuchhandlungen ist die Stadt noch unterversorgt. Dies war allerdings nicht die Initialzündung für die Kinderbuchhandlung Kuckuck, sondern der Mangel an Kinder- und Jugendbüchern, die wirklich die Diversität unserer Welt widerspiegeln. Die nicht mit erhobenem Zeigefinger, sondern empathisch und authentisch die Themen unserer Zeit ansprechen, Geschichten erzählen und Vorbilder zeigen, die der Lebenswelt heute lebender Kinder und Jugendlichen entsprechen. Und die dabei nicht zuletzt schön gestaltet und nachhaltig produziert sind. Diese aus den Tausenden von jährlichen Neuerscheinungen auf dem Kinderbuchmarkt herauszufiltern, haben sich Jana und Miriam zur Aufgabe gemacht und mit viel Herzblut ihre wundervolle Kinderbuchhandlung für Illustration, Diversität und Nachhaltigkeit gegründet. Auch wer sich vielleicht bislang nicht so viel mit diesen Themen auseinandergesetzt haben mag, wird sich an der Vielfalt und Schönheit der im Kuckuck versammelten Illustrationsschätze und anderer liebenswerter Kleinigkeiten erfreuen. *Kanalstr. 15, 80538 München-Lehel, T: 55263546, buchhandlung-kuckuck.de*

Buchpalast

Es ist fast unmöglich, das schier grenzenlose Engagement von Katrin Rüger für ihre Leidenschaft, das Buch, in wenig Worte zu fassen. Im besonderen der Bereich Jugendliteratur und Literatur für Kinder ist der Buchhändlerin eine Herzensangelegenheit. Ihre Aktionen gehen weit über Verkauf von Büchern und anderen Medien hinaus. Davon zeugen der Leseclub „Bücherfresser", ihre Unterstützung von Kindergärten und Schulen bei der Ausstattung von Bibliotheken, Bücherbäumen oder Kindergartenkisten bis hin zu den großartigen Veranstaltungen für Kinder und Jugendliche. Im Buchpalast-Sortiment finden sich in erster Linie spannende, kleinere Verlage – ein Quell inspirierender Lektüren! *Kirchenstr. 5, 81675 München-Haidhausen, T: 54041862, buchpalastmuenchen.de*

Bücher Hacker

Ein Buchladen, besonders der im eigenen Viertel, ist ein Sehnsuchtsort, er kann eine Heimat sein. Bücher Hacker in Laim ist so eine Institution, seit 1946 gehört er zum Stadtbild dazu. Neben Belletristik liegt der Fokus besonders auf der Kinder- und Jugendliteratur. Eine ausgesuchte Ecke für Sach- und Lifestylebücher darf natürlich nicht fehlen sowie ein Sortiment an kleinen Geschenken. Das Besondere: Bei Bücher Hacker wird das Buch nicht nur verkauft, sondern auch daraus vorgelesen. In regelmäßigen Abständen finden hier Lesungen mitunter namhafter Autor:innen statt. *Fürstenrieder Str. 44/46A, 80686 München-Laim, T: 54674111, buecherhacker.de*

Comic Company

Peter Zemanns Laden gilt zu Recht als Mekka für alle, die Comics und Graphic Novels lieben. Aber auch Einsteiger:innen in die Materie werden hier kompetent beraten und an die Feinheiten dieser lange unterschätzten Literaturgattung herangeführt. 1989 gründete der gebürtige Münchner seinen Laden, in dem Fans der US-amerikanischen Comics ebenso fündig werden wie Liebhaber:innen außergewöhnlicherer Exemplare aus aller Welt. *Fraunhoferstr. 21, 80469 München-Isarvorstadt, T: 2014385, comic-company.de*

Comics N'More München

Der älteste Comicladen Münchens versorgt Fans und Neugierige seit 1982 mit Comics, Graphic Novels, Action-Figuren und Merch-Produkten. Heute findet ihr hier Werke bekannter und weniger bekannter Verlage vom All Verlag bis Weissblech Comics, Genres von Abenteuer bis Western, von kindgerecht bis Erwachsenenlektüre. Gollierstr. 16, 80339 München-Schwanthalerhöhe, T: 5028885, comicsnmore.de

Die Buchhandlung am Nordbad

Der Name verrät es: Unweit vom Nordbad erwartet euch ein Stadtteilbuchladen, wie er im Buche steht. Dort werdet ihr von leidenschaftlichen Leser:innen beraten, die ihr Sortiment für Groß und Klein hegen und pflegen. Gute Anlaufstelle für Geschenke – schöne Gruß- und Kunstpostkarten gibt es auch. *Elisabethstr. 55, 80796 München-Schwabing, T: 18970460, buchhandlung-nordbad.de*

Glockenbachbuchhandlung

Lesenswertes mit dem Schwerpunkt Belletristik und Kinderbuch sind hier vorrangig zu finden. Ebenfalls in den Regalen: ausgesucht schöne Gartenbücher, aktuelle Reiseführer, packende Krimis oder ausgefallene Kochbücher. Für die Zusammenstellung ihres Sortiments geht Petra Schulz stark nach persönlichen Gesichtspunkten vor, dafür werden endlos Leseexemplare gewälzt, Verlagsvorschauen studiert und wird stets nach neuen kleinen Verlagen Ausschau gehalten. Zusätzlich liefern geschätzte Kund:innen und Freund:innen Inspiration. Daraus ergibt sich eine liebevoll gehegte und gepflegte Buchhandlung, die zum Glockenbachviertel gehört wie die Chocolaterie „GötterSpeise" oder das Arena Kino. *Hans-Sachs-Str. 11, 80469 München-Isarvorstadt, T: 2603214, glockenbachbuchhandlung.de*

BESTICKEND CHARMANT

WiLLi the Label
Shirts mit Stickereien nach euren Skizzen für Groß und Klein,
Seite 107

Eure Kinder produzieren Kunstwerke, so liebenswert, dass ihr sie gerne immer um euch haben würdet? Dann seid ihr bei Ute Müller und Alex Angermaier-Abdirabo richtig, die sie für euch auf Shirts und Sweater sticken.

HOF
STA
TT
ENJOY
Your shopping date
in Munich!
bavarian caps
blackBIKE
CALZEDONIA
Cole & Porter
CAFÉ · BAR · WEIN · FOOD
DEPOT
EDEKA
ELBGYM
GANT
HOLLISTER
CALIFORNIA
intimissimi
Italian lingerie
KAFFEEWERK
MANGO
MOTEL A MIÑO
OhJulia,
Polestar
STUDIO OF WONDERS
Subdued
THOMAS
UNOPIU
SINCE 1978
Sendlinger Str. 10, München
www.hofstatt.info

Haidhauser Buchladen

„Kinder sind besonders willkommen, denn Leseförderung heißt: Bücher von Anfang berühren und betrachten". Diese Einstellung wird im Haidhauser Buchladen von Beginn an gelebt. Die Buchhändler:innen bieten kompetente Beratung auch abseits der Bestsellerlisten. Pädagog:innen werden bei der Auswahl von Klassenlektüren beraten und für Eltern und Erzieher:innen veranstaltet der Haidhauser Buchladen Büchernachmittage, bei denen empfehlenswerte Bücher für Kindergartenkinder ausführlich vorgestellt werden – tolle Sache! *Weißenburger Str. 29, 81667 München-Haidhausen, T: 4480774, haidhauserbuchladen.de*

Hugendubel

Neun Filialen im Münchner Stadtgebiet betreibt der Literatur-Filialist Hugendubel, unter anderem befindet sich der Stammsitz in der bayrischen Hauptstadt. Am Marienplatz ist das Café des Lesens besonders beliebt. Der Laden am Stachus hebt sich vor allem durch das spezielle Sortierungskonzept der Lesewelten hervor. Die weiteren Filialen in den fünf Höfen, im Westend oder in Neuhausen sind zwar etwas kleiner, zeichnen sich aber ebenso durch die exquisite Auswahl und eine fachkundige Beratung aus. Überall darf man sich auf ein feines Kinderbuchsortiment freuen. *Marienplatz 22, 80331 München-Altstadt; Stachus: Karlsplatz 12, 80335 München-Altstadt; Fünf Höfe: Theatinerstr. 11, 80333 München-Altstadt; Forum Schwanthalerhöhe: Theresienhöhe 5, 80339 München-Schwanthalerhöhe; Neuhausen: Nymphenburger Str. 168, 80634 München-Neuhausen; Perlacher Einkaufspassage: Ollenhauer Str. 6, 81737 München-Perlach; Olympia-Einkaufszentrum: Riesstr. 59, 80993 München-Milbertshofen; Riem Arcaden: Willy Brandt-Platz 5, 81829 München-Riem; Pasing Arcaden: Pasinger Bahnhofsplatz 5, 81241 München-Pasing, T: 30757575, hugendubel.de*

kekz

Im April 2022 hat das Münchner Start Up seinen ersten Laden eröffnet, in dem man sich einen Eindruck von den Audioplayern für Kinder verschaffen kann. Dahinter stehen neben Mitgesellschafter Peter Maffay die beiden Gründer Carl Taylor und Adin Mumma, beides Väter, die aus den eigenen Erfahrungen mit ihren kleinen Kindern die Kekzhörer entwickelten. Dass ihre Kinder Musik und Hörspiele ohne Download, ohne Internetverbindung, ohne Kabel selbstbestimmt steuern können und das so Handy- und Internetfrei wie möglich, war die Grundidee. Gelungen umgesetzt – davon kann man sich beim Ausprobieren in Haidhausen überzeugen. *Wörthstr. 13, 80802 München-Haidhausen, T: 23544730, kekz.com*

Lehmkuhl

Man trifft sich beim Lehmkuhl, sagen Stammkund:innen. Oder einfach nur in der „Kuhle", wie Freund:innen des Hauses die Traditionsbuchhandlung im Herzen Schwabings liebevoll nennen. 1903 eröffnet, hat das Lehmkuhl viel erlebt. Die Institution war und ist neben einer Buchhandlung auch Theaterbühne, Vortragssaal sowie Konzertraum. Seit den 1920er-Jahren gehören Veranstaltungen dazu, das Angebot geht weit über Autor:innenlesungen hinaus. Für den Nachwuchs: Mit LehmCOOL bietet die Buchhandlung ein Lesungs-Format für junge Zuhörer:innen. *Leopoldstr. 45, 80802 München-Schwabing, T: 3801500, lehmkuhl.net*

LeseLust

Bibliophilen im Münchner Süden sei angeraten, einen Abstecher in die Leselust zu wagen. Hier wird akute wie chronische Leselust fachkundig gestillt. Neben den aktuellen Bestsellerlisten legt man hier auch Wert auf Titel abseits des Mainstreams. Eine gut sortierte Kinder- und Jugendbuchabteilung fehlt selbstverständlich nicht. Besonders toll: Unter den Veranstaltungen im Haus finden sich auch Kinderbuchlesungen. *Am Bahnhof 6, 82205 Gilching, T: 08105-8727, leselust-buchhandlung.de*

Literabella Buchhandlung

Wie das Wortspiel im Namen bereits erahnen lässt: Literabella widmet sich vorrangig der schönen und schön gestalteten Literatur. Das gilt auch für das umfangreiche Angebot an Kinder- und Jugendliteratur. Eine Stadtteilbuchhandlung, wie sie im Buche steht, mit feinem Sortiment und ausgewählten Veranstaltungen für Jung und Alt. Hier bekommt ihr auch hübsche Grußkarten, Spiele sowie Accessoires rund ums Buch. *Isabellastr. 49, Eingang in der Hohenzollernstr., 80796 München-Schwabing, T: 2715976, literabella.buchhandlung.de*

tipp

Literatur Moths

Es ist schwierig in Worte zu fassen, was den Zauber dieses Buchladens am Isartor ausmacht. Allein die Architektur und Ausstattung des Raumes ist schon außergewöhnlich und ausgesprochen gut auf die Ansprüche der Bücher, Bilder, Kunstgegenstände, die hier von großen wie kleinen Leser:innen gesehen werden wollen, abgestimmt. Ein perfektes Zusammenspiel der feinen Auswahl an Büchern und Bildbänden, optimal im Raum mit Licht in Szene gesetzt. Inhaberin Regina Moths hat ein feines Auge für Kulissen und Inhalte. Nicht ohne Grund bezeichnen viele Münchner:innern die Ausnahmebuchhandlung als ihren Lieblingsladen. *Rumfordstr. 48, 80469 München-Isarvorstadt, T: 29161326, li-mo.com*

ITALIEN SCHMECKEN

Splendido
Rezepte, Geschichten, Slowfood und Schönes aus Italien
splendido-magazin.de

Mercedes Lauenstein und Juri Gottschall pendeln zwischen München und Italien und veröffentlichen jede Menge fantastischer Rezepte. Italien-Feeling bringen auch Poster und Accessoires in die heimische Küche.

Phantásia Bücher & Spielwaren

Eine Kinderbuchhandlung, die so gut ausgestattet ist wie diese, ist gar nicht so leicht zu finden. Alle Bücher werden eigens auserwählt, um in den Regalen ihre großen und kleinen Leser:innen zu erwarten. Der Laden in Planegg hat neben dem Fokus auf das geschriebene Wort Tonies, Schreibwaren, Spielzeuge, Schulranzen und einiges mehr zu verkaufen. Super sind auch die Geburtstagskisten. Vorab ausgesucht, landet garantiert nur Gewünschtes auf dem Gabentisch. *Bahnhofstr. 31A, 82152 Planegg, T: 89930250, phantasia-welt.de*

tipp texxt – Buchhandlung und Modernes Antiquariat

So sehr es einen freut, wenn Kinder Gefallen am Lesen und Literatur finden – eine ausgesprägte Leselust kann ganz schön ins Geld gehen. Natürlich steht in den Regalen der Bibliotheken immer Lesestoff-Nachschub parat, aber wer auch die eigenen Bücherschränke gerne füllt, liebt diesen Buchladen im Hackenviertel. Um gezielt einen bestimmten Titel zu finden, ist texxt vielleicht nicht die richtige Adresse, dafür stolpert man hier aber immer über unerwartete Schätze. Bis unter die Decke sind die größtenteils reduzierten Bücher – Mängelexemplare, Restauflagen oder Archivbestände – aller Genres gestapelt. Lasst euch von dem vermeintlichen Chaos nicht abschrecken, die Mitarbeiter:innen sind nicht nur sehr freundlich und hilfsbereit, sie kennen sich auch gut aus. An der Treppe zum Untergeschoss sind die Kinder- und Jugendbücher verortet, ein paar Schritte nach unten findet ihr die Lesecouch, um durch eure neuen Entdeckungen zu stöbern und euch zu entscheiden, welche es ins heimische Regal schaffen. *Sendlinger Str. 24, 80331 München-Altstadt, T: 26949503, texxt.net*

Wortwahl – Salon für Buchkultur

Hinter Wortwahl steht ein Team von Freund:innen aus Kunst, Ethnologie, Schauspiel, Sprach- und Theaterwissenschaft, die Bücher lieben und sie hier präsentieren. Einfluss auf das Angepriesene haben alle Aspekte des kulturellen Lebens wie Kunst, Mode, Fotografie, Kulinarik. Auch anspruchsvolle und auffallend gut gestaltetet Kinder- und Jugendbücher finden hier ihren Platz. Denn Kinder, die Bücher mit Anspruch erleben durften, rezipieren später leichter und lieber Kunst und Kultur – so die Erfahrung und Hoffnung des Teams. Die Freude und der Spaß beim Konsum gut gemachter Bücher spielen dabei eine große Rolle. Zudem gibt es bei Wortwahl auch eine klasse Auswahl an Geschenk- und Papeterie-Artikeln. *Reichenbachstr. 15, 80469 München-Ludwigsvorstadt, T: 26019311, wort-wahl.net*

Wohnaccessoires und Möbel

abovo. Interior Design und Lifestyle-Accessoires

Möbel, Geschenke, Accessoires, Leuchten, Geschirr und weitere Interior-Teile für euren Wohlfühlort. Neben Taschen von Freitag und den beliebten Sitzsäcken von Fatboy widmet sich abovo weiteren besonderen Designer:innen sowie Manufakturen, die sich auch mal trauen, aus der Reihe zu tanzen. Bereits seit 1999 im Gärtnerplatzviertel beheimatet, gibt es seit mehreren Jahren das Pendant in der Maxvorstadt, dort liegt der Schwerpunkt auf Regalen. *Rumfordstr. 8, 80333 München-Isarvorstadt, T: 26018000, Theresienstr. 38, 80333 München-Maxvorstadt, abovohome.com*

Achwiesüß

Coole Statementketten und hübsches Bling-Bling sind nicht nur was für Mamas – da glitzern aller Schmuckfreund:innen Augen. Inspiriert von den vielen schönen Dingen dort, kann man sich entweder sein ganz persönliches Schmuckstück anfertigen lassen oder ihr sucht euch was aus der hauseigenen Kollektion „go shining“ aus – weitere Schmuckkollektionen sind ebenfalls im Sortiment. Wer dann noch etwas Neues für sein Zuhause möchte, darf sich an ansprechenden Wohnaccessoires wie plüschigen Decken, stilvollen Vasen, Kerzen und Co. erfreuen. Einen Onlineshop hat Achwiesüß aka go shining Jewelry übrigens auch. *Bleibtreustr. 16, 81479 München-Solln, T: 0171-6250050, go-shining.de*

apartment

Unter dem Motto „Shop Around The World“ versammelt das apartment in Schwabing Quietschbuntes, Witziges, Absurdes, sinnvolle Gebrauchsgegenstände und Seltsames aus den entlegensten Winkeln dieser Erde in einem Laden. Mit seinen Geschenkideen, Spielwaren, Papeterie-Artikeln und unzähligen Kleinigkeiten ist das apartment längst zur Institution geworden und schart eine Fangemeinde hinter sich. Zu finden ist hier alles vom Ansteckbutton bis zur Zuckerdose. *Barer Str. 49, 80799 München-Maxvorstadt, T: 4482440, apartment-shop.com*

Breitengrad

Auf der Schellingstraße lässt sich gut flanieren, dann gehört ein Abstecher in den Breitengrad eigentlich dazu. Dort findet ihr eine Handvoll ausgewählter Textilien, Fußmatten mit lustigen Motiven, die beliebten Tonies für, ein paar ausgefallene Spaß-Accessoires, dazu erlesene Interior-Teile, Partygeschirr, niedliche Deko-Artikel, dazu eine Prise Spaß und gute Laune. *Schellingstr. 29, 80799 München-Maxvorstadt, T: 2802325, breitengrad-online.de*

tipp Das Kinderzimmer

Vom Babybett bis zum Jugendzimmer – der Einrichtungsladen in Schwabing bietet hochwertiges Mobiliar an. Entweder aus der eigenen Möbelkollektion, die mit großer Sorgfalt und ohne giftige Materialen im Allgäu oder von internationalen Hersteller:innen, in ebenbürtiger Qualität produziert wird. Auch bei der Planung für das Kinderreich unterstützt man Eltern professionell. Die Möbel zeichnen sich durch kind- und anatomiegerechte Gestaltung aus. Dank ihrer Einfachheit und Klarheit lassen sie sich vielfältig bespielen und halten auch hohen Belastungen stand. Zudem gibt es ausgesuchtes, Spielzeug, Kinderbücher und Kinderwagen verschiedener Marken. *Kurfürstenstr. 55, 80801 München-Schwabing, T: 2716800, das-kinderzimmer.de*

Das Kochgut

Läden wie das Kochgut sind quasi Spielzeuggeschäfte für Erwachsene. Allen, die beim Kochen mehr empfinden als nur eine Erfüllung der täglichen Pflicht, seine Liebsten zu verköstigen, sei ein Besuch am Max-Weber-Platz empfohlen. Stundenlang zwischen Emaille-Töpfen, japanischen Kochmessern, hochwertigen Pfannen, filigranen Porzellan-Tassen stöbern zu können. Dieses und jenes bestaunen und vielleicht sogar das ein oder andere Teil mit an die Kasse nehmen. Herrlich! *Max-Weber-Platz 8a, 81675 München-Haidhausen, T: 4702806, das-kochgut.de*

DEPOT

In Unterfranken 1948 als „Fabrikation von künstlichen Früchten und Christbaumschmuck" gegründet, wird heute in mehr als 500 Filialen Schönes zum Wohnen verkauft, darunter eine große Auswahl an Spielsachen, Accessoires und Möbeln für Kinder. Fündig werdet ihr hier aber für alle Bereiche der Familienwohnung, und dem Ursprung der Firma gemäß, können hier alle jahreszeitlichen Dekowünsche von Ostern bis Advent befriedigt werden. *Tal 20, 80331 München-Altstadt, T: 24208784; in der HOFSTATT, Sendlinger Str. 12, 80331 München-Altstadt, T: 23225781; im Olympia EKZ, Hanauer Str. 68, 80993 München-Moosach, T: 12177715; im München EKZ pep, Ollenhauerstr. 6, 81737 München-Neuperlach, T: 62728732; im Riem EKZ, Willy-Brandt-Platz 5, 81829 München-Riem, T: 95993393; Grimmer Weg 10, 82008 Unterhaching, T: 61208196; Zusestr. 5, 85649 Brunnthal, T: 60806967, depot-online.de*

Doppler

Beim Thema Einrichtung möchte Sabine Doppler, dass sich ihre Kund:innen keine Vorschriften machen lassen. Ob es Kitsch ist oder einfach nur knallig bunt, sei sowieso nebensächlich. Hauptsache, die Welt wird ein wenig fröhlicher. Dazu trägt der Laden unweit des Weißenburger Platzes mit voller Überzeugung bei. Freund:innen von auffallend bunten, witzigen bis kuriosen Geschenk- oder Einrichtungsideen werden hier freudestrahlend den Laden wieder verlassen und gerne oft wiederkommen. *Metzstr. 15, Eingang Sedanstr., 81667 München-Haidhausen, T: 44140040, doppler-shop.de*

Friede + Stern

Spieglein, Spieglein an der Wand – wo gibt es die schönsten Accessoires im ganzen Land? Womöglich würde der Spiegel antworten: Im Herzen Schwabings gibt es hübsche Dinge aus aller Welt. Kissen, Körbe, Tassen, Halstücher, Körperpflege, Schmuck und Papeterie, zwischen anderen selten gesehenen Schätzen und Vintage-Stücken – alles auf Reisen entdeckt, mit viel Liebe arrangiert. *Elisabethplatz 2, 80796 München-Schwabing, T: 23755492, friedeundstern.de*

heißeliebe

Kleine, spannende, innovative Labels gibt es glücklicherweise einige! Eine Plattform, ihre Produkte zu präsentieren, leider zu wenige. Eine Ausnahme macht die heißeliebe im Westend. Passend zum jungen Flair des Viertels stellt Phaedra hier jungen Kreativen, Designer:innen und Künstler:innen eine Fläche für ihre Produkte von Accessoires über Möbel bis zu Kosmetik zur Verfügung. Die Produktpalette wechselt häufig, daher lautet die Empfehlung: Schaut häufiger mal dort vorbei! Auf den Ladentisch schafft es jedenfalls nur, was nicht von der Stange ist und dem Anspruch von Phaedra entspricht. Alle angebotenen Labels sind von ihr auf Herz und Nieren und auf ihre Credibility geprüft. *Parkstr. 4, 80339 München-Schwanthalerhöhe, T: 0176-84868145, heisseliebe.store*

Hands Gallery

Hier ist handmade weitaus mehr als ein Trend – es ist ein Lebensstil. Denn nicht nur die eigene Kreativität wird in den Produkten ausgedrückt, sondern auch die Ablehnung von Massenware und der damit verbundenen Konsumgesellschaft. Hinter den ansprechend dekorierten Ladenräumen und Schaufenstern steht demnach eine politische Mission. Die Kooperative für Handkunstwerk bietet einzigartige Babygeschenke, Patchworkdecken, Strickwaren, Schmuck und Keramiken von verschiedenen Hersteller:innen und Künstler:innen aus der Gegend an.

Zudem ermöglicht ein breites Kursangebot wie Nähen für Anfänger:innen und Fortgeschrittene, Schmuckmachen, Spinnen, Häkeln oder Stricken großen und kleinen Interessierten, selbst kreativ zu werden. *Pariser Str. 21, 81667 München-Haidhausen, T: 67971964, handsgallery.de*

Karusa – Laden für Handgemachtes, Regionales und Besonderes

Auch „Kaufraum für Handgemachtes, Regionales und Besonderes" genannt, bietet der schöne Laden in erster Linie handgemachte Produkte von Menschen aus nächster Umgebung gefertigt. Wer hier zu stöbern beginnt, findet oft Sachen, von denen man vorher gar nicht wusste, wie dringend man sie braucht. Nicht nur Hübsches für die Wohnung findet man, sondern auch Leckeres wie Ingwersirup von Inge oder Kaffee von Fausto. Neuerdings gibt es bei Karusa eine Probierecke zum direkten Testen der angebotenen Getränke, auch die Ecke mit Kinderspielzeug wurde etwas erweitert. *Humboldtstr. 6, 81543 München-Giesing, T: 61466424, karusa.de*

Kauf dich glücklich

Die erste Kauf dich glücklich-Generation ist inzwischen selbst vielfach Eltern geworden. Kein Wunder, dass es bei den beiden Münchner Store-Ablegern auch immer öfter Kinderspielzeug, Kindermützen, lustige Kinderdinge oder hübsche Musselintücher gibt. Daneben selbstverständlich weiterhin alles andere, was die Eltern zum Einrichten, Dekorieren und Anziehen toll finden. Gut erreichbar gelegen, findet ihr den schönenLaden einmal mitten im Glockenbachviertel, der andere Laden befindet sich in Schwabing. *Reichenbachstr. 14, 80469 München-Isarvorstadt, T: 25549269; Schellingstr. 23, 80799 München-Maxvorstadt, T: 24290317, kaufdichgluecklich.de*

tipp Kinder-Ambiente

Was brauchen Kinder, um sich in den eigenen vier Wänden wohlzufühlen? „Es gilt, einen Raum zu schaffen, in dem sich Kinder gerne aufhalten, kreativ entfalten und austoben können – also ein kleines Reich voller Fantasie." Mit diesem Credo geht Innenarchitektin Susanne te Meer an ihre Arbeit. Seit 20 Jahren berät sie Eltern, die Einrichtung fürs Baby-, Kinder-, Jugendzimmer oder Stauraumlösungen für die Wohnung suchen. Zu kaufen gibt es im Showroom ausgewählte Kindermöbel und -accessoires von besonderen Marken. Ob im Scandi-Look, mit Retro-Charme oder puristisch modern – lasst euch von der großen Auswahl an Möbeln, Teppichen, Lampen, Stoffen und Rollos sowie Tapeten fürs Kinderzimmer inspirieren. *Schleißheimer Str. 73, 80797 München-Schwabing, T: 14330230, kinder-ambiente.de*

tipp Kokolores

Krimskrams, Kleinzeug, Firlefanz, Brimborium – es gibt beinahe so viele Synonyme für Kokolores wie dort wunderschöne Papierwaren, nette Mitbringsel, bunte Schachteln, Bänder und allerlei andere wundervolle Kleinigkeiten. Ein wahres Paradies für alle, die das Kunterbunte und Fantasievolle lieben, Geschenkchen oder Inspiration suchen, das eigene Zuhause neu zu dekorieren. *Wörthstr. 8, 81667 München-Haidhausen, T: 4483251, kokolores-muenchen.de*

Kristina Sack Küchen & Tischkultur

Bei Kristina Sack dreht sich alles um Küche, Kochen, Tischkultur – und das seit mehr als 20 Jahren. Neben edlem Porzellangeschirr und unverwüstlichen Töpfen findet man Schönes und Nützliches rund ums Kochen, Backen, Essen und Trinken. Außerdem hübsche Holztierchen, Accessoires und andere Kleinigkeiten. Wer einen Anlass wie Hochzeit oder runden Geburtstag anstehen hat, kann sich hier eine Wunschliste anlegen lassen. *Wilderich-Lang-Str. 6, 80634 München-Neuhausen, T: 5023464, kristina-sack.de*

tipp MAGAZIN

In den Fünf Höfen könnt ihr im Münchner MAGAZIN-Laden auf 600 Quadratmetern das Sortiment in Augenschein nehmen, probesitzen und euch von Funktionalität, Ästhetik und Qualität der schönen Designmöbel überzeugen. Vor allem die eigenen M-Produkte bestechen durch ihr klares und durchdachtes Design. Vom Kinderzimmer bis zum Balkon findet ihr hier und im umfangreichen Onlineshop alles, was das Wohnen, Basteln, Spielen mit Kindern schöner und einfacher macht. *Fünf Höfe, Prannerpassage, Kardinal-Faulhaber-Str. 11, 80333 München-Altstadt, T: 23888031, magazin.com*

Motel a Miio

Die Geschichte ist schnell erzählt: Anna von Hellberg und Laura Castien sind seit Schulzeiten befreundet, sie eint ihre kreative Ader, Reiselust und Portugalliebe. Dort entdeckten sie die schönen Schüsseln, Becher, Teller, Vasen, die sie zunächst für Pop Up-Sales nach München brachten und sofort Erfolg damit hatten. Bis heute finden solche Events bundesweit statt, inzwischen kann man aber in vielen Städten deutschland- und europaweit jederzeit die Motel a Miio-Keramik vor Ort erwerben – in ihrer Heimatstadt betreiben Anne und Laura gleich drei Läden. In der HOFSTATT; *Sendlinger Str. 12, 80331 München-Altstadt, T: 0176-51723888, Sendlinger Str. 24, 80331 München-Altstadt, T: 28787543; Theresienstr. 25, 80333 München-Maxvorstadt, T: 28777007, motelamiio.com*

Kreative Magnet-Spielbox von @mieredu.de erhältlich bei Urlaubskind. *urlaubskind.de*

REISEN MIT KINDERN – LEICHT GEMACHT

Praktisches Reisezubehör und tolle Spielideen für unterwegs wie die kompakten und fantasievollen Magnet-Spielboxen von MierEdu findet ihr bei urlaubskind.de und im Laden am Stemmerhof.

urlaubskind.de

Auf die Stullen, fertig, los! Back to School mit den Nabio Proteinaufstrichen. *nabio.de*

Freizeitrucksack-Set „KID SHINE Butterfly Night Ina“ *stepbystep-schulranzen.com*

Einzigartiges „Oma Danas Henne“-Stillkissen *lamillou.com/de*

Neuzugang bei tonies: das Nachtlicht „Schlummerschaf“. *tonies.com*

Abwechslungsreiches Kinder- und Erwachsenenprogramm im Archiv Geiger. *archiv-geiger.de*

Sorgenfreier Badespaß mit dem Naïf Badeschaum ohne Mikroplastik. *naifcare.de*

Kreul Aqua Paint Marker bei boesner, *Atelierstr. 18/Werksviertel, neben dem Riesenrad. boesner-bayern.com*

Wandobjekte für das Kinderzimmer MISSMATILDA Manufaktur, München. *missmatilda.de*

Ultraleicht. Robust. Zeitlos. Handmade in Berlin seit 2005 *kundschafter.net*

„Ein Oktopus hat null Knochen. Erstaunliche Fakten rund um Natur und Zahlen“. *buchhandlung-kuckuck.de*

Nachhaltig Spülen und Waschen *aseasyasthat.de*

Handgeflochtener Korb aus natürlichem Elefantengras *kokobasket.com*

Superweiche Plüschbreze, WOHNPALETTE. *Reichenbachstr. 28 in München, wohnpalette.com*

Einzigartiges Naturerlebnis auf dem Baumwipfelpfad verschenken *treetop-walks.com/bayerischer-wald*

Ergonomisches Schulranzen-Set „SPACE SHINE Dino Night Tyro“ *stepbystep-schulranzen.com*

Vierteiliges Schulranzen-Set „Light“ von GMT for Kids in vielen Varianten *gmtbags.com*

Ohooo Vintage

tipp

Im Glockenbachviertel gibt es seit 2021 eine Fundgrube voller mit Liebe aufbereiteter Vintage-Möbel, vor allem fürs Kinderzimmer. Von Schränken, Kommoden über Regale und Sitzgruppen ist Alles dabei. Passende Textilien, Deko und Lampen in bunten Farben runden das Sortiment ab. Selbstverständlich gibt es aber auch ein wenig Papeterie, Party-Deko und süße Geschenk-Ideen für Groß und Klein. Daniela stöbert alte Möbel mit Geschichte auf und richtet diese mit viel Herzblut wieder her. Schränke bekommen zum Bespiel neue Füße, ein neues Schloss oder ein neues „Innenleben" und am wichtigsten: einen neuen Anstrich. Oft in klassischen, gedeckten Farben, immer öfter aber auch richtig schön farbenfroh in Lila, Gelb, Blau oder Rosa. Daniela plant außerdem, Möbelmarken mit neuen Möbeln im Vintage-Stil im Sortiment aufzunehmen. *Häberlstr. 22, 80337 München, T: 0179-9045706, ohooo-vintage.de*

ROOM TO DREAM – slow living

Möbel für die ganze Familie im skandinavischen Stil, luftig leichte Accessoires, gemütliche Decken, kuschelige Kissen, Küchenutensilien, Drucke und mehr. Alles in ansprechend pastellig-hellen Farben – bereits das Hinschauen verschafft innere Ruhe. Wer ein wenig Hilfe bei der Planung oder Umsetzung für die Umgestaltung oder das Upgrade der eigenen vier Wände braucht, nutzt die professionelle Einrichtungsberatung – den ROOM GUIDE. Am Ende steht die perfekte Wohlfühl-Wohnung. Dass hier jemand mit viel ästhetischem Gespür am Werk ist, merkt man schon beim bloßen Vorbeischlendern. *Lenbachplatz 7, 80333 München-Altstadt, T: 25547301, room-to-dream.de*

Salto Möbel für Kinder

Kinderbetten, Schreibtische, Schränke, Regale – all das in großer Auswahl findet ihr mitten in München, nahe des Hauptbahnhofs. Bei Salto Möbel für Kinder dürft ihr euch auf kompetente, fachkundige Beratung freuen und einen großen Ausstellungsbereich, in dem der Nachwuchs probewohnen kann. *Seidlstr. 5, 80335 München-Maxvorstadt, T: 62232320, kindermoebel-muenchen.de*

servus.heimat

Seit 2003 ist servus.heimat das moderne bayerische Geschenkeparadies für Einheimische, Gäste und Zuagroaste. In den zwei Münchner Filialen finden sich klassische Souvenirs neu interpretiert, nützliche Kleinigkeiten mit Lokalkolorit und zeitgeistige bayerische Designobjekte. Doch nicht nur Wohnaccessoires bietet das Sortiment, sondern auch Textilkollektionen für die ganze Familie sowie Bücher und Spiele. Pack ma's! *Sendlinger Str. 1, 80331 München-Altstadt, T: 23702091, im Münchner Stadtmuseum, Sankt-Jakobs-Platz 1, 80331 München-Altstadt, T: 23702380, servusheimat.com*

weißglut Concept

Aller guten Dinge sind drei. Jede der weißglut Concept Store-Dependancen lädt geschickt zum Stöbern, Staunen, Shoppen ein. Ästhetisch arrangierte Verkaufsflächen inspirieren, wie die zu erstehenden Dinge im eigenen Heim am besten in Szene gesetzt werden könnten. Das Augenmerk liegt auf den Bereichen Wohnen, Küche, Leuchten, Office, Papeterie und Geschenke – Mode spielt durchaus ebenfalls eine Rolle. Drei Filialen voller Licht, Leichtigkeit, Naturmaterialien, Keramiken, Textilien und coolen Interior-Accessoires. *Hohenzollernstr. 8, 80801 München-Schwabing, T: 38869368; Hackenstr. 1, 80331 München, T: 24291399; Theresienhöhe 5, 80339 München, T: 93922203, weissglut-shop.de*

Wohnpalette – Lampen und mehr

tipp

Im Gärtnerplatzviertel lässt sich so viel Schönes entdecken, nicht zuletzt in dem stilvollen Laden von Anna Bosch. Wer nach hübschen Wohnaccessoires oder kleinen Geschenken für Groß und Klein sucht, wird hier immer fündig werden. Von Kleinigkeiten wie ausgefallenen Streichholzschachteln, Kleiderhaken oder niedlichen Emaille-Tassen über Kissen, Teppiche und natürlich Lampen bis hin zu Geldbörsen und Schmuck gibt es eine tolle Auswahl. *Reichenbachstr. 28, 80469 München-Ludwigsvorstadt-Isarvorstadt, T: 13938888, wohnpalette.com*

DIY

boesner

Die boesner-Läden verstehen sich als Orte zwischen Idee und Kunst. Kunstschaffende jedes Genres und Alters werden gut beraten – egal, wie groß oder klein das kreative Projekt ist. Zu bekommen sind Wachsmalstifte, bunte Knete, Bastelbedarf, Materialien und Farben aller Art. Neben sämtlichen Künstler:innenutensilien bietet der Münchner Fachmarkt zudem eine große Rahmenauswahl und eine gut sortierte Kunstbuchhandlung. Inspiration auf zwei Etagen! Auch in Forstinning ist boesner die erste Adresse für alles, was das kleine oder große Künstler:innenherz begehrt. Künstlermaterial, Bistro und Inspiration auf 5.000 Quadratmetern! *Atelierstr. 18, 81671 München-Berg am Laim, T: 402879390; Römerstr. 5, 85661 Forstinning, T: 08121-93040, boesner.com*

Die Mercerie

Stricken hat ähnlich wie Töpfern eine meditative Wirkung. Um gut ausgestattet zu sein für das kommende Strickprojekt, findet man alles Nötige im Wollladen von Sabine Niebler. Mit diesem möchte die Inhaberin des Kreativshops frischen Wind in die Handarbeitsszene bringen – das gelingt ihr blendend! Wer die Mercerie betritt, taucht ein in die wundervolle Welt der Garne, Nadeln und Wolle. *Nymphenburger Str. 96, 80636 München-Nymphenburg, T: 12003316, diemercerie.com*

idee. Creativmarkt

Frei nach Pippi Langstrumpfs bekanntem Motto „Ich mach mir die Welt, wie sie mir gefällt", führt für kleine und große DIY-Fans kein Weg am idee. Creativmarkt vorbei. Selbermachen hat hier immer Hochkonjunktur. Um die passenden Zutaten für das kreative Hobby zu finden, ist der Hobbymarkt, zentral am Münchner Stachus gelegen, eine Top-Adresse. Denn egal, unter welche Kategorie das nächste DIY-Projekt fällt, in puncto Malen, Basteln, Stricken, Dekorieren, Schmuckkreation oder Handarbeiten hat der Laden eine große Auswahl an Material und Zubehör zu bieten. *Bayerstr. 3-5, 80335 München-Altstadt, T: 54541912, idee-shop.com*

Il Coccolino

Erlebt das pure Nähglück! Seit Stricken, Nähen und Selbermachen wieder total angesagt sind, gibt es zum Glück auch wieder mehr hübsche Nähläden und Kurzwarengeschäfte. Dazu gehört auch Il Coccolino. Bei Claudia Geiser gibt es aber noch mehr! Als Fachhändlerin für BERNINA kann dort der Traum von der eigenen Nähmaschine erfüllt werden. Außerdem gibt es vollständige Nähpakete mit Anleitung zu den von ihr entworfenen Modellen. *Agnes-Bernauer-Str. 87, 80687 München-Laim, T: 37962505, il-coccolino.de*

Ludwig Beck Kurzwaren & Wolle

Auf 210 Quadratmetern finden Do-it-Yourself-Liebhaber:innen in dem Kurzwaren-Ableger des Traditionskaufhauses alles für das große Hobby Selbermachen. Die umfangreiche Auswahl an Garnen, Wolle, Nähzubehör ist hübsch und übersichtlich präsentiert und das freundliche Team berät rund um das Thema Handarbeiten. *Burgstr. 7, 80327 München-Altstadt, T: 23691402, ludwigbeck.de*

tipp

Perlerie

Wer Perlen mag, wird die Perlerie lieben. In dem kleinen Laden erwartet euch ein farbenprächtiges Sortiment verschiedenster Perlen aus fast aller Welt. Glasperlen, aber auch Holz-, Textil-, Muschel-, Kunststoff- oder Hornperlen gibt es dort in Hülle und Fülle. Die Perlerie bietet auch Kurse und Kindergeburtstage an. Einen Reparatur-Service gibt es obendrein. *Volkartstr. 17, 80364 München-Neuhausen, T: 1689155, perlerie.net*

Rauwerk

Wolle aus Bayern und Europa, aus kleinen Manufakturen und vor allem ökologisch hergestellt – das ist das Programm von Christine Biedermann, Inhaberin von Rauwerk in Haidhausen. Sie führt nur Erzeugnisse handverlesener Anbieter:innen, die umweltverträglich und tierfreundlich arbeiten – etwa die handgefärbten Garne von Jule Kebelmann namens „Hey Mama Wolf" aus dem Norden sowie bayerische Wolle von Werdenfelser Schafen aus der Region um Garmisch-Partenkirchen oder vom Fuchsschaf aus der Gegend um Coburg. Und natürlich können Besucher:innen hier auch die original „Rauwerk-Wolle" erstehen. Diese einzigartige Qualität stammt von Schafen aus Oberbayern aus einem kontrolliert biologischen Tierhaltungs-Betrieb *Pariser Str. 44, 81667 München-Haidhausen, T: 45867988, rauwerk-wolle.de*

RolyPoly

Pünktlich zum zehnjährigen Jubiläum ihres Labels konnte Gesa Götting im März 2022 in ihren Traumladen umziehen – in der Fraunhoferstraße kommen die schönen Namenskissen, Stoffe, Design-Ideen, Sewing Kits und all das Hübsche rund ums Nähen seither noch viel besser zur Geltung. Kurse für Kinder und Erwachsene sind weiterhin im Angebot. *Fraunhoferstr. 9, 80469 München-Isarvorstadt, T: 24244984, rolypoly-store.de*

tipp

SELFMADE

Das dänische Familienunternehmen Stoff & Stil hat mittlerweile 25 Shops weltweit eröffnet und hat seinen Firmennamen in SELFMADE geändert. Der neue Name spiegelt wider, dass hier alle Menschen im Blickpunkt stehen, die Freude an Inspiration und einem kreativen Entstehungsprozess haben. Vor allem Nähbegeisterte finden in dem großem Münchner Laden eine riesige Auswahl an Stoffen aller Art. Etwa 3.000 verschiedene, durch eigene Designabteilungen entworfene Stoffe sind hier ständig vorrätig, viele davon auch in Bio-Qualität. Hinzu kommen Schnittmuster, Nähzubehör und eben auch eine gut sortierte Auswahl an Wolle mit passenden, kostenlosen Strickanleitungen. Workshops, kostenlose Arbeitsplätze vor Ort und versierte Mitarbeiter:innen gehören ebenfalls zum modernen Ladenkonzept. *SUMA Center, Margot-Kalinke-Str. 4, 80939 München, T: 04101-6019050, selfmade.com*

FEIERN NACH STRICH UND FADEN

KINDER-GEBURTSTAG

Stoff für gute Partys

Ob T-Shirt-Party oder Geburtstags-Nähworkshop – in Benedicta Schlegels Nähschule haben Kinder ab neun Jahren die Gelegenheit, Textilien nach ihren eigenen Ideen zu gestalten. Die gelernte Schnittdirektrice verfügt über jahrelange Erfahrungen in der Modebranche und eine einfühlsame Art mit Kindern. Besonders hübsch sind auch die eigens entwickelten van Handel Bio-Stoffe mit ihren grafischen Designs. *näh dir was, Franz-Marc-Str. 8, 80637 München-Moosach, naeh-dir-was.com*

Formvollendet feiern

Es ist ein schönes Gefühl, etwas zu erschaffen und mit den eigenen Händen zu formen – selten hat man es so unmittelbar wie beim Töpfern. Ton ist ein faszierendes Material für Klein und Groß. In Désirée Oberländers Keramikatelier am Englischen Garten könnt ihr „Aufbauen mit Ton" als Geburtstagsfeier für Kinder ab sechs Jahren buchen. Jüngere Kinder ab fünf Jahren feiern beim „Spielen mit Ton", alle haben Spaß im grünen Innenhof. *Atelier für Keramik, Kaulbachstr. 26, 80539 München-Schwabing, kinderkeramik.de*

Geschickt eingefädelt

Von ihrem Faible für die bunte Vielfalt der Perlenwelt profitieren alle, die Ulrike von Steins Laden betreten. Dort findet ihr ein Sortiment voller Glasperlen, Muschel-, Holz-, Textil-, Horn, Metall und Kunststoffperlen sowie Halbedelsteine in vielen Größen und Formen vor. Bei einer Geburtstagsperlenparty können Kinder ab sechs Jahren daraus wunderbare Schmuckstücke fertigen. *Perlerei, Seite 129*

Glücklich und gesättigt

Die kulinarische Versorgung beim nächsten Geburtstag ist schonmal gesichert, wenn man die Kinderschar bei der Kochschule einbucht, deren Name Programm ist. Gutes Essen macht glücklich! Im Geburtstagskochworkshop lernen Kinder und Jugendliche von sechs bis 15 Jahren aber nicht nur die Zubereitung schmackhafter vegetarischer Gerichte, sondern auch Wissenswertes über die verwendeten Lebensmittel und ihre Herstellung. Jedes Kind erhält eine eigene Kochmütze, die beschriftet, bemalt und mit nach Hause genommen werden kann.

Koch Dich glücklich, Ickstattstr. 11A, 80469 München-Isarvorstadt, kochdichgluecklich.de

Wundervolles Werkeln

Seit Mai 2023 ist es in neuen Räumen in Laim beheimatet, das Angebot der Atelierwerkstatt für Kinder und Jugendliche ist weiterhin vielfältig: Hier darf mit den verschiedensten Materialien- von Holz bis Ton experimentiert und gestaltet, gesägt, geschraubt, bemalt, beklebt werden. Von Filzen bis Pfeil und Bogen bauen sind zig Projekte für handwerklich-künstlerische Kindergeburtstage mit bis zu zehn Kindern aller Altersklassen möglich. Ihr könnt euch das Know How, Material und Werkzeug aber auch nach Hause kommen lassen: Das MachWerkMobil bringt dann alles mit zum Action Painting, Drucken, Upcycling oder eurem Wunschthema.

MACHWerk, Seite 89

tipp

Stoff & Co

Kunterbunte Kinderstoffe sind ebenso fester Bestandteil des Sortiments wie schlichtere unifarbene Varianten. Für Näh-Fans gibt es die umfangreiche und kompetente Beratung im Geschäft oder eine Service-Hotline für alle, die ihre Wunschstoffe lieber online bestellen. *Augustenstr. 76, 80333 München-Maxvorstadt, T: 0152-02494217, stoff-and-co.de*

Stoffzirkus

Kindersachen selber zu nähen, hat in den letzten Jahren eine Renaissance erlebt. Gerne in fröhlichen Farben und Mustern. Passende Stoffe und Näh-Accessoires wie Patches oder Bänder führt der Laden in Haidhausen. Daneben findet ihr individualisierte Kuschelkissen oder selbstbezogene Lampenschirme. Seit 2021 gibt es eine kleine Stoffzirkus-Eigenproduktion an Stoffen. Ein Gemeinschaftsprojekt mit der fantastischen Pop-Art-Künstlerin Kelly Gilleran. *Metzstr. 1, 81667 München-Haidhausen, T: 95890215, stoffzirkus.de*

Wolle Rödel

Bei Wolle Rödel schlagen Handarbeitsherzen höher, denn hier gibt es sehr viel Wolle, schicke Stoffe und ein großes Sortiment für Stick- und Häkelfans. Außerdem bieten die beiden Münchner Filialen neben den Materialien auch Strickmagazine und -bücher mit vielfältigen Modellen und den dazugehörigen Anleitungen inklusive Tipps und Tricks. Von warmhaltender Schurwolle über feine Babywolle bis hin zum allergikerfreundlichen Baumwollgarn – bei Wolle Rödel gibt es alles in großer Auswahl, in unterschiedlichsten Farben, Strukturen und Stärken. *Rosental 9, 80331 München-Rosental, T: 265348; im Mathäser (im idee. Creativmarkt); Bayerstr. 3, 80335 München-Schwanthalerhöhe, T: 54541912, wolle-roedel.com*

Sportausrüstung

tipp

Globetrotter

Bei Globetrotter beginnt das Abenteuer bereits mit dem Einkauf. Der Fun-Faktor beim Sport- und Outdoorausstattungsgeschäft im Tal ist riesig! Vorsicht: Kinder werden den Laden nur ungern wieder verlassen. Es locken Kletterwand und Testbecken und auch die Kinderschuh- und Bekleidungsabteilung gleicht wahrlich einem Spielplatz. Perfekt, dass auch die Auswahl und Beratung überzeugen. Vom coolen Rucksack über professionelle Outdoor-Ausrüstung und Funktionskleidung bis hin zum Hausschuh, Zelt oder Ski gibt es einfach alles Nötige und Nützliche für unternehmungs- und bewegungslustige Familien. *Isartorplatz 8-10, 80331 München-Isarvorstadt, T: 44455570, globetrotter.de*

shrn – Skateboard-Shop

Wenn der Wunsch nach einem Skateboard beim Nachwuchs laut wird, findet ihr eine gute Auswahl und Beratung bei den coolen Leuten von shrn – was übrigens für SooHotRightNow steht – in der Nähe vom Gärtnerplatz. *Klenzestr. 16, 80469 München-Isarvorstadt, T: 26010419, soohotrightnow.com*

Sport Bittl

Je größer die Auswahl, umso schwieriger die Kaufentscheidung? Könnte passieren, wenn man es mit vorrangig hochwertiger Markenware zu tun hat wie bei Sport Bittl. Speziell für Kinder gibt es eine riesige Auswahl und der Sportausstattungs-Gigant ist auch die richtige Adresse für sensationelle Angebotspreise. *Georg-Reismüller-Str. 5, 80999 München-Allach, T: 892190; Fürstenrieder Str. 18, 80687 München-Laim, T: 5467670, sport-bittl.de*

Sport Kaindl

Münchens Profi im Diving-Bereich. Neben umfassender Beratung zum Tauchsport gibt es freilich auch ein umfangreiches Warenangebot an sonstiger Sportausstattung. Freut euch auf besondere Service-Angebote rund um den Tauchsport und Unterwasser-Equipment. *Ismaninger Str. 136, 81675 München-Bogenhausen, T: 981848, sport-kaindl.de*

Sporthaus Schuster

Von alpinem Trailrunning, über Biken, Bouldern, Expeditionen, Fußball, Hochtouren, Schwimmen, Skitouren – Sportschuster hat die passende Ausrüstung für euch und eure Kinder. Besonders für die großen Outdoor-Abenteuer sportlicher Natur ist das Sporthaus Schuster eine der besten Adressen in der Münchner Innenstadt. Speziell Bergsportelnde werden hier fachkundig für alle Disziplinen beraten – und das schon seit 1913. *Rosenstr. 1-5, 80331 München-Altstadt, T: 237070, sport-schuster.de*

SportScheck

Gut erreichbar und gut beraten. Für Sportler:innen aller Altersklassen ist SportScheck ein guter Anlaufpunkt, wenn es um die passende Ausrüstung geht. Seitdem Sportswear endgültig den Mainstream erreicht hat, lohnt sich ein Besuch doppelt. Denn Yoga-Leggings und Jogging-Hoodie darf man inzwischen ja gerne allday long tragen. *Neuhauser Str. 21, 80331 München-Altstadt, T: 67846733, sportscheck.com*

AKTIV

Parks

Alter Botanischer Garten

Zwischen Hauptbahnhof und Königsplatz befindet sich der Alte Botanische Garten. Ein grüner, erholsamer Fleck, der von Straßen und Blechlawinen umringt wird und dennoch viel Raum zum Verschnaufen und Spielen ermöglicht. Seine Tore öffnete das Parkgelände vor über 200 Jahren, 1914 wurde es vom Botanischen Garten neben dem Nymphenburger Schloss abgelöst. Die kleine grüne Oase ist heute ein anziehender und vor allem ein kinderfreundlicher Ort: Große Bäume spenden Schatten, dazu eine Spielwiese, Tischtennisplatten, das Parkcafé mit Biergarten, der imposante Neptunbrunnen und schließlich ein Spielplatz mit Spielhaus für Kinder und Jugendliche. *Sophienstr. 7, 80333 München-Maxvorstadt*

Bavariapark

Die Theresienwiese dürften wohl alle kennen, die in München leben oder nach München reisen. Doch direkt daneben befindet sich im Westend ein kleiner, feiner Park, in dem man es sich gut gehen lassen und tief durchatmen kann – und zwar der Bavariapark. Einst nur für König Ludwig und sein Gefolge zugänglich, wurde daraus im Laufe der Zeit ein öffentlicher Stadtpark mit einem kleinen Spielplatz, imposanten Statuen und vielen Parkbänken. Wer vom endlosen Großstadt-Gerenne genug hat, kann seine Beine und Füße in der Sonne von sich strecken oder im Schatten der alten Eichen entspannen und dabei den Kids zuschauen, wie sie auf der großen Wiese kicken und spielen. Eine Stärkung bekommt ihr im Wirtshaus am Bavariapark mit Biergarten. *Theresienhöhe, 80339 München-Schwanthalerhöhe*

tipp Botanischer Garten

Tausende Blumen, Bäume und Sträucher aus den unterschiedlichsten Klimazonen der Welt wachsen hier. Exotische Pflanzen und Tieren garantieren ein spannendes Abenteuer unter imposanten Dächern. Die Rede ist vom wundervollen Botanischen Garten direkt neben dem Schloss Nymphenburg. Ein Highlight ist die Winter-Ausstellung „Tropische Schmetterlinge“, wenn diese dann frei im Wasserpflanzenhaus flattern dürfen. Der Botanische Garten bietet Lebensraum für mehr als 100 Wildbienenarten und 45 heimische Vogelarten. Nicht verpassen sollte man die „Blütenexperimente“ für Familien – mit Workshops für Kinder. Abgesehen von Sonderveranstaltungen haben Kinder und Jugendliche hier immer freien Eintritt. *Menzinger Str. 65, 80638 München-Nymphenburg, T: 17861316, botmuc.de*

Englischer Garten

Im Sommer wie im Winter zieht er unzählige Münchner:innen und genauso auch Tourist:innen in seinen Bann, die dem grauen Großstadtdschungel entkommen wollen. Er zählt zu den größten städtischen Parkanlagen der Welt – der Englische Garten! Der wohl berühmteste Park Münchens ist viel, viel mehr als dessen grüne Lunge. Mit weitläufigen Wiesen, Bachläufen, Biergärten, tollen Bauwerken wie dem Monopteros oder dem Chinesischen Turm lockt er einfach alle an. Wer möchte, kann im Eisbach baden oder auf der berühmten Welle reiten. Letzteres ist allerdings nichts für Anfänger:innen! Dazu gibt es Spielplätze und Bolzplätze – im Klartext: ein grandioser Garten für alle inmitten der Stadt. Und bei schönem Wetter rollt auch noch eine Eisdiele auf zwei Rädern durch die Idylle. Viel mehr braucht es nicht, um eine gute Zeit dort zu verbringen. *80538 München-Lehel*

tipp Hirschgarten

Am westlichen Rand der Münchner Innenstadt liegt der Hirschgarten. Früher ging der Adel hier jagen, heute kommen die Münchner:innen in den 40 Hektar großen Park, um zu entspannen, Sport zu treiben, die Hirsche im Wildgehege zu bewundern oder in Münchens größtem Biergarten mit Kinderkarussell einzukehren. Alljährlich findet hier um den 22. Juli herum das Magdalenenfest statt, ein kleines Volksfest mit Marktständen und Fahrgeschäften. Aber auch sonst ist der Hirschgarten sehr angesagt. Es locken weite Wiesen mit großen Hügeln, die im Winter zum Rodeln bestens geeignet sind, dazu große Spielplätze für Kinder, ein abgefahrener Skate-Park mit Pool und Fullpipe, eine Kletterwand, Fußball- und Basketball-Courts sowie Tischtennisplatten. *80639 München-Nymphenburg*

Hofgarten

Nur ein paar Meter vom Englischen Garten entfernt befindet sich der Hofgarten. Er liegt noch zentraler und breitet sich direkt neben dem Odeonsplatz und der Residenz aus. Besonders im Frühling und Sommer entzückt er seine Besucher:innen mit einem wahren Blumenmeer. Dazu plätschern alte Brunnen und Bäume spenden ringsherum angenehm Schatten. Umringt wird der kleine Park von stattlichen Häusern, der alten Residenz und der bayerisch königlichen Staatskanzlei – das sorgt für eine sagenhafte Ruhe. Auch der Boule-Szene gefällt das. Im Sommer werfen sie hier ihre Eisenkugeln in aller Gemütlichkeit über die Kieswege. In der Mitte des Hofgartens befindet sich außerdem ein sehr schöner Pavillon, in dem immer wieder Musik erklingt und auch mal das Tanzbein geschwungen wird. *Odeonsplatz, 80539 München-Lehel*

KINDER-TIPP

Im Kletter- und Boulderzentrum in Thalkirchen wächst der Nachwuchs über sich hinaus.

STÄRKE UND BALANCE

Toni
12 Jahre

Dass Klettersport ein Ganzkörpersport ist, der nicht nur Fitness, Motorik und Koordination trainiert, sondern auch die Entwicklung der eigenen Körperwahrnehmung, Konzentrationsfähigkeit sowie von Selbstbewusstsein und Entscheidungsfähigkeit, wird einem klar, wenn man die Kids an der Kletterwand beobachtet. Vor allem aber ist es für Toni und die anderen ein Riesenspaß! In Thalkirchen sind Kinder sehr willkommen, in der Begleitung eines kletternden Erwachsenen ist der Eintritt für sie bis 14 Jahre kostenlos. *DAV Kletter- und Boulderzentrum München-Süd, Seite 185*

Hofgarten Schleißheim

Immer eine Reise wert – die Schleißheimer Schlossanlage. Sie befindet sich am nördlichen Rand von München und ist ein barocker Schatz, denn der dazugehörige Hofgarten ist eine wunderschöne Parkanlage und ein Paradebeispiel für die Gartenkunst des 17. Jahrhunderts. Er zählt zu einer der wenigen bis heute in seiner Aufteilung unverändert erhaltenen Barockgärten in Deutschland. Die Wasserspiele im Hofgarten sind von April bis Mitte September in Betrieb, der herrliche historische Obstmuttergarten mit seinen über 200 verschiedenen Apfelbaumsorten öffentlich zugänglich. In Erntezeiten kann man dort die besonderen Äpfel auch kaufen. Natürlich ist auch das Schloss absolut sehenswert. *Max-Emanuel-Platz, 85764 Oberschleißheim, schloesser-schleissheim.de*

tipp Isarauen

Die grüne Lebensader von München ist die Isar. Sie zieht sich wie ein grünes Band durch die Stadt. Dazu gehören auch die Isarauen. Sie fangen bereits im Zentrum bei der Reichenbachbrücke an und verlaufen in südliche Richtung. Kleine Buchten, Liegewiesen und Kiesstrände laden zum Baden ein. Im Sommer ist die Isar im Stadtzentrum mittlerweile zu einer Partymeile geworden. Aber auch der Flaucher bei Thalkirchen ist ein sehr beliebter Anziehungspunkt für Jung und Alt. Im Norden beginnen die Isarauen ab dem Stauwehr Oberföhring. Hier geht es am Tage ruhiger und sportlicher zu. Da werden die Isarauen zur Bühne von Jogger:innen, Bade- und Sonnenfans oder sie sind einfach nur Oase für Natur- und Erholungssuchende. Vor allem aber sind sie eine fantastische Spiellandschaft für Kinder, die hier stundenlang planschen können. *Süden: Wittelsbacherbrücke, 81543 München-Isarvorstadt; Norden: Stauwehr, 81925 München-Oberföhring*

Kräuter-Erlebnis-Park

Was riecht denn hier so lecker? Es duftet nach Basilikum, Rosmarin und Majoran. Über 400 verschiedene Kräuter, Duft- und Blühpflanzen tummeln sich im Kräuter-Erlebnis-Park in Bad Heilbrunn. Dazu gibt es noch einen Zauberwald, Biotop-Weiher, ein Labyrinth aus Teekräutern, zahlreiche Themenbeete und Kräuterterrassen mit Sonnenliegen aus Holz, zwei murmelnde Bachläufe und einen Beobachtungsturm mit Rutsche für Kinder. Führungen durch das Kräuterparadies finden mittwochs statt. Kleine und große Entdecker:innen können auch das keltische Baumhoroskop mit 22 Stationen oder den Hexenkreis bewundern. Ein sehr spannendes und abwechslungsreiches Kräuterparadies. *Wörnerweg 4, 83670 Bad Heilbrunn, T: 08046-323, bad-heilbrunn.de*

Landschaftspark Hachinger Tal mit Landebahn Neubiberg

Früher sausten hier Flugzeuge durch die Lüfte, hoben ab und landeten auf dem alten Militärflugplatz. Doch das ist lange her und längst vorbei. Heute ist das Hachinger Tal ein rund 126 Hektar großer Landschaftspark im Süden von München. Im südlichen Teil befindet sich ein Naturreservat, im westlichen Teil geht es mit Fun-Park, Beachvolleyball und Bolzplatz recht sportlich zur Sache. Einen schönen Wasserspielplatz findet ihr am Hachinger Bach. Die ehemalige Start- und Landebahn, die die Mittelachse des Parks bildet, zieht vor allem Inlineskater:innen und Kitesurfer:innen an. *Auf der Heid 6, 85579 München-Neubiberg, unterhaching.de*

tipp Luitpoldpark

Im Sommer wie im Winter ein echtes Highlight: Denn der Luitpoldpark bietet die steilste Rodelpiste von München. Sie startet oben auf dem 37 Meter hohen Schuttberg, der aus den Trümmern des zweiten Weltkrieges geschaffen wurde. Im Sommer genießen die Münchner:innen eher die Sonne, liegen im Gras und erfreuen sich am Weitblick. Von einem kleinen Plateau aus lassen sich sogar die Alpengipfel bewundern. Dafür haben die zahllosen Sportler:innen scheinbar keine Zeit. Sie kämpfen sich die knackigen Anstiege im Luitpoldpark hoch und schwitzen dabei fleißig. Im nördlichen Teil wird das Bad Georgenschwaige gerade zum CO2-neutralen Naturbad umgebaut. Doch der Abenteuerspielplatz an der Belgradstraße und der Spielplatz mit Pumuckl-Brunnen und Labyrinth beim Bamberger Haus sorgen bei Kindern für Vergnügen. Einen großen neuen Spielplatz mit Felsbrocken und einen Basketball Court gibt es hier auch. *Belgradstr., 80804 München-Schwabing*

Maßmannpark

Mittendrin statt nur dabei – so lautet das Motto beim Maßmannpark in der Maxvorstadt. Er ist von Bäumen, Büschen und Häusern umgeben. So fällt es gar nicht weiter auf, dass große Straßen an ihm vorbeirauschen. In ihm findet man Klettergerüste, Rutschen und Schaukeln. Für Basket- und Fußballer:innen gibt es entsprechende Courts. Wer möchte, kann auch Boule spielen oder es sich einfach unter den großen Bäumen gemütlich machen. Das etwas mehr als zwei Hektar große Gelände hat eine lange sportliche Tradition – 1828 errichtete dort Hans Ferdinand Maßmann, ein Schüler des Turnvater Jahn, eine öffentliche Turnanstalt. In diesem Sinne wird auch heute noch mit Begeisterung geturnt, gekickt, gespielt und gefeiert. *Maßmannstr., 80333 München-Maxvorstadt*

Maximiliansanlagen

Eine kleine Oase zwischen Max-Joseph-Brücke und der Ludwigsbrücke sind die Maximiliansanlagen. Die Baumgruppen sind so gepflanzt, dass immer wieder der Blick auf die Altstadt möglich ist. Ein Friedensengel ragt dabei als Steinstatue auf einer Säule über die Baumkronen. Seit 1899 wacht er schon über die Münchner:innen. Früher war das Gebiet eine Schafweide, wo heute die Parkanlage zum Verweilen einlädt, auf der gejoggt, gekickt, gebadet und bei einem großen Stauwehr der tosenden Isar gelauscht wird. *81675 München-Au-Haidhausen*

tipp

Olympiapark

Er zählt zu den jüngsten Parkanlagen in München und wurde für die Sommerspiele 1972 angelegt – der Olympiapark. Als ein sehr grüner und lebendiger Teil der urbanen Landschaft von München bietet er nicht nur Natur, Sport und Erholung, sondern auch einzigartige Architektur. Der See, die Hänge und Wiesen, die olympischen Bauwerke sowie der Blick vom Olympiaberg über die Stadt bis hin zu den Bergen – einfach toll! Abends könnt ihr verführerische Sonnenuntergänge erleben, tagsüber sorgen Spielplätze, Motor-, Tretbootfahren oder ein Basketballplatz für Action und Bewegung. Bei weniger gutem Wetter lohnt sich ein Abstecher ins Olympiabad, zur SoccArena oder ins Eissportzentrum. Sehr cool und rasant – die olympische Zeltdach-Tour mit Flying-Fox-Flug, für die Kinder mindestens zehn Jahre alt und über 1,40 Meter groß sein müssen. Richtig toll sind die Festivals im Olympiapark: „Sommer im Park“ und „Tollwood“! *Spiridon-Louis-Ring, 80809 München-Milbertshofen, T: 30670, olympiapark.de*

Ostpark

Im Osten von München erstreckt sich eine große, grüne Fläche zwischen Betonburgen, Asphaltpisten und Blechlawinen. Im Ostpark könnt ihr ausladende Rasenflächen, zarte Hügellandschaften und tolle Spiel- und Sportplätze entdecken. Die verschlungenen Wege, Teichanlagen und schattigen Baumgruppen bieten viel Platz zum Entspannen und Verschnaufen, denn immerhin erstreckt sich der Park auf einer Fläche von 56 Hektar. Das bietet viel Spiel- und Freiraum: Grillen ist im nordwestlichen Teil am Ostparksee möglich und sehr beliebt. Früher war der Ostpark eine einfache Ackerfläche, heute zählt er zu einer der größten Parkanlagen Münchens, die auch im Winter bei Rodler:innen und Eisläufer:innen angesagt ist. *81735 München-Neuperlach*

AUSFLUGS-
TIPP

WANDERN MIT KULTUR IM BLAUEN LAND

Antonias Bio-Eis-Hüttn
Loisachstr. 3, 82438 Eschenlohe
@bio_hof_eiswerkstatt

Sieben Quellen, Asamklamm
dasblaueland.de
zugspitzland.de/eschenlohe

Bei dieser familienfreundlichen Wanderung zu den Sieben Quellen im Loisachtal und der Asamklamm sowie einem Abstecher nach Murnau kommen kleine und große Abenteurer-, Kunst- und Eisliebhaber:innen gleichermaßen auf ihre Kosten.

Münter-Haus in Murnau

Mit Eis kann man doch fast alle Kinder locken und in Bewegung bringen. Besonders dann, wenn es sich um Bio-Eis von einem Bauernhof aus dem Werdenfelser Land handelt. Wo die Kühe umringt von Alpengipfeln gemütlich auf der Weide stehen und den ganzen Tag lang Gras fressen. Und aus deren Milch ein wunderbares Eis kreiert wird – wie hier in Eschenlohe. Allerdings sollte man bei dieser Wanderung zunächst einen großen Bogen um Antonias Eis-Hüttn machen. Sonst könnte es passieren, dass man plötzlich den ganzen Tag vor dem Eisautomaten steht.

Start in Eschenlohe

Wenn der Zug aus München nach einer Stunde und fünf Minuten in Eschenlohe hält, steigt man aus und biegt an der Rokokokirche St. Clemens rechts in die Höllensteinstraße Richtung Kalvarienberg ab. Unter diesem befindet sich ein langer, dunkler und recht kühler Tunnel, der vor langer Zeit während des zweiten Weltkrieges als Luftschutzbunker diente. Eine kleine Mutprobe für Kids, dort durchzulaufen. Auf dem Kalvarienberg steht die Nikolaus-Kapelle. Von dort oben hat man einen tollen Blick über das kleine Bergdorf.

Gabriele Münter, Mitglied der „Der Blauen Reiter", lebte und malte bis zu ihrem Tod in Murnau.

Kraft tanken an den Sieben Quellen

Es geht wieder runter und weiter. Die Loisach fließt hier entlang und führt zurück ins Dorfzentrum. Gemein. Antonias Eis kommt immer näher, doch es heißt stark bleiben. Schnell über die Brücke und rechts in die Mühlstraße abbiegen. Das nächste Ziel sind die „Sieben Quellen", die in der angrenzenden Moorlandschaft zwischen Loisach und Estergebirge entspringen. Und so wandert man weiter, genießt den traumhaften Blick über die Almwiesen bis hin zur Zugspitze. Bei den Quellen lässt sich eine schöne Pause einlegen.

Aufregend an der Asamklamm

Nun geht's bergauf zur Asamklamm, über die eine schmale Stahlbrücke in schwindelerregender Höhe führt. Sehr aufregend und spannend, besonders für kleine Wandersleute. Ganz unten schlängelt sich die Eschenlaine durch den Fels. Nach der Brücke gibt es nochmal einen schönen Aussichtspunkt, der sich für ein weiteres Picknick eignet.

Danach geht es wieder zurück nach Eschenlohe, dieses Mal direkt auf die Eis-Hüttn zu. Nach zwei Stunden Wandern kann niemand mehr widerstehen. In Eisbechern kann man Sorten wie Milch, Schokolade, Mandel, Haselnuss, Vanille, Konfetti, Pistazie oder Apfel-Sorbet schlecken und genießen. Ein Traum!

Asamklamm

Ausklang mit Kultur

Doch es gibt auch noch Kultur. Kurz in den Zug nach München steigen und diesen gleich nach zehn Minuten wieder verlassen, um sich in Murnau die bunten Bilder von Gabriele Münter in ihrem früheren Haus anzuschauen.

Die Künstlerin, die mit Wassily Kandinsky eine Zeit lang zusammen malte und lebte, ließ sich sehr durch Kinderbilder und -zeichnungen inspirieren. Auch im Murnauer Schloss befindet sich eine Sammlung von ihr. Auf keinen Fall entgehen lassen! Und auch Murnaus schöne Altstadt lockt noch mit netten Eiscafés, bevor es nach München zurück geht.

Münter-Haus
Kottmüllerallee 6, 82418 Murnau am Staffelsee,
muenter-stiftung.de

Schloßmuseum Murnau
Schloßhof 2-5, 82418 Murnau,
schlossmuseum-murnau.de, Seite 73

Pasinger Stadtpark

Wiesen und Baumgruppen wechseln sich ab und verleihen dem relativ schmalen, grünen Schlauch am westlichen Rand von München viel Raum und Großzügigkeit. So wird der Pasinger Stadtpark auch als kleiner Bruder vom Englischen Garten bezeichnet. Dieser ist bei Jogger:innen, Fußball- und Fitnessfans sehr beliebt. Genauso auch bei Familien, die mit ihren Kindern zu den Spielplätzen unterwegs sind. Durch den eineinhalb Kilometer langen Grünstreifen fließt ganz gemütlich die Würm, die sich an manchen Stellen zu kleinen Seen aufstaut – für Kinder ein Planschparadies! Im Winter kann westlich des Hugo-Fey-Weges gerodelt werden. *Am Stadtpark, 81243 München-Pasing*

tipp

Rosengarten

Klein, ruhig und unauffällig schlummert der Rosengarten vor sich hin. Die kleine Oase ist ein echter Lieblingstipp: Hier kann man wunderbar der Hektik der Stadt entfliehen. Um zur großen Spielwiese zu gelangen, lasst ihr die Welt der Botanik – in Form der Themengärten der Baumschule Bischweiler – links liegen. Auf frei herumstehenden Stühlen kann man es sich bequem machen, Frisbee spielen, kicken, rennen und herumtoben. Für die etwas Kleineren ist vor allem der Wasserspielplatz sehr spannend. Er befindet sich am Rande der Wiese – mit Insel und Bachlauf. Bei sommerlichen Temperaturen perfekt zum Abkühlen und Planschen. *Sachsenstr. 2, 81543 München-Giesing, T: 62171442*

tipp

Schlosspark Nymphenburg

Imposant und märchenhaft breitet sich der Nymphenburger Schlosspark aus. Mit seinem Apollotempel, dem Vogelhaus von Cuvilliés, der Pagodenburg und der Badenburg sind unzählige Figuren und Kaskaden, Seen und Kanäle zauberhaft in die Parkanlage eingebettet. Im Jahr 1799 öffnete die Gartenkunstanlage ihre Tore für den König und seine Begleitungen. Knapp 230 Jahre später tummeln sich an sonnigen Tagen viele Menschen in dem 180 Hektar großem Park. Mit seiner reichen Flora bietet er ideale Lebensbedingungen für Tiere: wie Rehe, Hasen und Füchse. Aber natürlich auch Schmetterlinge und zahlreiche Vogelarten sind hier zu Hause. Weiter hinten bei der Badenburg beginnen die weiten Wiesenflächen. Am Haupteingang vor dem Schloss schießen riesige Wasserfontänen in den Himmel, hier nimmt der Nymphenburger Schlosskanal seinen Lauf. Tipp: Wenn ihr diesem aus dem Park heraus bis zur ersten Brücke folgt und rechts abbiegt, gelangt ihr zu einer der besten Eisdielen Münchens – dem Cremagelato. *Schloss Nymphenburg, 80638 München-Nymphenburg*

Südpark

Eigentlich ist er nicht wie ein Park angelegt, sondern vielmehr als Wald zu verstehen, durch den sich viele Wege und Pfade ziehen. Ein großer Spielplatz mit Seilbahn, Spinnennetz, Drehscheibe, Parcours-Anlage, Kletterwand, Tischtennisplatten und Basketball-Court sowie einem Trimm-Dich-Platz bieten Parkbesucher:innen eine vergnügliche Abwechslung. Nahe der Fußgänger:innenbrücke nach Fürstenried befindet sich etwas versteckt ein zweiter Spielplatz mit einem bunten Klettergerüst. Im Winter lockt ein kleiner Rodelhügel bei der Skateanlage. *Südpark Allee 200, 81379 München-Sendling, suedpart.de*

Themengärten der Baumschule Bischweiler

Direkt in den Isarauen von Untergiesing befindet sich die Städtische Baumschule Bischweiler mit fünf Themengärten. Da ist zunächst der Rosengarten, in dem die Stadtgärtner:innen seit 1955 unzählige Rosenarten hegen und pflegen. Im Duftgarten wachsen Vanilleblumen, Jasmin, Oleander, Duftgeranien oder Zitrusfrüchte. Im Giftpflanzengarten lernen Kinder, von welchen Pflanzen sie lieber die Finger lassen sollten. Im Tastgarten haben alle die Möglichkeit, mit Fingern und Händen zu sehen und die Pflanzen, Blätter und Blüten zu ertasten. Die botanischen Namen sind in Blindenschrift zu lesen. *Sachsenstr. 2, 81543 München-Giesing, T: 23360423, muenchen.de*

tipp

Westpark

Nicht nur historische Adelige haben großartige Parkanlagen erschaffen lassen, auch in der Gegenwart entstehen toll angelegte Landschaften – wie etwa der Westpark. 1983 öffnete dieser seine Tore im Zuge der internationalen Gartenbauausstellung. Er zieht sich vom Westend bis tief nach Sendling und inspiriert mit verschiedensten Gartenwelten. So gibt es chinesische und japanische Anlagen, eine nepalesische Pagode, einen thailändischen Tempel, Tallandschaften, Seen und lauter kleine Aussichtshügel. Dazu einen der angesagtesten Wasserspielplätze von München sowie Bolzplätze, Tischtennisplatten, Grillplätze und mit die längsten Rutschen der Stadt im hinteren Bereich beim kleinen Rosengarten – nicht zu verwechseln mit dem Rosengarten in den Isarauen! Nur ein paar Meter davon entfernt befindet sich ein Spielplatz mit Vogelnetz, das aus Hunderten Holzstücken besteht, in das man hinein klettern kann. Der Park wird durch den mittleren Ring in zwei Teile getrennt, die durch eine große Brücke nur für Fußgänger:innen miteinander verbunden sind. Und noch ein Highlight: die Bio-Pommes mit Rosmarin im Café „Gans am Wasser“ – eine wunderbare Einkehr mit Zirkuszelt und lustigen Holzinseln. *Am Westpark, 81377 München-Sendling*

Gärten

Ackerhelden

Man muss nicht unbedingt draußen auf dem Land leben, um sein eigenes Gemüse anzubauen, denn es gibt ja die Ackerhelden. Hier kann man bio-zertifizierte, mit verschiedenen Gemüsesorten bepflanzte Ackerstücke mieten. Zwischen Mitte Mai und Ende November wird dort frisches Biogemüse gesät, gepflanzt und geerntet – mit den eigenen Händen geackert. Eine tolle Idee, die sich zwei Jungs aus Essen vor knapp zehn Jahren ausgedacht haben. Mittlerweile gibt es die Ackerhelden und ihre Ackerflächen in ganz Deutschland – wie in Isamning im Münchner Norden. Dazu gibt es noch Bio-Saatgut, Hochbeete-Bausets und ein Gartenbuch. *ackerhelden.de*

EineWeltHaus-Gemeinschaftsgarten

Im Gemeinschaftsgarten im Hof des Kulturzentrums wachsen Kräuter, Beerensträucher und Blumenzwiebeln, die vor allem bei Wildbienen beliebt sind und damit die Nahrungsquellen für Insekten in der Stadt bereichern. Zwei Insektenhotels auf der Terrasse bieten den so wichtigen kleinen Bestäubern Unterschlupf. Eine kleine brummende und bunte Oase inmitten der Stadt. Wer mitmachen möchte, meldet sich bei Alida Gerlach vom EineWeltHaus. *Schwanthalerstr. 80 RGB, 80336 München-Ludwigsvorstadt, einewelthaus.de/das-haus/garten*

tipp Essbare Stadt

Die Initiative verfolgt die Idee, öffentliche Grünflächen zu schaffen, auf denen Stadtbewohner:innen ihre Kräuter oder ihr Gemüse selbst säen, anbauen und ernten können. Das grüne Gemeinschaftsprojekt befindet sich in München im Rosengarten – auf dem Gelände der Baumschule Bischweiler. Die Fläche stellt die Stadt zur Verfügung, der gemeinnützige Verein „Green City" koordiniert das Projekt, das besonders bei Familien sehr gefragt ist. Denn es macht nicht nur Spaß, sein eigenes Gemüse zu ernten – man lernt auch einiges dabei. Die Gärtner:innen erhalten die entsprechenden Einweisungen, eine Grundausstattung an Samen in Bingenheimer Qualität sowie regelmäßige Pflanztipps. *Anlage der Städtischen Baumschule Bischweiler in der Sachsenstr. 2-4, Eingang über Sachsenstr. 6, 81543 München-Untergiesing, greencity.de/essbare-stadt*

Gemeinschaftsgarten Grünstreifen

Beim Grünstreifen geht es nicht nur um Obst, Gemüse und Natur. Der urbane, ökologische Gemeinschaftsgarten im Bürgerpark von Oberföhring soll für alle ein Anlaufpunkt sein. Die Anwohner:innen werden dazu ermutigt, beim Gestalten ihres Viertels und einer offenen Gesellschaft zu partizipieren. Gemeinsames Gärtnern verbindet und fördert die Wertschätzung für Natur, das Verstehen von Naturzusammenhängen und ökologischer Lebensmittelproduktion. Neben grünen und nachhaltigen Themen spielen hier auch Kunst und Kultur eine große Rolle. Konzerte mit Musik aus aller Welt, mehrsprachige Lesungen und Kunstworkshops beispielsweise zu Upcycling oder Naturfarben stehen auf dem Programm. Der Grünstreifen ist offen für Kooperationen mit gleichgesinnten Initiativen. *Interkultureller Gemeinschaftsgarten Grünstreifen im Bürgerpark Oberföhring, 81925 München-Oberföhring, gruenstreifen.org*

tipp Giesinger Grünspitz

Der Giesinger Grünspitz muss noch lange nicht großen Baggern und Kränen weichen. Er bleibt eine grüne Oase mit Konzerten, Yoga, Hochbeeten und einem Kiosk – und das Alles auf einem Platz mit viel Kies und Kastanien, umringt von Straßen. Die 2.000 Quadratmeter große Insel in Giesing an der Tegernseer Landstraße nutzte früher ein Autohändler. Seit 2014 ist sie in öffentlicher Hand. Green City veranstaltet dort zusammen mit lokalen Akteur:innen und im Auftrag der Stadt ökologische und kulturelle Aktionen und Projekte wie den Gemeinschaftsgarten: 20 Hochbeete stehen hier zur Verfügung. Wer den Zuschlag erhält, verpflichtet sich, für die Dauer einer Gartensaison das Beet gegen einen geringen Unkostenbeitrag zu bestellen. Gießwasser und Werkzeuge gibt es vor Ort. Ein schöner entspannter Treffpunkt für alle, ob Gärtner:in oder nicht. *Tegernseer Landstr. 104, 81539 München-Giesing, T: 890668326, greencity.de, kioskamgruenspitz.com*

Kleingartenverband München e.V.

Die Städte werden immer grauer und lauter? Abhilfe kann da ein Kleingarten beziehungsweise Schrebergarten schaffen. Ein grüner, bunter und erholsamer Rückzugsort für die ganze Familie. Allein in München zählt der Kleingartenverband 11.000 Mitglieder:innen mit 8.700 Parzellen. Diese sind Teil der grünen Lunge der Stadt und sorgen so für die Reinigung und Verbesserung der Luft. Die Nachfrage der Münchner:innen nach einem solchen Stück Grün ist groß, die Wartezeit entsprechend lang. Aber nicht verzagen, man kann sich trotzdem anmelden und Glück haben. Und wer Pächter:in eines Kleingartens ist, kann an Kursen und Workshops teilnehmen. So kann sich die gesamte Familie dann zu erfahrenen Großstadt-Gärtner:innen entwickeln. *Siegenburgerstr. 58, 80686 München, T: 579539411, kleingartenverband-muenchen.de*

Krautgärten – Stadtgüter München

Die Krautgärten der Stadtgüter München bieten Gemüseparzellen in unterschiedlichen Größen an – 30, 60 oder 90 Quadratmeter stehen den urbanen Gartenfreund:innen zur Wahl. Das Gut Riem übernimmt dabei die Organisation. Gegen Zahlung eines Saisonbeitrages können Interessierte für eine Krautgartensaison (von Anfang Mai bis Mitte November) auf einem der acht Standorte selbst Bio-Gemüse anbauen, es pflegen und schließlich ernten. Am Ende der Saison werden die Parzellen wieder an das Gut Riem zurückgegeben, die es auf die kommende Saison vorbereiten. Die Krautgärten befinden sich in Riem, Gronsdorf, Daglfing, Trudering, Berg am Laim, Perlach, Hohenbrunn und Aschheim. *Gut Riem, Isarlandstr. 1, 81829 München, stadt.muenchen.de*

o'pflanzt is! – Gemeinschaftsgarten

Hier geht es wirklich um Garten und Gemeinschaft. So gibt es bei „o'pflanzt is!" keine individuellen Beete. Die wesentlichen Dinge rund ums Gärtnern, Pflanzen und Ernten werden gemeinsam entschieden. In den 30 Hochbeeten und diversen Pflanzbehältern wird ökologisch geackert, möglichst mit samenfesten Sorten und im Sinne der Philosophie von Permakultur. Gelegentlich finden Workshops und Kräuterführungen statt. Die Beschäftigung mit Pflanzen, das Säen und Ernten, das Wühlen in der Erde und die Freude an natürlichem Wachstum sind Ausdruck elementarer Grundbedürfnisse. *Willi Gebhardt Ufer 32, 80809 München-Neuhausen, o-pflanzt-is.de*

SoLaWi Auergarden

In der Hallertau im Landkreis Freising wird nach ökologischen Grundsätzen frisches und regionales Gemüse und Obst angebaut. Wer Mitglied des Soldarischen Landwirtschafts-Vereins wird, bekommt einmal wöchentlich einen Ernteanteil. In München gibt es derzeit zwei Ausgabestellen. Ihr könnt aber auch direkt am Hof vorbeikommen, der an den öffentlichen Helfer:innentagen ebenfalls für Nichtmitglieder offensteht. *Haslach, 84072 Au in der Hallertau, auergarden.de*

Westend Garten

Seit März 2022 findet sich auf einer Brache gegenüber der Ganghoferstraße 70 im Westend unter Federführung von Green City der Gemeinschaftsgarten mit Hochbeeten für Anwohner:innen.Für die Saison 2024 könnt ihr euch Anfang des Jahres anmelden. Wer einen Zuschlag erhält, verpflichtet sich, während der Gartensaison das Beet zu bestellen und sich an den gemeinschaftlichen Aufgaben zu beteiligen. *Ganghoferst., 80339 München-Schwanthalerhöhe, greencity.de*

Tierparks, Zoos und Aquarien

tipp

Bergtierpark Blindham

Im bayerischen Voralpenland, etwa 30 Kilometer von München entfernt, erwartet euch eine tolle Mischung aus Natur, Tier und Spiel. Im Tierpark könnt ihr heimische Wildtiere und seltene Nutztierarten beobachten. Auf 25 Hektar Wald und Wiese leben Mufflons, Damwild und Wildschweine in großzügigen Gehegen. Der alte Bauernhof ist ein tolles Familienausflugsziel mit Spielplätzen zum Buddeln, Klettern und Rutschen – ganzjährig und täglich geöffnet! Wenn es regnet, geht es ins Indoor-Vergnügen im dazugehörigen SpielStadl. *Blindham 3, 85653 Aying, T: 08063-207638, bergtierpark.de*

Greifvogelpark Menter

Hier rauschen Adler, Eulen und Geier im Greifvogelpark Menter durch die Lüfte. Diese Flugkünstler könnt ihr dort live und direkt erleben. Doch nicht nur das: Der Park möchte seinen kleinen und großen Besucher:innen die Faszination dieser edlen Tiere näher bringen und verdeutlichen, wie wichtig der Erhalt des Lebensraumes für alle ist. Denn viele Greifvogelarten sind vom Aussterben bedroht und brauchen mehr ungestörte Rückzugsgebiete. Der Greifvogelpark hat an Wochenenden und Feiertagen geöffnet. *Rieblinger Str. 2, 89356 Konzenberg, T: 08222-42824, greifenzucht.de*

SEA LIFE

Hier dreht sich alles um Wasser und wer darin so alles lebt: Das Sea Life nimmt seine Besucher:innen mit auf eine feuchtfröhliche Reise durch Isar, Donau bis hin ins Schwarze Meer und zum Mittelmeer. Während einer kommentierten Fütterung erfahrt ihr, ob Seegurken wirklich Tiere sind und warum Hummer aus der Haut fahren. Es gibt sogar ein Berührungsbecken, in das ihr zusammen mit Sea Life-Mitarbeiter:innen abtauchen könnt. Insgesamt tummeln sich in den großen Aquarien auch über 20 verschiedene Hai-Arten – so viele wie sonst nirgendwo in Deutschland. *Willi-Daume-Platz 1, 80809 München-Milbertshofen, visitsealife.com*

tipp

Tierpark Hellabrunn

In den Isarauen bei Thalkirchen versteckt sich ein tierisches Paradies – der Tierpark Hellabrunn. Zwischen in den Himmel ragenden Bäumen und Wasseradern hört ihr die exotischen Schreie und Rufe von Affen, Bären, Seehunden, Papageien oder großen Raubkatzen wie Tigern

SPORT FÜR KLEINES GELD

UEFA EM 2024
14.06.-14.07.2024, uefa.com/euro2024

EHF EM 2024
10.-28.02.2024, ehfeuro.eurohandball.com

buntkicktgut
buntkicktgut.org

Sport verbindet! Münchens Bewegungsangebote und Sportevents bringen Menschen auf Trab, unabhängig von Alter, Einkommen, Herkunft oder Handicaps.

Das Jahr bringt einige sportliche Großereignisse in die Stadt: 2024 steht nicht nur im Zeichen der Männerfußball-Europameisterschaft, die hierzulande und mit sechs Partien, darunter das Eröffnungsspiel am 14. Juni, in München ausgetragen werden. Auch die Vorrunde der Handball-EM der Männer wird im Januar in der Olympiahalle zu Gast sein.

Aber München hält noch viele weitere sportliche Highlights parat, für die nicht tief in die Tasche gegriffen werden muss. Beim kostenlosen Münchner Sportfestival und Outdoorfestival stellen Vereine mit zahlreichen Mit-

Münchner Sportfestivals

Münchner Sportfestival
07.07.2024, Königsplatz
Münchner Outdoorsportfestival
September 2024, Olympiapark
muenchner-sportfestivals.de

Mädchen an den Ball

maedchen-an-den-ball.de

FreizeitSport

„Fit im Park“, „MUCkis für alle“,
Feriensport, Spielaktionen,
Open Sports für Kinder und Teens:
sport-muenchen.de

Kurt-Landauer-Platz

Dachsportplatz auf dem Bellevue
di Monaco, Seite 85

Münchner Ferienpass

muenchen.de/ferienpass

machangeboten und Shows die unterschiedlichsten Sportarten vor – ein großer Spaß für die ganze Familie! Umsonst und draußen finden „Fit im Park“ und „MUCkis für alle“ sommers wie winters in allen Stadtteilen statt – das Programm reicht dabei von Bewegung für Kleinkinder bis zu Senior:innensport.

Generell ist das Münchner Sportreferat ziemlich aktiv, kleine wie große Städter:innen mit kostenlosen und kostengünstigen Bewegungsangeboten zu versorgen – alle Infos findet ihr auf der Website sport-muenchen.de. In der Stadt tummeln sich einige großartige Akteur:innen, die sich um Fitness, Fun und Fair Play kümmern: Die interkulturelle Straßenfußball-Liga buntkicktgut hat gerade ihr 25-jähriges Jubiläum gefeiert. Über sie könnt ihr euch auch kostenlos für den Dachbolzplatz auf dem Bellevue di Monaco anmelden. Die inklusive Initiative „Mädchen an den Ball“ ist noch etwas neuer in München, bringt aber inwischen Kicker:innen von sechs bis 16 Jahren for free stadtweit auf den Bolzplätzen zusammen.

Unverzichtbar ist der Münchner Ferienpass, der Kindern u.a. die ganzen Pfingst- und Sommerferien über freien Eintritt in die Sommerbäder der Stadt verschafft und viele weitere Vergünstigungen bereithält.

und Löwen. Und so wirkt Hellabrunn wie ein Wald voller Tiere. Ihr seid mittendrin, wenn die Eisbären durch ihr Becken tauchen, die Elefanten in ihrer prachtvollen Villa herumtollen und die Giraffen durchs Gehege rennen. Dazu gibt es für Kinder tolle Spielplätze mit Hängebrücken, Rutschen und Schaukeln. Im recht neuen Mühlendorf befindet sich die Geozone Europa, die die heimische Biodiversität vor Augen führt. Die Besucher:innen erleben hier ursprüngliche und vom Aussterben bedrohte Haustierrassen. Anhand von Spiel- und Lernstationen könnt ihr die Entwicklung vom Wild- zum Haustier nachvollziehen. *Tierparkstr. 30, 81543 München-Thalkirchen, T: 625080, tierpark-hellabrunn.de*

Vogelpark Olching

In den wunderschönen Auenlandschaften der Amper in Olching ist einiges los. Es singt, es kräht, es kreischt und tiriliert. Könnte eine pompöse Vogelhochzeit sein? Auf einem Areal von über 20.000 Quadratmetern befindet sich hier der Vogelpark Olching. In Volieren, Weiheranlagen und Freigehegen lassen sich etwa 600 Vögel beziehungsweise 150 verschiedene Vogelarten aus allen Erdteilen entdecken und erleben. So herrscht in der relativ kleinen Gemeinde, die nur gut 20 Kilometer von München entfernt liegt, ein unglaublich buntes Treiben, bei dem vor allem Kinder, aber auch Erwachsene nicht mehr aus dem Staunen herauskommen. Tigerfinken, Kraniche, Störche, Rosapelikane, Nandus sowie Papageien sind ein toller Anblick. Wer etwas tiefer und genauer in diese wundervolle Vogelwelt eintauchen und mehr über sie erfahren möchte, kann eine Gruppen- oder Einzelführung buchen. *Toni-März-Str. 1, 82140 Olching, T: 0160-98024150, vogelpark-olching.de*

tipp

Wildpark Poing

Der Wildpark Poing beherbergt nicht nur wilde Tiere. Er lockt auch scharenweise Kinder an, die wild herumtoben und vor Freude kreischen, wenn sie beispielsweise durch eine der vier Röhrenrutschen auf dem Abenteuerspielplatz sausen. Das Westernfort mit Postkutsche, zahlreiche Kletterparcours und ein Dino-Wasserspielplatz sorgen ebenso für viel Spaß und Abenteuer. Relativ gemütlich geht es dann auf dem vier Kilometer langen Wald- und Wiesenwanderweg zu, dort könnt ihr heimische Tiere in ihrer natürlichen Umgebung beobachten. In einem sehr weitläufigen Waldareal bewegen sich Damhirsche und Mufflons, Schafe, Ponys und Ziegen, Luchse und Wölfe sowie eine Braunbär-Familie. Fischbecken und Vogelvolieren gibt es ebenfalls. *Wildparkstr. 32, 85586 Poing, T: 08121-80617, wildpark-poing.de*

Zoo Augsburg

Der Spielplatz mit Gehege für Haustierrassen im Augsburger Zoo ist bei Kids angesagt. Dort begegnet man Dahomé-Rindern, Zwergponys, Eseln, Ziegen, Kaninchen und Meerschweinchen. Etwas mehr auf Distanz, aber nicht weniger eindrucksvoll ist das Aufeinandertreffen mit Elefanten, Löwen, Bären, Nashörnern, Zebras und Tigern. Dabei gibt es Angebote für Schulen und Kindergärten. Bei „Zoo intensiv" habt ihr die Möglichkeit in Begleitung von Tierpflegepersonal hinter die Kulissen zu blicken und die Futterküche oder Stallungen zu besichtigen. Ein weiteres Highlight: Das Zoo-Bähnle nimmt Kinder mit auf eine Rundfahrt durch den Zoo. *Brehmplatz 1, 86161 Augsburg, T: 0821-5671490, zoo-augsburg.de*

Naturpädagogik

Echo e.V. – Grünwerkstatt

Reparaturcafé, Malatelier und Töpferei – das Echo in Riem ist ein sehr vielseitiger Ort der Begegnung und des Austausches. Das Thema Nachhaltigkeit spielt hier eine große Rolle. In der Grünwerkstatt laufen das ganze Jahr über Workshops für Kinder, Jugendliche und Erwachsene zu den Themen Ökologie und Naturschutz. Der gemeinnützige Verein betreibt auch die Naturstation Schafflerhof, auf dem Kinder naturnahe Ferienprogramme erleben können. *Helsinkistr. 57, 81829 München-Riem, T: 94304845; Lindhof 8, 85305 Jetzendorf, echoev.de*

tipp

Gartencenter Seebauer

Die Pflanzzeit ist hier im Gartencenter Seebauer die schönste Saison des Jahres. Nicht nur auf Erwachsene wartet eine riesige Auswahl an Blumen und Pflanzen auch Kinder können hier zu kleinen Gärtner:innen werden: Denn es gibt einen Kinderpflanztisch im Freigelände. Dazu laufen Workshops, die den Kids erste gärtnerische Erfahrungen vermitteln. Und ein jährlicher Kinder-Pflanzwettbewerb, bei dem die Kleinen mitmachen und ihre Fertigkeiten als Gärtner:innen zeigen können. Wer eine kleine Pause braucht, macht einen Abstecher in den Spielbereich oder ins Café. *Ottobrunner Str. 61, 81737 München-Ramersdorf-Perlach, T: 6800900, seebauer.de*

tipp

HeideHaus

Am nördlichen Rand von München erstreckt sich eine ganz besondere Landschaft mit Kiefern, Schafweiden und Kiesgruben – die Fröttmaninger Heide. Früher ratterten Panzer durch das Übungsgelände der Bundeswehr. So nennen Münchner:innen das 347 Hektar große Areal auch „Panzerwiese". Von den rollenden Monstern ist weit und breit nichts mehr zu sehen. Stattdessen laufen Familien über den Heidepfad, der die Naturschutzgebiete Echinger Lohe, Garchinger Heide und Mallertshofer Holz verbindet. Entlang des Rundwegs gibt es 20 Informationsstationen zur Heidelandschaft. Das Informations- und Umweltbildungszentrum HeideHaus bietet Naturführungen, Workshops und Kindergeburtstage in der Natur an. *Admiralbogen 77, 80939 München-Freimann, T: 46223273, heideflaechenverein.de*

INSEL – Inklusive Natur-, Sport- und Erlebnislandschaft

Inseln sind nicht immer von Wasser umgeben, wie diese hier in München. Bäume, Wiesen und Bachläufe umgeben sie und machen sie zu einer Oase in den Isarauen des Englischen Gartens: INSEL steht dabei für inklusive Natur- und Sporterlebnisse der Stiftung Pfennigparade. Ein Ort mit biologischer Vielfalt und ein Treffpunkt für ein buntes, barrierefreies Miteinander für Menschen mit und ohne Behinderungen. Outdoor-Kochen, Lagerfeuer-Catering, Permakultur, Schnitzen und Kreativarbeiten sowie Modellfloßbau aus Naturmaterialien stehen auf dem INSEL-Programm. *Mittlere-Isar-Str. 11, 81925 München, T: 83934000, pfennigparade.de*

tipp

Nationalparkzentrum Lusen

Er zählt zu einem der spannendsten Ökosysteme in ganz Deutschland, denn hier spielt wirklich die Natur die Hauptrolle – der Bayerische Wald vor den Toren Münchens. Das macht sich besonders in und um das Nationalparkzentrum Lusen bemerkbar. Braunbären und Wölfe leben hier in einem Freigelände und ein Baumwipfelpfad lässt euch weit über die Kronen uralter Buchen und Tannen wandeln. Im Hans-Eisenmann-Haus lädt die interaktive Dauerausstellung „Wege in die Natur – eine Geschichte von Wald und Menschen" zum Entdecken und Erkunden ein. *Böhmstr. 35, 94556 Neuschönau, T: 08558-96150, nationalpark-bayerischer-wald.de*

NaturFreunde

Natur pur – so lautet das Motto der NaturFreunde. Wandern, Klettern, Mountainbiken und Wintersport sind hier angesagt. Neben wöchentlichen Klettertreffs oder gemeinsamen Bergwanderungen könnt ihr hier auch eine Canyoning-Ausbildung absolvieren. Wer gerne ins Museum oder ins Theater geht, findet im Kulturprogramm des gemeinnützigen Vereins ebenso interessante Angebote. Alle Aktivitäten werden umweltbewusst und nachhaltig durchgeführt. *Zentralländstr. 16, 81379 München-Thalkirchen, T: 2015777, naturfreunde-bezirk-muenchen.de*

Naturindianer

Stadtkinder können hier in die Natur tauchen und sie kennenlernen. „Bei uns gestalten die jungen Teilnehmer:innen das Programm größtenteils selbst und übernehmen Verantwortung. Sie gewinnen ein ganz neues Bewusstsein – zu sich selbst und der Außenwelt", sagt Oliver Fritsch. Er hat die „Naturindianer" vor zwölf Jahren gegründet. Die Projekte draußen in der Natur kommen bei Kindern und Jugendlichen gut an. Verständlich: Feuer machen, Werkzeuge bauen, Fische fangen, schnitzen, den Wald entdecken. Dass der Projektname nicht mehr angebracht ist, ist dem Team selbst bewusst, daher steht Ende 2023 die Umbenennung an. *Balanstr. 104, 81539 München-Obergiesing, T: 67971508, naturindianer.de*

tipp Ökologisches Bildungszentrum München (ÖBZ)

An diesem Ort hier kommt keine Langeweile auf. Auch wenn sich Bildungszentrum nicht gerade spannend anhört. Doch Natur und Umwelt können hier seit mehr als 20 Jahren tatkräftig in Form von spannenden Workshops, Ferienprogrammen und coolen Projekten entdeckt werden. Themenreihen wie „Was unsere Erde hergibt" oder der „Tag der offenen Gartentür" ermöglichen Kindern und Jugendlichen tiefe Einblicke in unser urbanes Ökosystem. Einer unserer liebsten Geburtstagstipps – auf dem weitläufigen Gelände lässt sich vielfältig feiern. Ganz in der Nähe befindet sich auch die Lernstation Streuobstwiese. *Englschalkinger Str. 166, 81927 München-Bogenhausen, T: 93948960, oebz.de*

Ökoprojekt MobilSpiel

In der Großstadt ist die Natur oft sehr fern, wird von grauen Betonburgen und Asphaltstreifen verdrängt und bedeckt. Trotzdem kann man die Natur mit ihren Tieren und Pflanzen live und direkt entdecken. Das Ökoprojekt MobilSpiel macht es möglich: Der gemeinnützige Verein veranstaltet für Kinder und Familien Workshops und Spaziergänge zu den verschiedenen Jahreszeiten oder auch kleine Wanderungen durch die Nacht – mit einer spektakulären Betrachtung von Mond und Sternen. Offene Spielaktionen in der Natur sorgen für jede Menge Abwechslung. *Welserstr. 23, 81373 München-Sendling, T: 7696025, oekoprojekt-mobilspiel.de*

Umweltgarten Neubiberg

Um einen Streichelzoo geht es hier nicht. Die Schafe, Ziegen, Ponys, Kaninchen, Hühner, Gänse und Enten können zwar auch gestreichelt werden. Doch sie sind keine Kuscheltiere, sondern leben hier in friedlicher Gemeinschaft. Auch ein großes Bienenhaus gehört dazu. Das gesamte Gelände des Umweltgartens ist frei zugänglich. Die artgerechte Haltung der Tiere steht klar im Vordergrund und soll ein entsprechendes Bewusstsein bei den Besucher:innen schaffen und fördern. Auch die zahlreichen Beete, Wiesen und Gärten dienen dazu, die ökologischen Zusammenhänge und die Vielfalt von Flora und Fauna greifbarer zu machen. Führungen und Veranstaltungen finden regelmäßig statt. *Kameterstr. 6, 85579 Neubiberg, T: 60600926, umweltgartenverein.de*

Walderlebnispfad Hohensauschütt

Ab in den Wald! Und dafür eignet sich der Walderlebnispfad mit großem Waldspielpatz einfach bestens – knapp 40 Kilometer von München entfernt, im Ebersberger Forst gelegen. Mit rund 9.000 Hektar ist es das größte zusammenhängende Waldgebiet in der Region. Im Wald könnt ihr an Schaugattern Rot-, Dam- und Schwarzwild beobachten und sie in ihrem natürlichen Lebensraum erleben. Dazu könnt ihr euch an lehrreichen Spielstationen entlang des Walderlebnispfades ausprobieren. Für den Rundweg, der Kinderwagen und Laufrad-tauglich ist, braucht man etwa zwei Stunden. An der ehemaligen Forstdienststelle Hohenlinder Sauschütt befindet sich ein schöner Waldspielplatz mit Waldgaststätte und Biergarten. *Hohenlindener Sauschütt, 85664 Ebersberger Forst*

Walderlebniszentrum Grünwald

Direkt in die Natur eintauchen. Das könnt ihr das ganze Jahr über im Walderlebniszentrum Grünwald Sauschütt. Das Motto lautet: In der Natur und von der Natur lernen! Auf dem Erlebnispfad, bei Kursen und in Ausstellungen könnt ihr Wildkräuter probieren, Pflanzen untersuchen und die Tierwelt im Wald erkunden. Die Fütterung der struppigen Wildschweine ist immer ein großes Spektakel im Wald von Grünwald. *Sauschütt, 82031 Grünwald, T: 6492099, walderlebniszentrum-gruenwald.de*

tipp Walderlebniszentrum Ziegelwies

Gut 1,5 Stunden mit dem Auto entfernt, zwischen Bayern und Tirol gelegen, befindet sich das Walderlebniszentrum. Doch die Reise lohnt sich. Der Wald lässt sich dort in seiner ganzen Vielfalt entdecken. Führungen, individuelle Walderlebnisse und Kindergeburtstage in der Natur werden rund um das Walderlebniszentrum umweltfreundlich zelebriert. Highlights sind die beiden Erlebnispfade: der Auwaldpfad und der Bergwaldpfad. Macht mit, balanciert über Baumstämme, saust durch Waldrutschen oder testet eure Fähigkeiten im Kletterparcours aus. Zum Durchschnaufen bietet sich die „Oase im Bergwald" an – ein Waldimbiss. *Tiroler Str. 10, 87629 Füssen, T: 08341-90022150, walderlebniszentrum.eu*

Weltwald Freising

tipp

Eine kleine Weltreise könnt ihr im Weltwald bei Freising erleben. Nordamerika, Asien und Europa liegen euch hier zu Füßen. Eine gute halbe Stunde von München entfernt, auf einer Fläche von 100 Hektar befindet sich im Kranzberger Forst eine Sammlung von Bäumen aus allen Teilen der Erde. Tulpenbäume, Libanon-Zedern oder Japanische Schirmtannen sind hier zu Hause. Seit den ersten Pflanzungen 1987 sind heute bereits über 300 Baum- und Straucharten vertreten. Und es geht fleißig weiter – über 600 Arten sollen es einmal werden. Ausgiebiges Spielen ist auf dem Spielplatz bei der St. Clemens-Waldkirche angesagt. QR-Codes auf Schautafeln versorgen euch zusätzlich mit spannenden Informationen. *85354 Freising, weltwald.de*

Wildlife Kids

Raus aus der Stadt! Und rein in die Natur! Das hat sich Wildlife Kids zur Aufgabe gemacht. Mit einem äußerst guten Hintergedanken. Denn: Nachhaltiges Denken entsteht, wenn Bewusstsein für die Verbundenheit mit der Natur geschaffen wird und jede:r lernt, welche Konsequenzen unser Handeln hat. So lautet die Philosophie der Wildlife Kids. All diese Werte werden in Form von spannenden Spielen, Geschichten und durch die Erkundung der Natur vermittelt. Wer möchte, kann auch seinen:ihren Geburtstag bei oder mit den Wildlife Kids an einem Lieblingsort in der Natur feiern. Auch ein Tipi-Geburtstag mit großem Zelt und Lagerfeuer ist möglich. *T: 69397849, wildlife-kids.de*

WIR – Kinder der Erde

Die wilde Natur beziehungsweise Wildnis wird oft als bedrohlich dargestellt. Doch das ist sie eigentlich gar nicht. Im Gegenteil: Wir sollten uns mit ihr anfreunden und verbünden, um sie zu verstehen. Wie bei WIR! Bei diesem Projekt geht es um die Vermittlung von Wildniswissen. Dieses basiert auf den Lehren der Naturvölker Nordamerikas und integriert verschiedene Aspekte, die in der Wildnispädagogik bei „WIR – Kinder der Erde" vollumfänglich behandelt werden. Feuer machen, Kräuter finden und essen, daraus Medizin bereiten und andere Überlebenstechniken stehen auf dem Programm. Ihr könnt eure eigenen kleinen Biwaks bauen, Werkzeuge herstellen und Wasser aufbereiten, euch tarnen und durch die Wildnis schleichen. Das von Tom Brown jr. entwickelte Wildniswissen wurde hier dem mitteleuropäischen Lebensraum angepasst. So lernen alle Teilnehmer:innen die heimische Fauna und Flora kennen, um sie nachhaltig zu schützen. *Brunnenstr. 19, 86938 Schondorf, T: 0179-4703740, kinder-der-erde.de*

Kinderbauernhöfe

Blaslhof

tipp

Ein schöner Bauernhof mit großem Spielplatz, Pferden und einer Märchenbühne – der Blaslhof lässt jedes Kinderherz höher schlagen. Besonders dann, wenn der echte Bauer Sepp sich selber spielt und mit selbst gemachten Handpuppen eine seiner spannenden Kinderbuch-Geschichten aufführt. Ein Drache, ein Esel, eine Seeprinzessin, das Christkind und der Bauer Sepp huschen dann über die Bühne. „Ich habe viele Kinderbücher mit spannenden, lustigen und abenteuerlichen Geschichten geschrieben", erzählt Josef Taffertshofer, so sein vollständiger Name. „Einen Großteil dieser Geschichten habe ich dann für meine Märchenbühne in Theaterstücke umgeschrieben." Neben der bunten Fantasiewelt auf der Bühne gibt es Ponys, auf denen junge Besucher:innen eine Runde durch den Wald drehen können. *Kalkofen 10, 82449 Schöffau, T: 08846-9215417, blaslhof.de*

Die Kuh macht muu...

Wie heißt es so schön bei der Sesamstraße: „Wer nicht fragt, bleibt dumm." Doch hier wird sehr viel gefragt – und vor allem darauf geantwortet. Woher kommt eigentlich die Milch? Was fressen Schweine? Wie sieht Weizen aus? Antworten gibt der Laubharthof in Taufkirchen. Denn dort werden Kinder auf eine spannende Entdeckungsreise mitgenommen, die viele Frage beantwortet. Hedwig Laubhart ist zertifizierte Erlebnisbäuerin und hat das Projekt „Die Kuh macht muu..." ins Leben gerufen. Dabei können Kinder und Familien lernen und erleben, wie es auf einem Bauernhof zugeht. *Tegernseer Landstr. 80, 82024 Taufkirchen, T: 6121141, die-kuh-macht-muu.de*

Gut Aiderbichl

tipp

Tiere möchten ein schönes und friedliches Zuhause haben. Auch dann, wenn sie schon alt und krank sind. Ein Zuhause, in dem sie sich wohlfühlen, umsorgt und gepflegt werden – wie beim Gut Aiderbichl. Esel, Pferde, Schweine, Ziegen, Katzen und noch viele Vierbeiner mehr finden dort ein schönes Zuhause. Denn dieser Tierhof ist ein sogenannter Gnadenhof oder Zufluchtsort – und zwar für Tiere, die aus Notsituationen befreit und gerettet wurden. Unter anderem werden verwahrloste, verwaiste oder vor der Schlachtung stehende Tiere aufgekauft. Im Gut Aiderbichl können sie dann mit Seeblick ihren Lebensabend genießen und werden von den Besucher:innen geherzt und gestreichelt. In Deggendorf gibt es einen zweiten Begegnungshof. *Osterseehof 1, 82393 Iffeldorf, T: 09901-903298, gut-aiderbichl.com*

AUSFLUGS-
TIPP

ACTION IN DEN AMMERGAUER ALPEN

Naturpark Ammergauer Alpen
naturpark-ammergauer-alpen.de

Sommerrodelbahn Alpine Coaster
Start an der Kolbensattelhütte
Kreislainenweg, 82487 Oberammergau
kolbensattel.de/alpine-coaster

Ob ihr die Bergwelt gemeinsam mit Ranger:innen oder auf eigenen Pfaden erkunden, Action auf dem Fahrradsattel oder der Sommerrodelbahn erleben, im Moor waten oder eine Boulderwand erklimmen möchtet – ein Ausflug nach Oberammergau ermöglicht all dies und noch viel mehr.

Reptilienhaus

Spannender Abstecher zu giftigen Fröschen, Spinnen, Schlangen, Chamäleon und Co.: das Reptilienhaus in Oberammergau.

Eigentlich sind die Ammergauer Alpen zwischen Murnau und Garmisch-Partenkirchen ein sehr ruhiger und verträumter Flecken Erde. Bäche plätschern hier, Kuhglocken sind zu hören und Almwiesen ziehen sich geschmeidig durchs Tal. Es geht allerdings auch ganz anders – und zwar mit viel Action.

Rasant am Kolbensattel

Am Bikepark in Oberammergau sorgt der Fichtenschreck-Trail für Adrenalinschübe auf zwei Rädern. Er führt etwas mehr als einen Kilometer durch steilstes Gelände, ist aber wirklich nur etwas für echte Cracks. Fünf weitere Strecken wie der Flow-Trail oder der Rookie-Parcours sind auch für Anfänger:innen geeignet. Biker:innen werden per Schlepplift mit „Easy-Loop-System" zum Startpunkt gezogen. Wer möchte, kann auch eine:n Coach:in buchen.

Rasant und schnell geht es auch beim „Alpine Coaster" zur Sache – der Sommerrodelbahn mit 2.600 Meter Länge, Höchstgeschwindigkeiten von bis zu 40 Stundenkilometern und 400 Meter Höhendifferenz. Von der Hütte am Kolbensattel aus schlängeln sich die orangenen Flitzer über Schienen ins Tal. Ein wilder Ritt mit 73 Kurven, neun Jumps und sieben Wellen. Durch das Magnetbremssystem mit beidseitig angebrachten Bremshebeln, ist die Bahn besonders sicher. Kinder ab drei Jahren dürfen bei Erwachsenen mitfahren. Ab acht Jahren und einer Körpergröße von 1,40 Meter kann der Nachwuchs dann auch alleine Gas geben.

Matschen, Planschen, Barfußlaufen

Weiter geht's zum Soier See. Ein wunderschönes, kleines und feines Gewässer zum Baden, Planschen und Treten – im Moortretbecken am Nordufer. Da steht dem Nachwuchs dann die schwarze Matsche bis zum Bauchnabel. Ein herrliches, aber auch bisschen gruseliges Vergnügen. Ein kurzes Bad im See entfernt den Moorschlamm. Rundherum verläuft ein Naturlehrpfad mit Kletterelementen, Info-Tafeln und kleinen Mutproben.

Wirtshaus mit Boulderhalle

Und selbst bei Regen gibt es in den Ammergauer Alpen keine Verschnaufpause. Denn im Ammertaler Hof in Wurmansau wird nicht nur getrunken und gegessen, sondern auch noch geklettert. Im Dachgeschoss des Wirtshauses befindet sich eine Boulderhalle.

Der „Ammerrock“ ist bis zu sechs Meter hoch und hat 35 Routen in allen Schwierigkeitsgraden. Es gibt zudem noch einen Cardio-Bereich. Klettern in der Gruppe unter fachkundiger Anleitung wird ebenso wie Kinderklettern ab drei Jahren angeboten. Auch Kindergeburtstage und therapeutisches Klettern stehen auf dem Programm des hochalpinen Wirtshauses. Wer noch etwas mehr in die Natur eintauchen möchte, kann eine Ranger:innentour durch die Ammergauer Alpen machen – die Anmeldung ist kostenlos! Dabei kann man mehr über das geheime Leben des Bergwaldes, Moorleichen und Giftschlangen sowie die wilde Ammer erfahren – der Naturpark hat so einiges an natürlicher Action zu bieten!

Alpine Coaster am Kolbensattel

Reptilienhaus
Lüftlmalereck 5, 82487 Oberammergau, reptilien-haus.de

Bikepark
Kreislainenweg, 82487 Oberammergau
bikepark-oberammergau.de

Ammertaler Hof und Ammerrock
Alte Römerstr. 10, 82442 Wurmansau, ammerrock.de

WINTERSPASS

Wenn der Berg ruft, dann sind Familien mit wintersportbegeistertem Nachwuchs froh über günstigere Wege in den Schnee.

Wintersport-Kombitickets
bahnland-bayern.de

Eislaufbahnen
Eislaufen ab Seite 184

Freigabe der Eisflächen
Städtische Gewässer: Grünanlagenaufsicht, T: 23327656; Nymphenburger Kanal: Schlossverwaltung, T: 179080, Gewässer im Englischen Garten: Parkverwaltung, T: 38666390

Die Nähe zu den Bergen ist einer der unbestreitbaren Vorteile Münchens und dank der Kombitickets der Bahn erreicht man die Münchner Hausberge Zugspitze, Spitzing, Brauneck oder Sudelfeld umweltfreundlich ohne Auto. Aber auch in etwas weiter entfernte Wintersportgebiete kommt man relativ preisgünstig mit der Bahn. Viele Wintersportorte gewähren bei Vorlage von Bahnfahrkarten Rabatte auf die Skitickets. Es muss ja aber nicht immer die Zugspitze sein, vor allem mit kleineren Kindern ist man auch gut in

Blomberg
Am Blomberg 2, 83646 Bad Tölz, der-blomberg.de

Sportjugendherberge
Am Sportpark 4,
83646 Bad Tölz,
jugendherberge.de/bayern

Designjugendherberge Berchtesgarden
Struberberg 6,
83483 Bischofswiesen
jugendherberge.de/bayern

Rodelhänge in München
Olympiapark, Seite 137; Luitpoldpark, Seite 136; weitere unter muenchenmitkind.de

einem überschaubaren Winterparadies wie am Blomberg bei Bad Tölz aufgehoben. Apropos, in der oberbayerischen Kreisstadt befindet sich die erste Sportjugendherberge Bayerns mit Speedsoccer-Arena, großem Bewegungsraum, Tischtennis und mehr. Dort kann man als Familie sogar einen sportlichen Jahreswechsel mit zahlreichen Schneeabenteuern am Blomberg und Brauneck erleben.

Generell gilt, dass die bayerischen Jugendherbergen auch im Winter günstige Sporturlaube im Angebot haben und auch auf alleinreisende Eltern mit Kindern eingerichtet sind. Die Berchtesgardener Jugendherberge verfügt nicht nur über eine prima Lage am Fuße des Watzmanns, sondern ist zudem ziemlich schick eingerichtet. Doch wenn es friert und Schnee in München fällt, gibt es auch hier einige Winterfreuden zu erleben.

Die rund 90 Rodelhügel in den Grünanlagen der Stadt kann man schließlich genauso kostenlos runtersausen wie auf den gespurten Loipen durch den Westpark oder die Isarauen Langlauf fahren. Wenn die Gewässer freigegeben sind, macht dort das Schlittschuhlaufen oder Eisstockschießen einen Riesenspaß. Sicher und bezahlbar sorgen die Eislaufbahnen der Stadt für winterliches Vergnügen.

Kinder- und Jugendfarm Neuaubing

Die Zielgruppe der pädagogischen Arbeit auf dem etwa 15.000 Quadratmeter großen Farmgelände am äußersten Rande der Großstadt sind Kinder und Jugendliche im Alter von sechs bis 17 Jahren. Auch zum freien Spielen, Toben, Ausprobieren und Kindsein bieten Spielplatz, große Wiese, Feuerstellen, Teich, Obst- und Gemüsegarten viel Raum und Abwechslung. Außerdem laufen Ponys, Schafe, Ziegen, Minischafe, Schweine, Hasen und Katzen. munter und lustig herum. Kleinere Kinder unter sechs Jahren und Erwachsene können die Farm außerhalb der Schulferien dienstags, mittwochs und freitags jeweils zwischen 10:00 und 13:00 Uhr besuchen – ein schöner Ort auch für Kleinkinder. *Wiesentfelserstr. 59, 81249 München-Neuaubing, T: 8711287, jugendfarm-muenchen.de*

Kinder- und Jugendfarm Ramersdorf

Auch die Kinder- und Jugendfarm in Ramersdorf ist ein Ort der offenen Kinder- und Jugendarbeit und steht allen von sechs bis 17 Jahren offen. Dort hat man es sich zur Aufgabe gemacht, ein Bewusstsein für Umwelt, Tiere und Lebensmittel zu fördern und zu stärken. Das Gelände umfasst 5.000 Quadratmeter und bietet mit Tischtennisplatten, Schaukel, Pirat:innenschiff, Basketballkorb und Kicker viel Spielraum zum Herumtoben. Neben dem Hauptgebäude mit großer Küche, Schreinereiwerkstatt sowie Aufenthaltsräumen für Gruppen gibt es Ställe und Gehege für Tiere wie Ziegen, Meerschweinchen, Kaninchen, Enten und Hühner. Dazu noch eine Holz- und Metallwerkstatt, ein Töpferatelier, eine Lagerfeuerstelle zum Grillen, Kochen und Stockbrot machen, ein Feuchtbiotop mit Bachlauf für Naturforscher:innen, einen Natursteinbackofen zum Pizzabacken und eine Fahrradwerkstatt. Im großen Bauerngarten gibt es zudem jede Menge Obst, Gemüse und duftende Blumen. *Görzerstr. 95, 81549 München-Ramersdorf, T: 60062815, jugendfarm-muenchen.de*

Kinder- und Jugendfarm Unterföhring

In Unterföhring steht Urban Gardening auf dem Programm – dank der tollen Kinder und Jugendfarm. Der Garten mit Beeten zwischen Tunnelweg und der Jugendfreizeitstätte FEZI steht allen ab sechs Jahren offen. Auch jüngere Kinder sind in Begleitung ihrer Eltern herzlich willkommen. Neben den Tieren wie Hühner, Kaninchen, Meerschweinchen, Katzen, die versorgt und umsorgt werden wollen, können sich Kinder im Hüttenbau, in den verschiedenen Werkstätten der Farm und als Gärtner:innen erproben. Das FEZI bietet darüber hinaus auch ein vielseitiges Programm für Heranwachsende – mit Disco, Musikstudio und großer Spielfläche. *Jahnstr. 3, 85774 Unterföhring, T: 9505486, fezi-ufg.de*

Badeseen

Bibisee

Nur einen Katzensprung von den Bergen entfernt, zwischen Geretsried und Königsdorf, finden Familien den Bibisee. Da dieser in Privatbesitz liegt, ist das Baden hier gebührenpflichtig. Doch dafür gibt es auch ein paar nette Extras: Neben der Liegewiese schlängelt sich eine 50 Meter lange Rutsche aus Stein ins Wasser. Dazu ein Planschbecken und ein Sandkasten für die kleinen Badegäst:innen. Im See selbst liegt eine schwimmende Badeinsel aus Holz – perfekt an Sommertagen. Das Ufer vom Bibisee ist schön flach und damit sehr familienfreundlich. Ein Kiosk mit Stüberl und kleinem Festzelt sorgt für das leibliche Wohl. *Seeweg 2, 82549 Königsdorf*

Birkensee

Mit einer Tiefe von gerade einmal sechs Metern, abgeflachten Ufern und einer sehr guten Wasserqualität wirkt der Birkensee wie ein größeres Natur-Schwimmbecken. Der kleinste See der Münchner Seenplatte erstreckt sich über fünf Hektar mit Kiesstränden und weitläufigen Liegewiesen. Wer möchte, kann die eigenen Sportskills auf zwei Beach-Volleyball-Feldern unter Beweis stellen. Nicht weit davon entfernt befindet sich ein Kinderspielplatz. *Moospfarrerweg, 85232 Bergkirchen*

Chiemsee

Wozu in die Ferne schweifen, wenn das Gute so nah liegt wie das bayerische Meer. So nennt man in Bayern gerne den Chiemsee, der mit seinem 64 Kilometer langen Ufer und einer Fläche von fast 80 Quadratkilometern zu den größten Voralpenseen zählt. Auf und in ihm wird nach Herzenslust gebadet, gesurft, gesegelt und geplanscht. Highlights sind dabei die Strandbäder in Breitbrunn, Chieming, Prien, Seebruck und Übersee mit feinen Sandstränden, kleinen Strandbars und Palmen. Beachsoccer und -volleyball stehen ebenfalls auf dem Programm. Nach einer sportlichen Strandpartie folgt dann der Sprung in die kühlen Fluten. *chiemsee-alpenland.de*

Echinger See

Früher ein Geheimtipp, inzwischen ein beliebtes Ziel für Leute, die eine Erfrischung und Abkühlung an heißen Sommertagen brauchen – der Echinger See. Wie so viele seiner Art ist er aus einer Kiesgrube entstanden. Eigentlich war geplant, den Baggersee wieder zuzuschütten. Da sich zum Glück kein geeignetes Auffüllmaterial finden ließ, können sich bis heute Badefreund:innen am Echinger See erfrischen. Nach dem Sonnenbaden könnt ihr euch auf den großflächigen Liegewiesen bei Beachvolleyball und Tischtennis austoben. Große, alte Bäume spenden kühlen Schatten. *Am See, 85386 Eching*

Fasaneriesee

Beliebt und bekannt als die „Badewanne von München" ist der Fasaneriesee. Am Westufer gibt es für Sportliche Volleyballplätze und Tischtennisplatten, eine große Wiese für Fußball, Federball und Frisbee sowie einen kleinen Skatepark. Sobald es sommerlich wird in München, liegen auch schon die ersten Sonnenanbeter:innen am Ufer. Bei der Gestaltung des Sees wurde darauf geachtet, einige Steilufer des vormaligen Baggersees so abzuflachen, dass auch Kinder im Wasser planschen können. Eine große Badewanne – auch für Familien bestens geeignet. *Feldmochinger Str., 80995 München-Feldmoching*

Feldmochinger See

Zusammen mit dem Lerchenauer See und dem Fasaneriesee bildet der Feldmochinger See die sogenannte Dreiseenplatte von München. Öffentlich über die U- und S-Bahnstation Feldmoching und einen kleinen Fußmarsch gut zu erreichen – oder auch als Zielpunkt einer kleinen Radtour. Der größte der drei Baggerseen hat auf jeden Fall alles, was Städter:innen so brauchen – viel Freizeitspaß und viel Erholung. Am Ostufer des ca. 16 Hektar großen Sees gibt es einen großen Sandspielplatz, der kleine und große Kinder in seinen Bann zieht. Das gilt auch für die Minigolfanlage. Ein Kiosk bietet kühle Getränke, Eis und kleine Speisen. Am Südufer bauen Blesshühner ihre Nester und brauchen Ruhe. Am Nordufer hat die Wasserwacht eine Station. Dort gibt es auch einen barrierefreien Badeplatz mit einer Rollstuhlrampe und absenkbarem Steg. Am Westufer wird gegrillt, Volleyball gespielt oder auf dem Fitnessparcours geturnt. *Ferchenbachstr. 205, 80995 München-Feldmoching*

Feringasee

Weite Strände, Wellen und Windsurfen – wer Sehnsucht nach dem Meer hat, besucht am besten den größten Badesee am Stadtrand von München, den Feringasee. Die Strände sind hier Wiesen und die sehr gemäßigten Wellen reichen schon aus, um erste Schritte beim Windsurfen zu lernen. Rund um den See führt ein etwa zwei Kilometer langer, beliebter Spazier- und Fahrradweg. Im Süden ist die offizielle Badezone mit einer Bojenkette markiert. Die Halbinsel gleich hinter dem Kiosk am See ist komplett FKK-Anhänger:innen vorbehalten. Im Norden befindet sich die Wassersportzone, dort ist auch ein Windsurfclub ansässig, an dessen Clubhaus ein weiterer Kiosk grenzt. *Am Feringasee, 85774 Unterföhring*

Flaucher

In Thalkirchen wird die Isar plötzlich sehr breit. Es bilden sich große Kiesbänke und Inseln. Eine Brücke mit Stauwehren ist der Zugang zu den einzelnen Spots, die im Sommer bereits ab der Mittagszeit recht gut besucht sind. Am Wochenende ist der Flaucher bekanntlich recht beliebt: Es wird gebadet, gegrillt, gefeiert und getanzt – ein schöner, sehr lebendiger Badeort. In unmittelbarer Nähe sorgen ein Kiosk, der kinderfreundliche Biergarten und Spielplatz sowie ein Supermarkt für ausreichend Speisen und Getränke. Unter der Woche ist der Flaucher am Vormittag ein ruhiges und entspanntes Naturparadies. *Flauchersteg, 81379 München-Sendling*

Forggensee

Bei diesem Gewässer handelt es sich um einen Stausee im Allgäu mit traumhaftem Bergblick. In den 1950er-Jahren wurde der Forggensee bei Füssen angelegt – zum Ziel der Energiegewinnung mit Wasserkraft. Das hatte zur Folge, dass mehrere Dörfer überflutet werden mussten, die noch heute unter der Wasseroberfläche schlummern und Jeden Winter wird er nach und nach fast vollständig abgelassen, um die Versorgung der lechabwärts gelegenen Wasserkraftwerke zu sichern – bei Führungen kann man dann den Grund erkunden. *Rieden am Forggensee, suedliches-allgaeu.de*

tipp Garchinger See

Neben dem fünf Hektar großen Badesee befindet sich das Stadion am See mit mehreren Fußballplätzen und einer Tennisanlage. Ein Skatepark mit Halfpipe, eine Dirtbike-Anlage und ein Basketballplatz sind ebenfalls in direkter Nachbarschaft. Abgesehen vom südlichen Teil des Garchinger Sees – ein Rückzugsort für Tiere – ist Baden und Planschen erlaubt. Am Nordufer darf gegrillt werden, dort gibt es auch einen Kiosk mit Terrasse, einen Spielplatz und ein Beachvolleyballfeld. Für Schwimmanfänger:innen befindet sich südlich der Fischerhütte eine Badestelle mit langem flachem Zugang. *Am See, 85748 Garching*

Germeringer See

So ein See hat schon was von einem großen Open-Air-Fitnessstudio. Basketball, Beachvolleyball und Bolzen ist am Germeringer See auf zwei Kleinfußballfeldern möglich. Angrenzend an die Liegewiese befindet sich eine Fitness-Anlage, die darauf ausgelegt ist, mit dem eigenen Körpergewicht zu trainieren. Für die Kleinen gibt es einen Kinderspielplatz, in dessen Nähe sich eine große Flachwasserzone befindet. Zwei Schwimmstege führen ins Wasser, einer davon ist barrierefrei. *82110 Germering*

LEBENDIGE IDEEN FÜR ALLE

Community Kitchen im shaere
Fritz-Schäffer-Str. 9
81737 München-Neuperlach
community-kitchen.com,
shaere.net

Natalie Gath, Günes Seyfarth und Judith Stiegelmayr sind Gründerinnen der Community Kitchen und haben das shaere in Neuperlach entwickelt.

Es gibt wohl wenig, wovor Günes Seyfarth zurückschrecken würde, die Dreifachmama hat schon diverse Unternehmen und den Verein Foodsharing München gegründet. Als sie für eine geplante Gemeinschaftsküche angesprochen wurde, erkannte Günes die Chance, das Kantinenkonzept, das ihr schon länger im Kopf herumschwebte, hier umzusetzen und Essen aus geretteten Lebensmitteln anzubieten. Kurzerhand gründete sie gemeinsam mit Natalie Gath und Judith Stiegelmayr die Community Kitchen. Keine der drei Frauen hatte Erfahrungen in der Gastrobranche, aber alle den Mut zum Machen. Wie Günes sagt: „Wir hatten keinen Plan, wir hatten nur die Idee, aber volles Vertrauen in unsere Kompetenzen und wir hatten ein Netzwerk."

Bei den Räumen handelt es sich um die einstige Kantine des zu diesem Zeitpunkt komplett leer stehenden Allianz-Gebäudes in Neuperlach. Dort hat sich die Community Kitchen zum Ursprung und Herzstück des heutigen shaere entwickelt. Kurz nach der Gründung sagten Günes, Judith und Natalie dem Eigentümer zu, die Zwischennutzung des gesamten Gebäudes zu entwickeln. Inzwischen sind dort im shaere mehr als 100 verschiedenste Projekte und Organisationen

Beim shaere geht es nicht um Bedürftigkeit, sondern um Nachhaltigkeit. Das Motto: Aufessen und nutzen, was schon da ist!

angesiedelt, die das verwinkelte Gebäude mit Leben, vielen guten Ideen und spannenden Events füllen. Bis mindestens Ende 2024 steht die Zwischennutzung – macht euch unbedingt selbst einen Eindruck von diesem einzigartigen Ort der gelebten Vielfalt bei einer Führung.

Das Thema Lebensmittelverschwendung in die Mitte der Gesellschaft zu bringen, ist den Gründerinnen ein wichtiges Anliegen. 168 Tonnen verzehrfähige Lebensmittel werden täglich pro Tag allein in München weggeschmissen. Das Team rettet Lebensmittel direkt bei den Erzeuger:innen – Überproduktionen oder vom Handel nicht abgenommene Mengen. Alles frisch und hochwertig – tatsächlich ist das Essen ausgesprochen lecker, vielseitig und günstig. Ein Gewinn für alle, nicht zuletzt, da es eine der wirksamsten Klimaschutmaßnahmen ist, Lebensmittelverschwendung zu reduzieren, an der alle direkt mitwirken können. Menschen in die eigene Wirksamkeit zu bringen, auch den Glauben daran möchten Günes und das gesamte shaere-Team nähren.

Heimstettener See

Einheimische nennen den Heimstettener See auch gerne „Fidschi". Das liegt allerdings nicht an dem blauen und recht warmen Wasser, sondern an einem Schaufelbagger. Der See entstand 1938 durch die Kiesentnahme der Deutschen Reichsbahn. Ein gewisser Velasco aus Italien, der den Bagger fachmännisch bewegte, wurde von den Anwohner:innen Vilatschko genannt. Daraus wurde im Laufe der Zeit ein bayerisches Vidschä – und schließlich Fidschi. So exotisch der Name klingt, der See ist eher gemütlich und beschaulich. Familien lieben die Ruhe. Eine Badeinsel, ein Bolzplatz auf der Nordseite gegenüber einer kleinen Gaststätte mit Biergarten und nicht weit davon ein Spielplatz mit Tischtennisplatten sorgen für ein gemütliches Treiben. *Seestr., 85551 Heimstetten*

Karlsfelder See

Im Sommer ist hier einiges los. Da liegen die Handtücher wie ein großer Flickenteppich auf der großen Liegewiese. Diese ist fast so groß wie der See selbst, um den sich hier alles dreht. Besonders an Wochenenden ist hier einiges los. In den kühlen Fluten tummeln sich dann Groß und Klein. Sie spritzen, planschen oder liegen auf Luftmatratzen. Zwei Beachvolleyball-Felder, ein Fußballplatz, drei Sommerstock- sowie zwei Boccia-Bahnen, Tischtennisplatten und ein Fitness-Parcours sorgen für sportliche Abwechslung im Trockenen. Wer es etwas ruhiger angehen möchte, kann von einem 15 Meter hohen Aussichtsberg das Treiben beobachten. *Hochstr., 85757 Karlsfeld*

Kastenseeoner See

Ist das wirklich ein See? Ja. Er ist einfach sehr klein und fein. Verstecken braucht er sich deswegen nicht. Es gibt ein Strandbad und ein Strandcafé, dessen Terrasse direkt bis an den See reicht. Große Bäume auf der angrenzenden Liegewiese spenden wohltuenden Schatten. Der See wirkt wie eine angelegte Parklandschaft, in dessen Mitte sich ein riesiges Schwimmbecken erstreckt. Einer Erfrischung steht hier nichts im Wege. *Kastenseeon 1, 85625 Glonn, T: 08093-1431, strandbad-kastenseeon.de*

tipp

Kochelsee

Nur eine Stunde mit dem Zug von München entfernt, liegt der Kochelsee. Hier haben schon Franz Marc und Wassily Kandinsky sich inspirieren lassen und die Natur genossen. Mächtige Alpengipfel, Wiesen und Moorlandschaften tun sich hier auf. Wunderschöne Badebuchten in Schlehdorf und Kochel, Wanderungen aufs Sonnenspitz oder am Felsenweg entlang, ein Spaßbad für Regenwetter und das Franz-Marc-Museum sind tolle Ausflugsziele. *82431 Kochel am See*

Königssee

Tief, tiefer, Königssee – über 192 Meter geht es von der Wasseroberfläche des Gebirgssees hinunter bis auf den Grund. So baden und planschen nicht allzu viele im Königssee, zumal in seiner unmittelbaren Umgebung auch noch schöne Gumpen, kleine Sprudelbecken in Gebirgsflüssen, zum Abkühlen einladen. Mit den mächtigen Berchtesgadener Alpen als Kulisse fahren seit über 100 Jahren nun schon Elektroboote durch den sehr klaren und sauberen See. Neben dem berühmten Echo ist auch die Halbinsel St. Bartholomä mit der barocken Wallfahrtskirche ein großer Anziehungspunkt. Beim Fischer vom Königssee gibt es dann feinste Forellen, Saiblinge und Renken aus der 400 Jahre alten Räucherkammer – ein Hochgenuss! *83471 Schönau*

Langbürgner See

Wem der Chiemsee zu groß und überlaufen sein sollte, der kommt zu dem nur ein paar Kilometer entfernten Langbürgner See. Umringt von Wäldern und Wiesen ist er das Herzstück des Naturschutzgebietes Hemhof-Eggstätter-Seenplatte. Fernab der Großstadt lässt sich hier einfach die Natur genießen. Außer einem Steg, einer Umkleide und einer kleinen Station der Wasserwacht gibt es keine großartigen Extras – die aber auch niemand hier vermisst. *Hemhof, 83125 Eggstätt*

Langwieder See

Sehr urban gelegen, aber dennoch sehr schön ist der Langwieder See. Auch wenn die Autobahn hier am westlichen Rand der Metropole vorbei rauscht. Das kühle Nass macht einfach Spaß. Und nicht nur das: Eine große Liegewiese mit Grillzone, einen Fußballplatz, Volleyballfelder und einen kleinen Kiosk hat das Südufer zu bieten. Auf der Nordseite geht es etwas ruhiger und gemütlicher zu. Und wer möchte, kann noch Minigolf spielen. Getränke und Speisen gibt es im Biergarten. Kreuzkapellenstr., 81249 München

Lerchenauer See

Das Szenario hat etwas vom Central Park, denn nur einen Steinwurf vom Ufer entfernt ragen hier Wohnblöcke in den blauen Himmel. Daneben alte, große Bäume, umringt von Rasenflächen. Für eine schnelle Abkühlung ist der urbane See vor der Hochhauskulisse gut geeignet, einen Spielplatz gibt es hier auch. Entstanden ist er in den 1930er-Jahren beim Kiesabbau und so fällt das Ufer des bis zu sieben Meter tiefen Sees recht steil ab und bietet oft nur herausfordernde Einstiegsmöglichkeiten, daher eher etwas für geübte Schwimmer:innen. *Lassallestr., 80995 München-Feldmoching*

Lußsee

Direkt neben dem Langwieder See breitet sich der Lußsee aus, an dem auch mit euren Familienhunden gebadet werden darf. Das Nordwestufer ist fest in Kinderhand, denn der flach abfallende Kiesstrand ist perfekt für erste Schwimmversuche geeignet. Außerdem sorgt direkt an der Uferpromenade ein Kiosk für ausreichend kühle Getränke, leckere Snacks und köstliches Eis. Eine Anlaufstelle, die im Sommer heiß begehrt ist. *Kreuzkapellenstr., 81249 München*

tipp

Osterseen

Die Osterseen sind ein Traum aus Wasser, der bei blauem Himmel und Sonnenschein herrlich glitzert. Mehr als 20 kleine und große Pfützen sind hier durch kleine Kanäle verbunden – wie ein ozeanisches Labyrinth. Hier und da tauchen in den umliegenden Wäldern und Moorlandschaften am Ufer immer wieder Badebuchten auf. Statt ins Wasser zu hüpfen, könnt ihr aber auch kleine Wanderungen um die Seen herum unternehmen und den traumhaften Blick auf die Alpen genießen. Wie ein Flussdelta erstrecken sich die Osterseen im Süden von München, direkt hinter dem Starnberger See. Bei Iffeldorf gibt es einen Campingplatz mit Strandbad und kleinem Seerestaurant. *82393 Iffeldorf*

Pilsensee

Nur ein paar Kilometer vom Ammersee entfernt versteckt sich der Pilsensee. Er wird umringt von Bäumen. Breite Schilf- und Seerosenfelder breiten sich hier aus. Dazu die wunderschönen Liegewiesen mit altem Baumbestand, die in der Sommerhitze kühlen Schatten spenden. Auf der Uferseite der Gemeinde Seefeld lockt ein Campingplatz, ein Mini-Markt bietet dort Proviant für den gesamten Tag. Ein Boots- und Stand Up Paddling-Verleih ist für die gesamte Familie interessant. Das kleine Strandbad ist weniger überlaufen als viele andere und der dortige Kiosk hat auch Bio- und Veggie-Snacks im Angebot. *Seestr. 68, 82229 Seefeld, strandbad-pilsensee.de*

Pucher See

Man braucht nicht viel um glücklich zu sein. So ist es auch mit dem Pucher See. Dieser See ist mit sechs Hektar recht klein. An heißen Sommertagen könnt ihr hier den 20 Meter breiten Sandstrand und das türkisblaue Wasser genießen. Der Einstieg verläuft flach und gefahrlos. Ein Spielplatz mit Sandkasten, Kletterturm und Rutsche sowie Weidentipis macht den kleinen Pucher See zur großen Familienoase. Die Anwohner:innen nennen ihn liebevoll „Pucher Meer“. *Augsburgerstr., 82256 Fürstenfeldbruck*

Regattaparksee

Hier weht noch der olympische Geist von den Sommerspielen 1972 übers Wasser. Die Regattastrecke wurde damals für das große Sportereignis gebaut und ist heute ein beliebtes Ausflugsziel. Das besondere Special: Es gibt zwei Badebereiche. So kann man einerseits in dem großen Bassin der Regattaanlage seine Bahnen ziehen, die über 500 Meter lang sind und an den alten Haupttribühnen entlang verlaufen. Andererseits kann man auch ein paar Meter weiter in den Regattaparksee springen und dort herumplanschen. Mit schönen Liegewiesen und einem flach abfallenden Ufer. Perfekt für absolute Badebeginner:innen. Beachvolleyball wird hier ebenfalls gespielt. Und neben der Regattastrecke verläuft ein feiner Asphaltstreifen, auf dem Inlineskater:innen und Jogger:innen Gas geben. *85764 Oberschleißheim.*

Riemer See

Was braucht so ein See alles? Einen recht langen Kiesstrand, Volleyball-Felder, einen großen Spielplatz und riesige Schaukeln. Und ein Strandcafé, um einfach mal die Beine hochzulegen. Dann nichts wie hin zum Riemer See. Der all das bietet und zum Baden einlädt. Übrigens: Am Ostufer ist der Einstieg schön flach und zum Planschen gut geeignet. Umringt wird der Riemer See von einem großen Park, der für die Bundesgartenschau 2005 angelegt wurde. *Riemer Park, 81829 München-Riem*

tipp Schliersee

Ein See, der einfach traumhaft ist. Umringt von Bergen kann man hier von schönen Buchten am Ufer aus in die Fluten springen und sich abkühlen. Oder mit einem Ruder- oder Elektroboot durch das Blau ziehen, kleine Inseln ansteuern und diesen wahr gewordenen Traum unter und über dem Wasser erkunden. Vor dem Sprung ins kühle Nass bietet sich eine kleine, entspannte Wanderung zur Stögeralm oder Schliersbergalm an – mit einem tollen Blick auf den See. Auch mit Inlineskates kann man das Gewässer umrunden. *83727 Schliersee*

Seehamer See

Wer sich reif für die Insel fühlt kommt zum Seehamer See. Aus dem Gewässer ragen fünf kleine Inseln empor. Ein wunderschönes Landschaftsschutzgebiet im Alpenvorland. Allerdings: Das Gebiet ist touristisch stark erschlossen. Am Ufer befinden sich zwei Campingplätze. Ausgebaute Wanderwege laden zum Flanieren ein. An einem Waldstück entlang des Südufers befindet sich eine kleine Quelle namens „Deifi, ria di" – auf Hochdeutsch: „Teufel, rühr dich". Wasser und Sand sprudelt dort aus dem Boden. *83629 Weyarn*

Spitzingsee

Fünf Kilometer südlich des Schliersees breitet sich einer der größten Bergseen Bayerns aus. Der Spitzingsee ist in einem Hochtal auf 1.084 Metern Höhe gelegen aus. Dort erwartet euch herrlich klares, allerdings eisig kaltes Bergwasser, von wunderschönen Bergen und Almwiesen umringt. Mit Bus und Bahn kann man nach einer Stunde und 20 Minuten bereits am Seeufer stehen. Im Sommer mit Badehose und Handtuch, im Winter mit Brett und Schneeanzug. Denn rund um den See befinden sich Wintersportgebiete. Nach etwas mehr als drei Kilometern hat man den Spitzingsee bereits umrundet, eine schöne kleine Wanderung mit Kindern. An der Klausenhütte am südlichen Ende des Sees befindet sich ein kleiner Bootsverleih, so kann man ihn mit Elektroboot, Tretboot, Ruderboot oder SUP erkunden. *83727 Schliersee*

tipp Staffelsee

Für viele Münchner:innen ist der Staffelsee ein zweites Zuhause. Er ist nicht weit entfernt, liegt etwas abseits der großen Touristenpfade und schmiegt sich idyllisch in das Voralpenland bei Murnau mit einem sagenhaften Blick auf mächtige Gipfel und Bergketten – einfach schön! Verschiedene Strandbäder und Badebuchten wie in Seehausen oder Uffing, laden ein zum Sprung in den See. Bootsverleihe und SUP-Stationen sind ebenso vor Ort. Ein Auto ist nützlich, um die verschiedenen Badestellen anzusteuern. Die Insel Buchau, die man paddelnd, schwimmend oder mit kleiner Fähre erreichen kann, hat einen großen Camper- und Zeltplatz. Ein kleiner Laden mit Café sorgt fürs Allgemeinwohl. Kein Wunder, dass der Staffelsee so beliebt ist. *Seestr. 53, 82449 Uffing am Staffelsee, T: 08846-914311, seehausen-am-staffelsee.de*

tipp Starnberger See

Die S-Bahn fährt fast bis direkt an den Starnberger See heran. Der Bahnsteig ist nur ein paar Meter vom Ufer entfernt. An der Seepromenade ist dementsprechend einiges los. Viele Menschen, viele Cafés, aber auch ein großer Spielplatz, wenn man sich Richtung Südwesten bewegt. Schöne Badeplätze befinden sich weiter außerhalb – bei Possenhofen. Hier ist schon die junge Kaiserin Sissi immer wieder abgetaucht. Sehr schön sind auch die kleinen Badebuchten und das Strandbad in Bernried. Am Ostufer könnt ihr beim Campingplatz Ambach unbeschwert ins Wasser springen. Ein paar Kilometer weiter gibt es in der Fischerei Sebald feinste Räucherware zum Schlemmen und Boote zum Ausleihen. Der Münsinger Badestrand, Percha und der Bismarckturm sind weitere Highlights. Über weite Strecken ist das Ufer des Starnberger Sees nicht zugänglich, da sich dort Villen befinden. Aber auch so gibt es genügend Badebuchten und Spielraum. *82319 Starnberg*

Steinsee

Frischer, klarer und sauberer geht es fast nicht – der Steinsee speist sich aus Quellwasser und verfügt dadurch über eine sehr gute Wasserqualität. Aber auch der Spielplatz, die Liegewiesen, die von großen alten Bäumen umgeben sind, und die Wasserwacht vor Ort machen den Steinsee zu einem familienfreundlichen Badevergnügen. Die Römer:innen sollen hier schon vor über 2.000 Jahren gebadet haben. Denn direkt neben dem Steinsee wurden die Reste eines römischen Steinhauses gefunden. Im Jahr 1934 öffnete dann ein Familienbad seine Tore. Über 21 Hektar erstreckt sich der See, nur 23 Kilometer von München entfernt. *Niederseeon, 85665 Moosach*

JUHU, ES REGNET!

Mistwetter kann gelegentlich für miese Laune sorgen, wenn die Kids zu lange mit zu wenig Bewegung zu Hause hocken. Muss nicht sein, es gibt stimmungsaufhellende Alternativen.

1 Wo das Herz höher hüpft

Kaum woanders können sich Kinder so gründlich auspowern wie in der größten Trampolinhalle Münchens mit ihren zig verschiedenen Hüpfgelegenheiten und dem Ninja Parcours. Sehr gute Idee, wenn einem nach ein paar Tagen Mistwetter die Decke auf den Kopf zu fallen droht. Gilt nicht nur für die Kids! *MAXX Arena, Seite 196*

2 Für kleine Wichtel

Trampolinspringen, Ninja-Parcours oder 3D-Neongolf ist noch nicht das Richtige für eure Kleinen? Die aber dennoch dringend Raum zum Austoben brauchen? Dann ab nach Freiham zum 2.800 Quadratmeter großen Indoorspielplatz für Kinder von null bis zehn Jahren mit dem „Wichtel-Wutzal"-Kleinkindbereich, Kletterlabyrinth, Bällebad, Wellenrutsche, Donut Glider und Kartbahn. Und wenn es noch sportlicher zugehen soll: In den historischen Triebwerk-Hallen befindet sich auch die Boulderwelt München-West.

WichtelWerk, Seite 197; Boulderwelt München-West, Seite 185

3 Ausflug ins Warme

Drohen euch Dauerregen und graues Wetter aufs Gemüt zu schlagen? Dann lohnt sich ein Ambientewechsel unbedingt. Die nach eigenen Angaben größte Therme der Welt lockt 365 Tage im Jahr mit Sommerfeeling unter Palmen und vor allem einem abwechslungsreichen Angebot für Kinder, denen dank Erlebnisbad mit Rutschen und Wellenbad so schnell nicht langweilig wird. Idealerweise fahrt ihr zusammen mit mehreren Erwachsenen hin, damit auch Abstecher in die großzügigen Sauna- und Wellnessbereiche möglich sind. Ob mit oder ohne Übernachtung im Thermenhotel: Fühlt sich nach Kurzurlaub an! *Therme Erding, Seite 183*

4 Eintauchen in Kultur

Wenn es draußen stürmt, schüttet oder schneit, ist die Stadtbibliothek im Gasteig HP8 ein gemütlicher Rückzugsort zum Schmökern und neuen (Vor-) Lesestoff entdecken. Die ganze Halle E ist ein super Ort für Familien, wo die verschiedensten kulturellen Events und Aktionen stattfinden. Regelmäßig laufen internationale Filmreihen sowie das Große Kinderkino. Im Lesecafé „GAiA Deli & News" findet ihr eine Auswahl an Zeitungen und Zeitschriften und könnt dazu richtig guten Kaffee genießen.

Münchner Stadtbibliothek im Gasteig HP8, Seite 88

5 Leuchtend im Dunkel

Bei Sonnenschein mag es schade sein, sich in verdunkelten Räumen aufzuhalten, bei miesem Wetter ist es umso aufregender, mit 3D-Brillen in die fluoreszierenden Welten der Schwarzlicht-Minigolfanlagen von Exus in Gröbenzell oder Neufahrn einzutauchen und sich spaßige Wettkämpfe zu liefern. *EXUS 3D Neongolf, Seite 198*

Tegernsee

Bereits nach einer guten Stunde mit dem Zug seid ihr da: In einem Voralpen-Paradies mit Bergen, einem wunderbarem See, Kuhgeläut und duftenden Wiesen. Perfekt für Familien sind die Strandbäder in Seeglas und Kaltenbrunn in Gmund mit sehr flachem Einstieg in die Wasserfluten. Die Freizeitanlage Tegernseer Point lockt mit feinem Sandstrand und Bachvolleyballfeldern, das Ringseebad hat gemütliche Liegestühle und Sonnenschirme. Wer möchte, erkundet den See im Ruder- oder elektrischen Motorboot. Oder ihr radelt den 20 Kilometer langen Seerundweg entlang und springt danach ins Wasser. *83684 Tegernsee, tegernsee.com*

Unterföhringer See

Auch als „Poschinger Weiher" bekannt liegt der nur etwa 600 Meter lange Unterföhringer See mit großer Liegewiese, Bolzplatz und einem kleinen Biergarten nur ein paar Meter von der Isar entfernt. Nach dem Ortsschild in Richtung Ismaning geht es auf einem schmalen Asphaltstreifen links ab zum kleinen Badesee. *Am Poschinger Weiher, 85774 Unterföhring*

Unterschleißheimer See

Im Landschaftsschutzgebiet Dachauer Moos, im Norden von München, ist das Badevergnügen ruhig und beschaulich. Das gefällt Leuten mit Kindern besonders gut an diesem relativ kleinen See. Das Ostufer ist nicht zugänglich, dort befindet sich eine ökologische Schonfläche für brütende Vögel. Am flachen Westufer können es sich Familien gemütlich machen. Viele schattige Liegewiesen, Beachvolleyball-Plätze, Tischtennisplatten und das Restaurant seeseits mit Sommer-Beach-Bar sorgen für anhaltende und nachhaltige Erholungsmomente. Mit der S-Bahn gut erreichbar. *Furtweg 92, 85716 Unterschleißheim, seeseits.de*

tipp

Walchensee

Der Wind, der Wind, das himmlische Kind – besser gesagt: das himmlische Surfen. Denn der Walchensee lockt Windsurfer:innen aus aller Welt an. Umringt von Alpengipfeln bläst hier oft eine kräftige Brise übers Wasser. Perfekt für Windsurfer:innen. 800 Metern über dem Meeresspiegel, mit einer Fläche von 16 Quadratkilometern und einer Tiefe von über 190 Metern ist der Walchensee der größte Gebirgssee in Deutschland – und ein angesagter Surfspot. Tipp: Neben den naturbelassenen Badestränden solltet ihr in Sachenbach, ein kleiner Ort direkt am Ufer, den Kiosk besuchen und hier das selbst gebackene Bauernbrot und die hausgemachten Kuchen probieren. *82431 Walchensee/Kochel am See*

Waldschwaigsee

Aus der Vogelperspektive betrachtet, sieht der Waldschwaigsee wie ein Herz aus. Vor langer Zeit stand dort noch der Einödhof Waldschwaige, dann wurde kräftig gebaggert. Denn: Unter dem Hof befand sich Kies, der 1971 für den Straßenbau verwendet wurde. Mit der Zeit entstand aus der Grube ein See mit kleiner Insel, die aus Wurzelstöcken, Lehm und Humusschichten besteht, die beim Kiesabbau zusammengetragen und aufgehäuft wurden. Aus diesem Haufen formte sich schließlich die Insel. Im Nordwesten von München, kurz vor Dachau, liegt der Waldschwaigsee – umringt von einer Moorlandschaft, Feldern und Bäumen. Große und kleine Badegäst:innen schätzen die entspannte Atmosphäre und Abgeschiedenheit. Auch wenn es verlockend ist, die Insel zu erobern und zu erkunden, diese steht unter Naturschutz und dient als Rückzugs- und Brutort für Vögel. Betreten ist hier also ausdrücklich verboten. *Hadinger Weg, 85757 Karlsfeld*

Weßlinger See

Die Energiekrise hat auch den Weßlinger See erreicht, im Herbst 2022 wurde die Wasserfontäne abgestellt. Diese Tiefwasser-Belüftungsanlage sorgte seit den 1970er-Jahren dafür, dass in dem kleinen See, ohne natürlichen Zu- oder Ablauf der Sauerstoffgehalt und damit die Wasserqualität auf einem guten Niveau bleiben. Bislang scheint es dem See dank anderer Lösungen nicht allzu sehr zu schaden, dennoch bittet die Gemeinde um Spenden, um die Seebelüftung 2024 wieder fortsetzen und die Idylle des Ein kleiner idyllischer See mit guter Einkehrmöglichkeiten direkt am Ufer wie dem Wasserberghaeusl. Mit der S-Bahn könnt ihr den Weßlinger See in einer etwa 40-minütigen Fahrt erreichen. *82234 Weßling*

Wörthsee

Schnell, schön und erfrischend – so einfach lässt sich das Badevergnügen am und im Wörthsee in Worte fassen. Er ist schnell erreichbar. Mit dem Auto eine knappe halbe Stunde von München entfernt. Der Wörthsee ist nur 34 Meter tief und gilt als einer der wärmsten Seen im Münchner Umland. Sein Wasser hat beste Badequalität. Für Familien mit Kindern ist Walchstadt mit seinen seichten Uferstellen ein echter Hotspot. Dort lockt auch ein Kiosk mit Eisverkauf die kleinen und großen Badegäst:innen an. Tipp: Das Schloss Seefeld ist nicht weit entfernt. Genauso wie das Bauernhofmuseum Jexhof. Der 430 Hektar große See verfügt ansonsten über Segel- und Surfschulen sowie Bootsverleihe. Und er verzaubert mit seinem türkisblauem Wasser. Also einfach reinspringen und sich wohlfühlen. *82266 Inning*

Wassersport

Bavarianwaters

Stand Up Paddeling ist ein angesagtes Freizeitvergnügen. Am Starnberger See und Pilsensee befinden sich die Stationen von Bavarian Waters. Hier könnt ihr in die Paddling-Welt eintauchen. Neben Verleih gibt es verschiedene Kurse für alle Altersklassen, Yoga auf dem Board, SUP-Touren und Fitness-Angebote. *T: 0176-20501402, bavarianwaters.com*

Bootsverleih Seehaus Kleinhesseloher See

Der idyllische Kleinhesseloher See im Englischen Garten ist kein Badesee, aber ein beliebtes Ziel für Spaziergänge. Außerdem steht dort Bootfahren auf dem Programm. Mit Ruder- oder Tretboot kann man hier schöne Sonnenuntergänge erleben, die kleine Insel umrunden oder mit den Gänsen, Enten und Schwänen um die Wette schnattern. Die kleine Insel darf nicht betreten werden, sie ist für die Vögel reserviert. Doch rundherum bieten sich genügend andere Abenteuer. Der Bootsverleih befindet sich neben dem Biergarten direkt am See, wo man wunderbar den Sonnenuntergang genießen kann. *Kleinhesselohe 4, 80802 München-Schwabing*

Eisbachwelle

Die Welle fehlt in keinem Stadtguide, dementsprechend zahlreich sind dort Schaulustige anzutreffen, die bestaunen, wie sich Menschen im Neoprenanzug und mit einem Brett unter den Füßen in die tosenden Wassermassen stürzen und auf ihnen reiten. Ein einzigartiges Surfparadies mitten in München, das nicht nur Wellenreiter:innen aus aller Welt anlockt. Mittlerweile gibt es sogar eine zweite Welle, flussabwärts Richtung Monopteros. Beide Spots sind allerdings nichts für Anfänger:innen! Aber auch Zuschauen macht viel Spaß. *Prinzregentenstr., 80538 München-Lehel*

Wasserskipark Aschheim

Wakeboarden, Wasserski-Freestyle oder Wakeskaten – im Wasserskipark von Aschheim geht einiges. Dieser besteht aus einer großen Anlage mit Fünfmast-Full Size Cable und einer Umlauflänge von 750 Metern sowie jeder Menge Obstacles, die sich euch in den Weg stellen und in die Luft wirbeln. Für Anfänger:innen gibt es die kleine Anlage – den Easy Start Lift mit Zweimast und langsamerer Geschwindigkeit. Wer noch nicht genug hat, spielt noch eine Runde Beachvolleyball oder Adventure-Golf. *Am Eventpark 30, 85609 Aschheim, T: 90019600, wasserskipark-aschheim.de*

AUSFLUGS-
TIPP

RADELN UND RUHE IM ALPENVORLAND

Naturbad Samerberger Filze
Schwimmbadstr.
83122 Samerberg
chiemsee-alpenland.de

Sportliche Familien erradeln sich ihre Ausflugsziele – so lassen sich auch etwas weniger bekannte und überlaufene Oasen wie das Naturbad Samerberger Filze im Chiemsee-Alpenland autofrei erreichen. Unterwegs locken schöne Ausblicke und Einkehrmöglichkeiten.

Steinkirche in Samerberg

Käser-Alm
Hochriesstr. 41, 83122 Samerberg,
kaeser-alm.de

Samerberg
Infos zu Wanderbus und -routen
samerberg.de

Radeln, Schwimmen, Wandern – klingt für euch nach einem kleinen Alpen-Triathlon? Keine Sorge – bei dieser Tour geht es um einen sehr genussvollen Ausflug in die Berge, bei dem ihr es ruhig angehen lassen könnt.

Idyllisches Naturbad

Das erste Etappenziel von München aus ist das Naturbad Samerberger Filze. Ein Schwimmbecken, das von Almwiesen umringt wird, nur 20 Kilometer vom Chiemsee entfernt, dessen Strandbäder meist überlaufen sind. Doch hier findet man eine idyllische Ruhe vor und fühlt sich wie in einer kleinen Alpen-Oase. Um dort hinzukommen, kann man sich die Räder schnappen, in München in den Zug bis nach Rosenheim steigen und von dort aus munter losradeln.

Von Rosenheim bis zur Samerberger Filze sind es knapp 16 Kilometer. Über Niedermoosen, Unterimmelberg, Lauterbach und Achenmühle kommt man der Oase immer näher. Die Radeltour dauert bei gemütlichem Familientempo gut anderthalb Stunden. Danach folgt der ersehnte Sprung ins Naturbad, der Eintritt ist übrigens kostenfrei. Drumherum ragen vereinzelt Bäume in die Höhe und spenden Schatten. „Bellas Moorbadstüberl“ sorgt für Erfrischungen und Stärkungen. Umkleiden und Toiletten gibt es natürlich auch.

Kleine Bergetappe

Weiter geht's zum Soier See. Ein wunderschönes, kleines Gewässer zum Baden, Planschen und Treten – im Moortretbecken am Nordufer. Da steht dem Nachwuchs dann die schwarze Matsche bis zum Bauchnabel. Ein herrliches aber auch gruseliges Vergnügen. Ein kurzes Bad im See entfernt den Moorschlamm. Rundherum verläuft ein Naturlehrpfad mit Kletterelementen, Info-Tafeln zur Natur und kleinen Mutproben.

Runter kann man rollen lassen

So kann man erfrischt die letzte Etappe in Angriff nehmen. Von der Käser-Alm geht es über Schöffau und Nussbaum am Inn bis nach Brannenburg. Knapp 14 Kilometer, auf denen man es gut rollen lassen kann – ohne fiese Anstiege. Nach gut einer Stunde ist man da und kann in den Zug zurück nach München steigen. Eine schon recht sportliche Tagestour durchs Alpenvorland, doch durch die schönen Einkehrmöglichkeiten und idyllische Umgebung kann man jeden Meter auf dem Rad genießen.

Käser-Alm

Ist man auf der Almhütte am Fuße der Hochries angelangt, hat man sich die köstlichen Kaspressknödel redlich verdient.

Wer weniger Zeit und Muskelkraft aufwenden kann oder möchte, kann aber auch einfach mit dem Auto bis zum Naturbad fahren und von dort eine kleine Wanderung zur Käser-Alm unternehmen. Zudem fährt in der Sommersaison der Samerberger Wanderbus von Rosenheim aus die beliebtesten Wanderparkplätze an. Für Kinder und Anreisende mit dem Bayern-Ticket ist der Wanderbus kostenlos.

Schwimmbäder

tipp Aqua & Soul

Gleich drei Mal gibt es in München die Aqua & Soul Familenbäder: in Fürstenried West, Obermenzing und Oberföhring. Die kleinen Badeoasen locken mit 34 Grad warmen mit Edelsteinen angereichertem Wasser. Jedes der Bäder ist auf die Bedürfnisse von Babys, Kleinkindern und Familien ausgerichtet. So gibt es Wickeltische, Laufställe, Stillcafés mit Mikrowelle, Fläschchenwärmer und Ruheräume. In den Duschen sind Tummy Tubs und Hochstühle vorhanden. In Oberföhring laden Infrarotkabine und Biosauna zur Entspannung ein. Neben den Baby- und Kleinkindschwimmkursen gibt es für die auch Kurse an Land: von Babymassage bis Mama und Baby-Yoga. *Maxhofstr. 9A, 81475 München-Fürstenried, T: 716802151; Gebhardweg 3, 81247 München-Obermenzing, T: 716802153; Fritz-Meyer-Weg 55, 81925 München-Oberföhring, T: 716802152, aqua-soul.de*

Bad Forstenrieder Park

Neben Sport- und Nichtschwimmerbecken gibt es hier ein Planschbecken, das für Familien der große Anziehungspunkt ist. Dazu eine Saunalandschaft, die vor allem in kalten Jahreszeiten der Entspannung und Stärkung der Immunkräfte dient. Im Sommer lädt die Liegewiese, Sonnenterrasse und ein Spielplatz zum vergnügten Verweilen ein. *Stäblistr. 27, 81476 München-Forstenried, swm.de*

Bad Giesing-Harlaching

Vom Beckenrand aus sind sie ab und zu zu sehen – die Stars des FC Bayern München. Denn direkt neben dem Trainingsgelände von Thomas Müller und Co. befindet sich das Bad. Im 25 Meter langen Schwimmbecken werden für Sportschwimmer:innen zwei abgetrennte Bahnen freigehalten. Dazu gibt es im Kurs- und Bewegungsbecken Aqua-Angebote gegen Aufpreis. Kinder können im Nichtschwimmer:innenbecken herumplanschen. *Klausener Str. 22, 81547 München-Obergiesing, swm.de*

Cosimabad

Das Wellenbad sorgt für Urlaubsgefühle mit Brandung. Außerhalb der Wellenzeiten kann das Becken in der lichtdurchfluteten Schwimmhalle per Hubwand in ein 25-Meter-Becken sowie einen Bereich für Aqua-Angebote werden. Auch für Erholungssuchende hat das Cosimabad einiges zu bieten: Warmaußenbecken mit Sprudelliegen und Nackenduschen, Saunalandschaft und Liegewiese. Der Kinderplanschbereich bereitet den Kleinsten Freude. *Cosimastr. 5, 81925 München-Bogenhausen, swm.de*

tipp DanteBad

Im Sommer ist das Dantebad eines der größten Freibäder, im Winter das einzige Winter-Warmfreibad. Mit fünf Schwimmbecken, Planschbecken und Breitrutsche lässt das Freibad keine Wünsche offen. Im 50-Meter-Stadionbecken geht es bei 27 Grad sportlich zur Sache. Im 30 Grad warmen Attraktionsbecken sorgen Sprudelliegen, Massagedüsen, Sprudelgrotte, Strömungskanal und Wasserpilz für Vergnügen. Kids toben im Nichtschwimmerbecken mit Rutsche herum. *Postillionstr. 17, 80637 München-Neuhausen, swm.de*

tipp Fresch Freising

Ob im Hallen- oder Freibad, das freisinger Erlebnis-Schwimmbad sorgt im Sommer wie im Winter für Erfrischung. Im Innenbereich befinden sich vier Becken, Sprudelliegen, Nackenduschen, eine Breitrutsche und ein Strömungskanal. Zudem gibt es einen separaten Kleinkindbereich mit großen Spielfiguren. Eine flach abfallende Wasserrutsche steht bereit und in einem kleinen Kanal können Kinder Boote schwimmen lassen. Im Lern-Schwimmbecken lässt sich die Bodentiefe anpassen. Auch im Außenbereich ist mit zwei Becken, Schaukelbucht, Rutsche, Sprungturm, Kleinkinderbecken und großem Spielplatz einiges geboten. *Rabenweg 20, 85356 Freising, T: 08161-548880, fresch-freising.de*

Michaelibad

Fangen wir doch mal an: 25-Meter-Sportbecken mit zwei Schwimmer:innenbahnen, ein Becken für Nichtschwimmer:innen, eine Wasser-Spiellandschaft, eine 84 Meter lange Abenteuerrutsche, ein Dampfbad, Whirlpools sowie ein warmes Außenbecken mit Strömungskanal, Sprudelliegen, Massagedüsen und Nackenduschen. Bleibt noch die Saunalandschaft auf zwei Etagen zu erwähnen. Auch der Außenbereich ist bestens ausgestattet. Besonders die Sprunganlage sorgt hier für Aufsehen. Die große Wasserrutsche kommt ebenso gut an, wie der Kinder-Spiel- und Wasserbereich. *Heinrich-Wieland-Str. 24, 81735 München-Ramersdorf, swm.de*

Müllersches Volksbad

Seit 1901 ziehen die Münchner:innen in dem Jugendstil-Badetempel ihre Bahnen. In der großen Schwimmhalle können ambitionierte Schwimmer:innen durchs Wasser tauchen. Das Becken ist 31 Meter lang und bietet mit 27 Grad eine angenehme Wassertemperatur. In der zweiten Halle befindet sich ein 18 Meter langes Becken mit wohligen 30 Grad Wassertemperatur. Ein Wannen-, Brausebad sowie der Saunabereich runden das Badeerlebnis ab. *Rosenheimer Str. 1, 81667 München-Haidhausen, swm.de*

Naturbad Furth

In Oberhaching werden Natur und Baden miteinander verbunden und vereint. Ein Seerosenbecken und Schilfbeet sind dabei in das Schwimmbecken integriert. Dazu eine schöne Liegewiese mit altem Baumbestand, ein plätschernder Bach und viel Ruhe – hier kann man den Großstadtrummel schön hinter sich lassen. Das Further Naturbad unterteilt sich in ein 50 Meter langes Schwimmer:innenbecken und einen Bereich für Ungeübte. Was gibt es noch? Eine Schwimminsel, ein Springer:innenbecken mit Felsen und eine Wasserrutsche. Die ganz Kleinen können in einem Bach mit Sandkasten spielen und einfach Quatsch machen. *Badstr. 5, 82041 Oberhaching, T: 24413520, furtherbad.de*

Naturbad Haag Oberbayern

Das Naturfreibad in Haag wurde 1937 von Bürger:innen und der Marktgemeinde gestaltet und eröffnet. Ein Gemeinschaftsprojekt, das sich auch nach mehr als acht Jahrzehnten bei großen und kleinen Badefans großer Beliebtheit erfreut. Das Wasser wird aus dem Altdorfer Mühlbach gespeist, Chlor kommt hier nicht zum Einsatz, vielmehr reinigen biologische Prozesse das Wasser. In der Mitte des Beckens befindet sich eine kleine Insel mit Baum. Es gibt zudem ein Drei-Meter-Sprungbrett und zwei Wasserrutschen. Der Nachwuchs kann sich bei den Nichtschwimmer:innen und im Planschbecken vergnügen. Die Liegewiesen sind sehr gepflegt und ein hübscher Kiosk sorgt für zusätzliche Erfrischung. Ein echtes Bade-Highlight! *Freibadstr. 10, 83527 Haag Oberbayern, T: 08072-8242, markt-haag.de*

tipp Naturbad Maria Einsiedel

Eines der schönsten Freibäder in München, wenn nicht sogar in Deutschland. Uralte Bäume ragen hier in den blauen Himmel und spenden Schatten. Dazu rauscht die Isar in Form eines Kanals durch das Naturbad, der sich über eine Strecke von 308 Metern an Liegewiesen vorbei schlängelt. Vögel singen und die Luft in den Isarauen ist einfach frisch und klar. Das Maria Einsiedel ist ein wunderschöner Badepark und das bislang einzige Natur-Schwimmbad direkt in München. Es verzichtet voll und ganz auf Chlor. Neben Sportbecken und Nichtschwimmer:innenbecken können die ganz Kleinen in einem Planschbecken mit Mini-Rutsche herumhüpfen. Es gibt einen schönen Spielplatz und eine große Bolzwiese sowie ein paar Tischtennisplatten. Schön sind auch die alten Umkleidekabinen. Außerdem liegt kein anderes Freibad in München so abgeschieden und verträumt, fernab vom Trubel der Großstadt. *Zentralländstr. 28, 81379 München-Thalkirchen, swm.de*

Naturbad Vierkirchen

Kaum zu glauben, aber wahr: Früher war das Naturbad eine Kläranlage. Dann entschieden sich die Bewohner:innen in Vierkirchen, daraus etwas Neues zu machen – und zwar ein Freibad. Kernstück ist die biologische Reinigung des Badewassers in dem separat angelegten Regenerationsteich. Hier werden in einem Selbstreinigungsverfahren unter streng ökologischen Gesichtspunkten die Verunreinigungen auf rein biologischem Wege in mineralische Salze umgewandelt. Nun kann man dort bestens baden. Ein natürlicher Sprungfelsen, urige Stege und das Kinderbecken sorgen für ein tolles Badevergnügen. Mit der S-Bahn ist man vom Münchner Hauptbahnhof aus in gut 30 Minuten in Vierkirchen, das Naturbad ist nur ein paar Meter von der Station entfernt. Kinder unter sechs Jahren haben freien Eintritt. *Am Bauhof 2, 85256 Vierkirchen, T: 935520, vierkirchen.de*

Nordbad

Wenn man das Nordbad betritt, staunt man erst einmal: Die große alte Schwimmhalle mit ihren massiven Steinstufen, die als Tribüne genutzt wird, ist wirklich imposant. Im 33 Meter langen Sportbecken davor werden fleißig Bahnen gezogen und von den Sprungtürmen coole Tricks gezeigt. Dazu gibt es ein kleines Planschbecken für Kinder, ein Dampfbad und eine große Saunalandschaft mit Tauchbecken auf dem Dach. Mit 34 Grad sorgt das Außenbecken im Nordbad nicht gerade für eine Erfrischung im Sommer, im Winter ist es jedoch eine Wohltat, wenn man in den dunklen Abendhimmel schaut und Dampfschwaden über das Wasser ziehen. Sprudelliegen, Massagedüsen und der Strömungskanal sorgen für Entspannung. *Schleißheimer Str. 142, 80797 München-Schwabing, swm.de*

Olympia-Schwimmhalle

In der Olympia-Schwimmhalle wurden früher Goldmedaillen vergeben und Weltrekorde geschwommen. Heute wird hier vor allem vor Freude gequietscht, denn man kann drinnen wie draußen jede Menge Spaß haben. Die Außenfläche verfügt über eine Trampolinanlage, Tischtennisplatten und einen Kinderspielplatz. Doch der große Anziehungspunkt ist drinnen – und zwar die altehrwürdige Schwimmhalle. Eine Sportstätte mit Geschichte: 1972 haben hier die Schwimmer:innen und Springer:innen ihre olympischen Sommerspiele ausgetragen. Unter dem berühmten Zeltdach kann man im einzigen öffentlichen 50-Meter-Indoorbecken der Stadt trainieren. Die große Tribüne bietet eine hervorragende Aussicht auf die Schwimmanlage. Fünf Schwimmbecken und die Sprunganlage garantieren sportlichen Badespaß. Wer danach etwas Entspannung braucht, nimmt im großen Whirlpool Platz oder schwitzt eine Runde in der Sauna. *Coubertinplatz 1, 80809 München-Milbertshofen, swm.de*

tipp Phönixbad Ottobrunn

Die Wellness Welt im Süden von München ist nicht nur angesagt bei Spa-Fans. Der Spa-Bereich mit Saunalandschaft, Saunagarten, Sonnenterrasse und Außenbecken tut sehr gut. Doch es gibt auch jede Menge Action im Phönixbad – gerade für die jüngeren Wasserratten. Im Außenbereich können sie durch zwei Becken planschen, im Innenbereich durch ein weiteres mit Minirutschen. Dazu Fontänen und Wasser spuckende Krokodile. Größere Kinder können durch die zwei Riesenrutschen sausen. Die Sprudelliegen und Wasserfälle, die Sprungturmanlage und Infrarot-Kabine, der Whirlpool sowie die Salzgrotte runden das Ganze ab – ein Bad für die ganze Familie! *Haidgraben 121, 85521 Ottobrunn, T: 6607870, phoenixbad.de*

Prinzregentenbad

Inmitten der Großstadt locken zwei Freibadbecken und ein Sandstrand – der sogenannte Prinzestrand mit Liegestühlen und Beachvolleyball. Alte Bäume, die in den blauen Himmel ragen und Schatten spenden, runden das Setting ab, auch wenn es nur ein Kurzurlaub im Prinzregentenbad ist. Eine Sprunganlage, ein Planschbecken und eine 50-Meter-Rutsche sowie der Strömungskanal im Erlebnisbecken sorgen für großen Familienspaß. Die Saunalandschaft zählte zu den größten in München und ist nach einem Brand 2022 immer noch geschlossen. Bis zum Jahresende dürften wohl die Bauarbeiten abgeschlossen sein. Übrigens: Im Winter hat das „Prinze" nicht geschlossen. Dann verwandelt sich die Wasserfläche in eine Eisfläche, auf der kleine und große Eisprinz:essinnen ihre Runden drehen können. *Prinzregentenstr. 80, 81675 München-Bogenhausen, swm.de*

tipp Schyrenbad

Bereits im Jahre 1847 wurde das Schyrenbad eröffnet und ist damit das älteste Bad in München. Direkt an der Isar, inmitten wunderschöner Liegewiesen unter riesigen alten Bäume kann man sich hier im Sommer bestens abkühlen und ins Wasser springen. Die „Breitrutsche" steht bei den Kids im Mittelpunkt. Für kleine Kinder gibt es einen großen Wasserspielplatz mit Rutsche und Wasserfall. Daneben wird Tischtennis gespielt. Sportschwimmer:innen können im 50 Meter Sportbecken ihre Bahnen ziehen. Eine Pause kann am Kiosk mit eigenem Biergarten und sehr guten Pommes eingelegt werden. *Claude-Lorrain-Str. 24, 81543 München-Untergiesing, swm.de*

Südbad

Der Außenbereich im Südbad ist überschaubar, dabei jedoch sehr ansprechend. Neben einer schönen Liegewiese und einem Planschbecken lässt es sich im Außenbecken, das direkt mit dem Hallenbad verbunden ist, wunderbar entspannen. Dort wirbelt ein Strömungsbecken die Badbesucher:innen ordentlich hin und her. Sprudelliegen, Fontänen und ein Strudelbecken sorgen für Wirbel. In der Halle ist der Kinderbereich mit Planschbecken, Spielfiguren und einer kleinen Rutsche sehr beliebt. In der Finnischen Sauna funkelt bei 95 Grad ein Sternenhimmel. Und wenn es im Sommer sehr heiß ist, versinkt die riesige Glasfassade neben dem Schwimmbecken im Boden und verwandelt das Hallenbad in ein luftiges Freibad. *Valleystr. 37, 81371 München-Sendling, swm.de*

Ungererbad

Das Ungererbad liegt in Schwabing und ist eine grünblaue Oase inmitten der Stadt. Straßen und Wohnblocks umringen die Schwimmbecken. Doch die Liegewiesen sind wie ein Park angelegt – mit wunderschönem, altem Baumbestand. So verliert sich der Großstadtlärm recht gut. In der Hitze des Sommers geht es rund um die Becken turbulent zur Sache. Drei Schwimmbecken, ein Sprungturm, eine Rutsche und ein Strömungskanal gehören zum Angebot. Für Familien mit Kindern sind vor allem das Planschbecken, die Wasserrutsche und der Spielplatz der große Anziehungspunkt. Und es gibt noch mehr zu entdecken: Zwei Beachvolleyballanlagen, Tischtennisplatten, Bodenschach und Trampoline. Wer eine Pause einlegen möchte, kehrt in den Kiosk mit Biergarten ein und gönnt sich eine köstliche Erfrischung. *Traubestr. 3, 80805 München-Schwabing, swm.de*

Westbad

Es zählt zu den größten und gilt als das Flaggschiff der Münchner-Bäder – dementsprechend viel hat das Westbad in Pasing unter seiner großen Glaskuppel und im großzügigen Freibadbereich zu bieten: Ein 50-Meter-Becken mit Bahnen, das Nichtschwimmer:innen- und Erlebnisbecken mit Strömungskanal, ein Wasserpilz sowie Bodensprudelanlagen, eine 64 Meter lange Wasserrutsche und die Ein- und Drei-Meter-Sprunganlage. Im Hallenbad gibt es bei jedem Wetter Badespaß für große und kleine Badebegeisterte. Außerdem verfügt das Schwimmbad über zwei Whirlpools sowie ein Salzwasser-Außenwarmbecken mit Sprudelliegen, Massagedüsen und Nackenduschen, die zum herrlichen entspannen einladen. Für jüngere Badegäst:innen gibt es ein Planschbecken, dass für jede Menge Wasserspaß sorgt. *Weinbergerstr. 11, 81241 München-Pasing, swm.de*

WAS TEENS GEFÄLLT

Mit Pubertierenden ist das so eine Sache – anzutreffen sind sie häufig vor geöffneten Kühlschranktüren und in der Horizontalen herumlümmelnd. Ein paar Tipps, um Teens aus der Bude zu locken.

1 Klever kombinieren

Escape Games gelten als annehmbar cooler Zeitvertreib. Gute Chance also, mit dieser prima Teambuilding-Maßnahme für die ganze Familie auch bei den Teens zu punkten. Den richtigen Weg zu finden, Rätselaufgaben zu lösen und Hindernisse zu meistern, mag unterwegs auch mal für Zoff sorgen, aber das gemeinsame Erfolgserlebnis und die Erfahrung, dass jedes Teammitglied etwas dazu beizutragen hat und erst die verschiedenen Stärken und Talente kombiniert zum Ziel führen, schweißt zusammen.

Escape Games, Seite 198

2 Hoch hinaus

Es braucht schon ein wenig Mumm und Kletterkönnen, um den Extrem-Parcours im Kletterwald am Walderlebniszentrum Grünwald zu bewältigen – genau das Richtige, um Halbwüchsige ihre Grenzen austesten zu lassen und ein Spaß für alle höhentaugliche Sportsfreund:innen ab zwölf Jahren. *Kletterwald München, Seite 186*

3 Nervennahrung für alle

Ob wissenschaftlich bewiesen oder nicht – Schokolade macht gute Laune! Am Viktualienmarkt findet ihr im House of Cacao nicht nur alles, was Schokoholics-Herzen höher schlägen lässt, sondern auch die rohen Kakaobohnen, die Inhaberin und Schokospezialistin Christine Luger gemeinsam mit ihre Tochter Marie als „Cacao Collectors" importiert. Wer mit Kids selbst bunte Schokoladentafeln verzieren möchte, kann dies in der schokifaktur in den Stachus-Passagen tun. *House of Cacao, Chocolate & More Am Viktualienmarkt, Westenriederstr. 15, 80331 München-Altstadt, houseofcacao.de, cacaocollectors.de; Schokifaktur (im frogis frozen yogurt), Stachus Passagen, Untergeschoss 1, Karlsplatz, 80335 München-Altstadt, schokifaktur.de*

4 Augen auf!

In einem ehemaligen Umspannwerk der Stadtwerke zeigt das Museum of Urban and Contemporary Art auf etwa. 2.000 Quadratmetern Gesamtfläche Street Art und bietet Raum für die Diskurse der zeitgenössischen Kunst. Schon das Museumsgebäude selbst, dessen Fassade vom renommierten Street Art-Künstler Stohead gestaltet wurde, ist ein Kunstobjekt. Cool sind auch die Street Art-Biketouren, die euch München von einer der spannendsten Seiten zeigen. *MUCA, Seite 66; Street Art Biketouren, Seite 94*

5 Virtuell in die Vergangenheit

Wenn euren Teens die regulären 90-minütigen Walkingtouren zu lang sind, gibt es „TimeRide GO!" seit April 2023 auch als 45-Minuten-Expresstour. Mit mobilen VR-Brillen führt der knapp zwei Kilometer lange Rundweg zu zentralen Orten der Altstadt, wo ihr dank virtueller Bewegtbild-Szenerien mitten in das historische Geschehen eintauchen könnt, ob beim Turnier am Marienplatz oder als Zeitzeug:in im München der Jahrhundertwende um das Jahr 1900. Jede Station wartet mit eindrucksvollen Früher-Heute-Vergleichen auf! *TimeRide, Seite 74*

Thermen und Erlebnisbäder

Alpspitz-Bade-Center Nesselwang

Das Erlebnisbad im Allgäu bietet ein abwechslungsreiches Badespaß-Angebot für die ganze Familie mit Strömungskanal, Sprudelliegen, der „Crazy Bob"-Reifenrutsche, Warmwasseraußenbecken mit Panoramablick sowie der vielseitigen Saunalandschaft. *Badeseeweg 11, 87484 Nesselwang, abc-nesselwang.de*

BADRIA

Ein Erlebnisbad für die ganze Familie! In Wasserburg, um die 60 Kilometer in östlicher Richtung von München entfernt findet ihr das Badria. Hier kann man im Sommer wie im Winter herumtoben. Der großzügige, abwechslungsreiche und umzäunte Kleinkindbereich macht es für Familien zu einem entspannten Vergnügen. Eine Minigolfanlage, diverse Spiel- und Sportmöglichkeiten und Rutschen sorgen für Spaß und Action. Ein Wohlfühlort, an dem es für Kinder viel zu entdecken gibt: vom Babypool übers Gaudibecken hinzu Wasserstrudeln und -fällen. *Alkorstr. 14, 83512 Wasserburg am Inn, badria.de*

tipp

Donautherme Ingolstadt

Nach der Sanierung und Betreiber:innenwechseln hat das beliebte Erlebnisbad mit Therme und Saunawelt in Ingolstadt im Frühjahr 2023 neu eröffnet. Auf 10.000 Quadratmetern lockt ein echtes Badeparadies für junge und ältere Wasserratten. Mit Kleinkinderbereichen, Wellenbad und aufregenden Rutschen – wie die Dunkelrutsche mit Lichteffekten. Aber nicht nur Action und Wasserspaß warten hier auf Familien, auch Wellness für die Erwachsenen ist hier angesagt. In der Therme können diese schwerelose Momente im Solebad erleben, sich im Massageparcours von den Wasserdüsen durchkneten lassen, im Perlbad entspannen und an der Poolbar eine schöne Zeit erleben. *Südliche Ringstr. 63, 85053 Ingolstadt, T: 0841-379110, donautherme.de*

Europatherme Bad Füssing

Von oben aus der Luft betrachtet wirkt die Europatherme wie ein weiß-blaues Labyrinth. Die Therme ist eine der größten in Bayern und lädt mit einer Vielfalt an Freiluftbecken, Hallenbädern und Wohlfühlbereichen zum Entspannen ein. Wie beispielsweise im Schwefelgas-Becken mit angenehm heißen Wasser und Massagedüsen. Von dort kann man direkt in den Strömungskanal tauchen, der einen wie eine Waschmaschine durchschüttelt. Darauf folgt das Attraktionsbecken „Nymphäum" mit Perlsprudelbank. In der 35 Grad warmen Sternenhimmelgrotte kehrt dann langsam Ruhe ein und im Entschleunigungsbecken könnt ihr sogar sanften Klängen unter Wasser lauschen. *Kurallee 23, 94072 Bad Füssing, T: 08531-94470, europatherme.de*

tipp

Familienbad Isarwelle

Ab in die Berge. Allerdings nicht auf einen Gipfel des Alpenlandes, sondern ins Wasser der Isarwelle im Tölzer Land. Das Familienbad in Lenggries hat einiges auf dem Programm, lässt keine Wünsche offen: wie die großzügige Schwimmhalle mit Whirlpool und Massageliegen. Dazu der Schwimmkanal ins Freie, die Wildwasser-Strudel, die sogenannten Blubbermulden, ein Kleinkinderbecken sowie das Erlebnisbecken mit Luftperlliegen. Die Liegewiese mit dem Panoramablick auf die Lenggrieser Bergwelt ist ebenso der Hammer. Also: Ab in die Isarwelle! *Goethestr. 22A , 83661 Lenggries, T: 8042-509596, lenggries.de/staemme/familienbad-isarwelle*

monte mare Vitaltherme Schliersee

Schon allein der Blick aus den großen Fensterfronten des Hallenbades ist bezaubernd – vorbei an einer Kirchturmspitze auf zarte Berggipfel und den Schliersee. Aber auch das Innere des monte mare bereitet Vergnügen: wie zum Beispiel die Black-Hole-Rutsche, blubbernde Whirlpools, Unterwasser-Massageliegen oder das 25-Meter-Becken. Für die kleinen Gäst:innen gibt es ein Kinderbecken mit Spielgeräten. *Perfallstr. 4, 83727 Schliersee, T: 08026-920900, monte-mare.de*

Neufun – Freizeitbad und Saunaland

Für die Jüngsten gibt es einen tollen Babypool, in dem sie ohne Gefahren im warmen Wasser ausgiebig plantschen können. Etwas größere Kinder freuen sich über das Warmbecken mit Schwimmkanal im Freien und die 44 Meter lange Rutsche. Neben Spaß und Action gibt es auch Erholungsorte und -momente für Mamas und Papas. Und zwar in der Sauna-Oase mit fünf verschiedenen Angeboten: ein Kolldarium mit wechselnden Farbstimmungen, zwei finnische Saunen, ein Dampfbad, eine Blockhaus-Saune und eine Panorama-Sauna im Außenbereich. *Käthe-Winkelmann-Platz 4, 85375 Neufahrn bei Freising, hallenbad-neufahrn.de*

Plantsch

Manchmal muss man in die Ferne schweifen, denn das Plantsch ist einfach gut. Etwa 90 Kilometer von München entfernt liegt das Familienerlebnisbad von Schongau – eine Gemeinde, die bereits mit Märchenwald und

Tierpark viel Anziehungskraft besitzt. Warmwasser-Erlebnisbecken im Freien mit Wildwasser-Strömungskanal, Whirl- und Massageeinrichtungen, Sprudel- und Schwallanlagen, ein Familienbecken sowie die 90-Meter-Erlebnisrutsche – im Plantsch kann man richtig gut plantschen. Jeden Freitagnachmittag ist Kinderspiele-Nachmittag von 15:00 bis 17:00 Uhr, dann wird ein großer Spiel- und Kletterfelsen zu Wasser gelassen und jede Menge Spielgeräte ausgegeben. Im Sommer kommt der große Freibadbereich mit Spiel- und Sportplätzen hinzu. *Lechuferstr. 6, 86956 Schongau, T: 08861-214444, plantsch.de*

PRIENAVERA Erlebnisbad

neu

Angrenzend an das Strandbad am Chiemsee kann man im Prienavera in die Fluten des „bayerischen Meeres" springen. Das Strandbad ist wie eine Halbinsel mit Holzsteg angelegt. Daneben wartet der Indoor-Bereich des Erlebnisbades mit Strömungskanal, Sprudeldüsen, Unterwasserliegen sowie Unterwassermassagen und Nackenduschen. Dazu ein Textil-Dampfbad, Kneippbecken und Whirlpool mit Farblichtspiel. Krönendes Highlight ist das warme Außenbecken mit Blick auf das Schloss Herrenchiemsee und unzählige Alpengipfel. Nach einer umfänglichen Generalsanierung eröffnet das Erlebnisbad im Herbst 2023 wieder. *Seestr. 120, 83209 Prien am Chiemsee, T: 08051-6095720 prienavera.de*

Rupertus Therme

Die Therme nutzt einen großen Schatz, der seit 250 Millionen Jahren in Innern der Berge sitzt – und zwar Salz. In Bad Reichenhall tritt es als Sole ganz natürlich zutage, in flüssiger Form. Und genau diese Alpensole wird in die Rupertus Therme geleitet – in die Aktiv- und Liegebecken sowie die Dampfbäder. Seit mehr als 150 Jahren ist der Kurort für seine zahlreichen Solequellen und -bäder berühmt. Hier gibt es auch eine holzbefeuerte Erdsauna, Stollendampfbäder und Solegrotten. Im wohlig warm temperierten Familienbecken steht Spaß und Entspannung im Vordergrund. Und für die Kleinsten gibt es ein Planschbecken mit Minirutsche und angeschlossenem Kinderspielraum. *Friedrich-Ebert-Allee 21, 83435 Bad Reichenhall, T: 08651-76220, rupertustherme.de*

Therme Bad Aibling

Aus knapp 2.300 Metern Tiefe gelangt das Wasser an die Oberfläche und füllt die Becken der Therme in Bad Aibling. Es ist zwischen 32 und 36 Grad warm. In der Moorkuppelsauna, im orientalischen Hamam und in den Trockensaunen werden Körper und Geist gleichermaßen verwöhnt. Von Mai bis September öffnet das Freibad mit traumhaften Blick in die Alpenwelt. Dazu gibt es ein Nichtschwimmer:innenbecken, einen Wasserspielplatz und eine coole Wasserrutsche. *Lindenstr. 32, 83043 Bad Aibling, T: 08061-9066200, therme-bad-aibling.de*

Therme Bad Wörishofen

In der Therme Bad Wörishofen könnt ihr euch wie in der Südsee fühlen – eine große Badehalle mit riesigen Fensterfronten und Palmen, die um die türkisblauen Becken herum stehen. Hier wird Entspannung und Ruhe sehr groß geschrieben, deswegen gilt als Mindestalter für den Thermenbereich 16 Jahre. Nur samstags von 09:00 bis 19:00 Uhr können Familien und Kinder das Palmenparadies erobern. Das angegliederte Sportbad ist allerdings für alle da. Der Bambini-Pool, die Spiel- und Lernbecken und sowie actionreiche Rutschen sorgen für Spaß. *Thermenallee 1, 86825 Bad Wörishofen, Therme Bad Wörishofen, therme-badwoerishofen.de*

KINDER-
TIPP

Das neue Ausflugsziel am Tegernsee bietet zu jeder Jahreszeit fantastischen Spiel-, Lern- und Tobespaß für aktive Familien.

Marlene
9 Jahre

EDUTAINMENT AM TEGERNSEE

Hochseil-Klettergarten mit Lichtinstallation, interaktive Trampolinzone, spektakuläre Glas-Boulderwand, Kettenkarussel, Ninja-Warrior-Parcours, 5D-Kino, multimediales Aquarium, „YULLBE"-VR-Erlebnis – die Liste der Attraktionen in dem 2.700 Quadratmeter großen Erlebnisparadies ist lang. Aber dort geht es nicht nur um Fun, ihr könnt auch die Geschichte und Ökologie der Tegernsee-Region erkunden. Auch super als Kurzurlaub – wer in einem der zugehörigen Hotels oder Apartments übernachtet, hat freien Eintritt in die gigantische Edutainmentwelt rund um Sport, Spaß und Tegernsee-Heimatliebe. *Tegernsee Phantastisch, Seite 202*

tipp

Therme Erding

Action, Action und nochmals Action – im Rutschenformat! Vor lauter bunten Rutschen sieht man die Therme Erding fast nicht mehr. So gibt es einen riesigen Gebäudekomplex, durch den sich lauter Röhren schlängeln. Mit und ohne Reifen schießt man hier durch eine Actionwelt, bestehend aus steilen, breiten und wilden Rutschen. Ob Hilfpipe, virtuelle Welten oder welle Kurvenfahrt – hier ist für jede:n die richtige Rutsche dabei. Insgesamt sind es 28 mit einer Länge von insgesamt 2.850 Metern. Nur ein paar Meter davon entfernt rauschen Wellen durch ein Becken, das von Palmen und einem Hotel umringt wird. In der nach eigenen Angaben größten Therme der Welt befinden sich 35 Saunen und Dampfbäder sowie 40 Pools, in denen geplantscht werden kann, was das Zeug hält. Das aus 2.350 Metern Tiefe geförderte Thermal-Heilwasser speist mit Ausnahme des Kinderpools alle Becken. Spaß bringen auch die Schwimmkurse für Babys, bei denen ihr wertvolle Tipps für mehr Sicherheit mit eurem Kind im Wasser lernt. Aber auch ältere Kinder können hier erste Schwimmzüge erlernen und ihr Seepferdchen absolvieren. *Thermenallee 1-5, 85435 Erding, T: 08122-5500, therme-erding.de*

Titania

Auch das Titania Neusäß unmittelbar vor den Toren Augsburgs kann sich sehen lassen. Das Familienbad ist ein absoluter Knaller für spielfreudige Kinder. Das riesige Pirat:innenschiff kann bereits von den Kleinsten erklommen werden und liegt neben dem Planschbecken und den Kleinkindrutschen. Aber auch ältere Kinder kommen auf ihre Kosten, denn es gibt viel zu entdecken. Eine Trichterrutsche und Black-Hole-Rutsche verstecken sich in einem Leuchtturm. Sprudelliegen, Geysire und Massagedüsen machen den Aufenthalt auch für die Erwachsenen zu einer Wohltat. Der Sauna- und Wellnessbereich hat besonders für Mamas und Papas seine Reize. *Birkenallee 1, 86356 Neusäß, titania-neusaess.de*

tipp

Vita Alpina Erlebnis- und Wellnessbad

Wer dem Großstadtrubel einen Tag lang den Rücken kehren möchte, macht einen Ausflug nach Ruhpolding, gut 110 Kilometer von München entfernt. Hier kann man inmitten des Alpenpanoramas in ein Urmeer eintauchen und entspannen. Aber auch Action ist im Vita Alpina möglich. Während die jüngeren Badegäst:innen auf den Spiel- und Planschgelegenheiten herumtoben, können die etwas größeren Kids die legendäre Alpenwelle, die Riesenrutsche sowie den Sprungturm für endlosen Wasserspaß ausprobieren. *Brander Str. 1, 83324 Ruhpolding, vita-alpina.de*

Wellness

Münchner Salzgrotte mit Salzladen

Am Meer ist die Luft angereichert mit salzhaltigen Aerosolen, die für freie Atemwege und ein nachhaltiges Wohlbefinden sorgen, das den gesamten Organismus stärkt. Wer dies in München nachahmen möchte, kommt in die Münchner Salzgrotte. In kleinen, höhlenartigen Räumen könnt ihr salzhaltige Luft und Ruhe genießen. Die alpenländische Grotte ist aus uralten Himalaya-Salzsteinen errichtet. Über 15 Tonnen Salz und eine angenehme Raumtemperatur sorgen für ein besonders angenehmes Mikroklima. Klangschalen-Meditation und Yoga sind besonders beliebt. Für Kinder gibt es außerhalb der Grotte Lach-Yoga-Kurse. *Theresienstr. 91, 80333 München-Maxvorstadt, T: 57957342, münchener-salzgrotte.de*

Salzgrotte SALUD

In dieser Salzgrotte könnt ihr tief durchatmen. Laut Salud besteht dieses urbane Exemplar aus 200 Millionen Jahren alten und reinen Himalaya-Salzsteinen aus der pakistanischen Provinz Punjab. Über 15 Tonnen Salz stecken hier in den Wänden und sorgen für eine konstante Raumtemperatur von ca. 18 bis 20 Grad sowie eine Luftfeuchtigkeit von rund 60 Prozent. Die reine Luft in der Grotte, das gedimmte Licht, das Plätschern eines kleinen Wasserfalls, die Meditationsmusik und die gepolsterten Liegen bringen ganzheitliche Entspannung. Bei Salud können Kinder in Begleitung eines Erwachsenen wie am Meeresstrand mit dem Salz spielen. Es gibt eine Kinderecke mit Spielsachen. Die Kleinen dürfen auch ein Lieblingsspielzeug oder -buch mitbringen, so können sie ganz spielerisch und ohne Inhaliermaske die Grottenluft einatmen. Besonders bei Asthma und Bronchitis kann das sehr hilfreich sein. *Stiftsbogen 43/L, 23, 81375 München-Hadern, T: 74127969, salzgrotte-salud.de*

Salzgrotte SalzAmbiente

Über neun Tonnen Salz aus Pakistan und dem Toten Meer sind in der Salzgrotte von SalzAmbiente verbaut. Hier werden Atemkuren für Erwachsene und auch speziell für Kinder angeboten. Bei den Terminen für Kinder darf es dann etwas wilder zugehen. Hierfür steht für die jungen Besucher:innen Sandspielzeug zur Verfügung. Das besondere Mikroklima, bakterielle Reinheit und die stark ionenhaltige Luft können die Symptome bei Atemwegserkrankungen lindern. Der regelmäßige Aufenthalt in Salzgrotten sorgt für eine Regulierung des natürlichen Mineralhaushaltes. *Sommerstr. 24, 81543 München-Untergiesing, T: 63851070, salzambiente.de*

Eislaufen

Eis- und Funsportzentrum Ost

Auf Rollen oder auf Kufen – das Eis- und Funsportzentrum im Ostpark sorgt im Sommer wie im Winter für Action. Die 400 Meter lange, ovale Eisschnelllaufbahn im Freien ist die einzige ihrer Art und Größe in ganz München. Wer möchte, kann auch ein paar Pirouetten auf der Innenfläche absolvieren, wenn nicht gerade eines der Eishockey-Teams trainiert. Ein Schlittschuh-Verleih befindet sich vor Ort. Im Sommer geht der Spaß hier einfach auf Rollen weiter. *Staudingerstr. 17, 81735 München-Perlach, T: 63019147, muenchen.de*

Eisbahn im Prinzregentenstadion

Auf 30 mal 60 Metern erstreckt sich die Eisfläche im Prinzregentenstadion. Darauf geht es nicht nur um den Sport Eislaufen. Sondern auch ums Eistanzen, also Party. Im „Prinze" läuft das Eisvergnügen mit Musik – dementsprechend werden sogar Tanzkurse auf dem Eis angeboten. Für eine Verschnaufpause und zum Zuschauen steht die Tribüne mit 450 Plätzen zur Verfügung. Im Hauptgebäude des alten Stadions könnt ihr Schlittschuhe für alle leihen. *Prinzregentenstadion, Prinzregentenstr. 80, 81675 München-Bogenhausen, swm.de*

tipp Eislaufen Nymphenburger Schlosskanal

Musik, eisige Luft und das Kratzen von Kufen ist zu hören wenn wir uns in frostigen Wintern dem Nymphenburger Schlosskanal nähern. Denn an seinen Enden, am Nymphenburger Schlossrondell und am Hubertusbrunnen, wird dann Eislaufen zelebriert. Ein Spektakel für Münchner:innen jeden Alters – mit lustiger Musik, einem Kiosk und Verleih. Umringt wird die runde Eisfläche von Bäumen und Häusern beim Hubertusbrunnen. *Südliche Auffahrtsallee, 80639 München-Nymphenburg*

Eisstadion Ottobrunn

50 Jahre ist es nun her, seitdem einige beherzte Ottobrunner Eislauffans mit Handzetteln zur Gründungsveranstaltung des ERSCOs einluden. Kinder können in der Wintersaison auch Eislaufkurse belegen, vor allem aber locken die öffentlichen Eislaufzeiten zu winterlichem Vergnügen an der frischen Luft. Kinder unter sechs Jahren haben freien Eintritt, Schlittschuhe können in Größe von 25 bis 48 geliehen werden. Und wer Gefallen am Eissport findet – der Verein bietet verschiedene Disziplinen an. *Haidgraben 120, 85521 Ottobrunn, T: 66078725, ersco.de*

Eisstockbahnen Nymphenburg

Groß, größer am größten – zwischen der Gerner Brücke und der Hubertusstraße startet in kalten Wintern das Eisstockschießen auf dem Nymphenburger Schlosskanal. Aufgrund des flacheren Wasserstands im Kanal oft schon bevor das tiefere Wasser am Schlossrondell und beim Hubertusbrunnen eine tragfähige Eisfläche gebildet hat. Anfänger:innen und Expert:innen lassen die Stöcke dann übers Eis flitzen. Auf 500 Metern reiht sich Bahn an Bahn. Wem die entsprechende Ausrüstung fehlt, kann sie vor Ort ausleihen. *Südliche Auffahrtsallee 27, 80639 München-Nymphenburg, T: 0179-1077187, eisstockbahnen.de*

Olympia-Eissportzentrum

Disco on ice – das ist im Olympiapark von München möglich und auch sehr beliebt, genauer gesagt im Eissportzentrum. Hier gibt es das gesamte Jahr über schön glattes und glänzendes Eis. Auf dem Programm stehen: Publikumslauf, Musikprogramm und eine spezielle Lightshow mit Disco. Wer keine Kufen hat, kann sich Equipment vor Ort ausleihen. Die Disco läuft allerdings nicht, wenn die Eishockeycracks vom EHC München auflaufen und in der deutschen Eishockey Liga auf Tore- und Punktejagd gehen. *Spiridon-Louis-Ring 21, 25, 80809 München-Milbertshofen, T: 30672141, olympiapark.de*

Polariom Germering

Von Kopf bis Fuß auf Eis eingestellt ist das Polariom in Germering, eine große Halle mit Eisfläche und Tribünen. Neben Eishockey, Eisstockschießen und Eiskunstlauf gibt es auch einen öffentlichen Eislauf von Mitte Oktober bis Mitte März. Da kratzen dann Kids und Erwachsene über die 60 Meter lange und 30 Meter breite Indoor-Eisfläche. Musik macht hier gute Laune und es gibt noch mehr Partystimmung: Am Kindergeburtstag kann der schönste Tag des Jahres zur lustigen Eispartie werden. *Bertha-von-Suttner-Straße 5, 82110 Germering, T: 69310910, stadtwerke-germering.de*

Waldsportpark

Ein Waldsportstadion, Hartplätze, eine Skilanglauf-Loipe, ein Skilift und eine Stockschützen-Anlage – das Angebot ist groß und vielseitig im Waldsportpark Ebersberg. So wird im Stadion Fußball gespielt, auf den Hartplätzen stehen Volleyball, Tennis und Basketball auf dem Programm. Bei den Stockschützen kann man auf zwölf Asphaltbahnen munter drauflos spielen. Im Winter sorgt der Skilift für Wintersport-Vergnügen und ist für Beginner bestens geeignet. Oder ihr gleitet über die 14 Kilometer lange Langlauf-Loipe. *Sportparkstr., 85560 Ebersberg, T: 08092-20081, waldsportpark-ebersberg.de*

Klettern und Bouldern

Boulderwelt München Ost

Die Kletterwände der Boulderwelt Ost verteilen sich auf drei Etagen und scheinen wie bunte Meteoriten im Raum zu schweben. Für Kinder ist auf über 100 Quadratmetern eine eigene Kinderwelt aufgebaut. Dort gibt es kindgerechte Boulderwände und Spielmöglichkeiten schon für die Kleinsten ab zwei Jahren. Vorkenntnisse sind nicht nötig, einfach vorbeikommen und klettern – das gilt auch für Erwachsene. Schuhe können vor Ort ausgeliehen werden. In den Ferien gibt es Dreitageskurse für Kinder zwischen sechs und zwölf Jahren, an denen pro Tag drei Stunden aktives Programm mit Spiel, Spaß und Sport geboten wird. *Hanne-Hiob-Str. 4, 81671 München-Berg am Laim, T: 45234823, boulderwelt-muenchen-ost.de*

Boulderwelt München West

Mit über 1.600 Quadratmetern ist die Boulderanlage in Aubing eine der größten der Welt. In allen Schwierigkeitsstufen stehen hier über 600 Boulder zur freien Verfügung und sorgen für ein schier grenzenloses Klettern in Absprunghöhe. Mit entsprechenden Kursangeboten für Einsteiger:innen, Fortgeschrittene und Kinder können alle ihre Kletterfähigkeiten noch verbessern.
Dazu gibt es eine Trainingswelt mit Slingtrainern, Kettlebells und Stangenpark. Die bunte Boulder-Kinderwelt mit den Bereichen für Kleinkinder ab drei Jahren und einem Parcoursbereich für Kinder bis 14 Jahre sorgt mit U-Boot und Inkas für spannende Abenteuer! Ab dem sechsten Geburtstag kann hier die Party steigen, dann erleben die Kids zusammen mit Trainer:innen aktiven Boulderspaß. *Bertha-Kipfmüller-Str. 19, 81249 München-Aubing, T: 82073499, boulderwelt-muenchen-west.de*

tipp DAV Kletter- & Boulderzentrum

Das DAV Kletter- & Boulderzentrum zählt zu den größten Anlagen weltweit und gilt als eine der Geburtsstätten des urbanen Freikletterns. In verschiedenen Hallen ragen Kletterrouten bis zu 20 Meter in die Höhe. Dazu gibt es Boulderfelsen und einen sehr vielseitigen Außenbereich. Kinder können ab drei Jahren an die Wände mit bunten Plastikgriffen, ins Piratenschiff und in der verwinkelten Ritterburg herumtoben. Unter 14-Jährige haben in Begleitung eines zahlenden Erziehungsberechtigten freien Eintritt! Geburtstage können in der Kletterwelt ebenso gefeiert werden. *Thalkirchner Str. 207, 81371 München-Thalkirchen, T: 189416311, kbthalkirchen.de*

DAV Kletterzentrum München-Nord

In Freimann kommen Kletterfreund:innen ebenfalls auf ihre Kosten: Die modernen In- und Outdoor-Bereiche bieten knapp 4.000 Quadratmeter Kletter- und Boulderfläche. Da dürfte für jeden Geschmack und jede Altersstufe etwas dabei sein. Die Anlage im Münchner Norden ist zusätzlich mit Trainingsraum, Kinderparadies, Spielplatz, Verleih und gemütlichem Bistro samt Dachterrasse komfortabel ausgestattet. Es gibt ein umfangreiches Kursprogramm der DAV-Sektionen und zahlreiche Schnupperangebote. *Werner-Heisenberg-Allee 5, 80939 München-Freimann, T: 215470540, kbfreiman.de*

DAV Kletterzentrum München-West

Weit in den Westen geht es für dieses Kletterabenteuer von München aus nach Gilching. Das Boulderareal im Outdoorbereich erinnert an das Fontainebleau in Frankreich. Riesige Steinklötze warten darauf, erobert zu werden. Insgesamt lachen die Freikletterer:innen 1.950 Quadratmeter Wandfläche an – gespickt mit bunten Griffen. Neben einem kindgerechten Boulderraum und einem Spielplatz im Außenbereich können im Kletterzentrum München-West auch Kinderkurse belegt oder Kindergeburtstage gefeiert werden. *Frühlingstr. 18, 82250 Gilching, T: 08105-370770, kbgilching.de*

Einstein Boulderhalle

Eine schöne, kleine und feine Boulderhalle – die ein besonderes Augenmerk auf Kinder legt. Denn sind Kinder nicht ohnehin schon die geborenen Klettertalente? Die Einstein Boulderhalle fördert den natürlichen Kletterdrang von Kindern, zumal Bouldern bestens dafür geeignet ist, um Motorik und Koordination, Konzentration und Selbstkontrolle sowie einzelne Facetten sozialer Fähigkeiten zu schulen. Die pädagogisch ausgebildeten Bouldertrainer:innen wollen dies mit Spaß und Freude in Kursen vermitteln. *Landsberger Str. 185, 80687 München-Laim, T: 30701750, muenchen.einstein-boulder.com*

tipp Heavens Gate

30 Meter hoch ragen die acht alten Silotürme in den Münchner Himmel am Ostbahnhof. In den mächtigen senkrechten Betonröhren befindet sich heute ein Kletterparadies. 1998 eröffnete in den alten Kartoffelflockensilos der ehemaligen Pfanniwerke das Heavens Gate – eine der ersten Kletterhallen in München. Doch die Zeit nagte an den Wänden. Von 2017 bis 2021 wurde das Heavens Gate generalsaniert und erweitert. Geblieben sind natürlich die hohen Silos. Hinzugekommen sind neue, moderne Kletter- und Boulderflächen sowie eine 19 Meter hohe Außenkletterwand. Für Kinder gibt es

speziellle Bereiche, Ferien- und Anfänger:innenkurse und auch für Kindergeburtstage ist dies ein toller Ort. Vor allem aber das inklusive Konzept finden wir super! *Speicherstr. 21, 81671 München-Berg am Laim, T: 20003070, heavensgate-muc.de*

High-East

Die lichtdurchflutete und klimatisierte Kletterhalle in Heimstetten zählt zu den höchsten Indooranlagen der Alpenregion. Auf großzügigen Kletter- und Boulderflächen finden alle gute Bedingungen vor – Anfänger:innen genauso wie Profis. So gibt es innen zwei schöne Bouldergrotten mit Routen in unterschiedlichen Schwierigkeitsgraden. Der separate Kinderboulder-Bereich bietet auch den kleinen Kletterfreund:innen ein vielseitiges Areal zum Austoben. Die große Boulderaußenanlage rundet das Angebot ab. Auf Innen- und Außenboulderflächen hat jede:r die Möglichkeit, individuelle Grenzen auszutesten und neue Herausforderungen anzunehmen. Und nach dem Klettern geht es dann noch schön in die Sauna. *Sonnenallee 2, 85551 Heimstetten, T: 92794796, high-east.de*

Hochseilgarten Ammersee

Normalerweise stehen Hochseilgärten in Wäldern, wo Seile und Brücken zwischen alten, großen Bäumen gespannt sind. Am Ammersee ist das etwas anders. Dort steht ein riesiges Pirat:innenschiff, die „Wilde Gretel" mit fünf Kletterebenen für Kinder ab acht Jahren. Tollste Aussicht verspricht der Mastkorb auf 13 Metern Höhe. Dazu gesellt sich ein Kinderparcours für den Kletternachwuchs ab sechs Jahren mit Umlauf-Sicherungssystem Im Bambiniparcours können schon Kinder ab zwei Jahren ihre ersten Klettererfahrungen machen. *Fahrmannsbachstr. 2, 86919 Utting, T: 08806-9234920, hochseilgarten-ammersee.de*

tipp

Klettergarten Baierbrunn

Bei Buchenhain, mit der S-Bahn von München aus in einer halben Stunde erreichbar, ragt aus dem Hochufer eine schroffe Felswand, die mit weißen Punkten übersät ist, denn entlang der 150 Meter langen Wand aus Nagelfluhgestein wird leidenschaftlich geklettert. Der kleine, natürliche Klettergarten bei Baierbrunn, genauer gesagt Buchenhain, bietet ausschließlich klassisches Bouldern, also Klettern ohne Gurt und Seil in maximal fünf Metern Höhe. Für Anfänger:innen und Profis gleichermaßen geeignet. Absolute Beginner:innen sollten nicht ohne erfahrene Freikletter:innen vor die Wand treten, die am Isarhochufer unterhalb des Waldgasthofes Buchenhain liegt. *82065 Baierbrunn, lfu.bayern.de*

Kletterwald Blomberg

Der wohl höchstgelegene Hochseilgarten in Deutschland öffnet immer im April seine Tore. Am Blomberg in den wunderschönen bayerischen Alpen gelegen, hat er für Kinder und Erwachsene einiges zu bieten. Der Seilgarten ist baumschonend in den natürlichen Bergwald integriert und hat zehn verschiedene Parcours zur Auswahl. Dazu gesellt sich ein ruhig gelegenes Teamareal zum Durchschnaufen, perfekt für einen entspannten Tagesausflug geeignet – oder auch für Kindergeburtstage. *Am Blomberg 2, 83646 Bad Tölz-Wackersberg, T: 08041-7935692, der-blomberg.de*

Kletterwald München

Fünf spektakuläre Parcours, 65 Kletterelemente auf insgesamt 923 Metern Länge – der Kletterwald München fordert Anfänger:innen und Kletterprofis gleichermaßen. Im Walderlebniszentrum von Grünwald gelegen, könnt ihr hier in luftiger Höhe durch die Natur wandeln. Eine 120 Meter lange Seilbahn lässt euch durch den Wald rauschen. In der Wald-Lounge sorgen Hängematten und Bänke für Entspannung – hier kann auch toll Kindergeburtstage gefeiert werden. *Walderlebniszentrum Grünwald, 82031 Grünwald, T: 88902355, kletterwald-muenchen.de*

Kletterwald Prien

Auf eine spannende Entdeckungsreise zwischen den Bäumen könnt ihr am Chiemsee gehen. Der Kletterwald in idyllischer Umgebung lässt mit seinen 100-jährigen Baumriesen und dem grandiosen Ausblick auf den Chiemsee keine Wünsche offen. Die 13 verschiedenen Parcours in Höhen von bis zu 14 Metern mit über 110 spannenden Übungen machen ihn zu einem spannenden Familienausflugsziel. Dabei gibt es auch zwei Parcours die schon für Dreijährige geeignet sind. In der Chill-Area kann zwischen den Kletterparcours eine Pause eingelegt werden, bevor es mit neuer Energie wieder in die Baumwipfel geht. *Harrasser Str. 39, 83209 Prien am Chiemsee, T: 08051-9650885, kletterwald-prien.de*

tipp

Kletterwald Vaterstetten

Man könnte sich fast verlaufen, so groß ist der Kletterwald Vaterstetten östlich von München. Auf über 21.000 Quadratmetern schlängeln sich 13 verschiedene Parcours an den Bäumen vorbei und fordern sowohl Kinder, Jugendliche als auch Erwachsene heraus. Hoch oben in den Eichen, Buchen und Fichten sind die Seile, Brücken und Kletterelemente befestigt und gespannt. Für Kinder ab drei Jahren stehen allein vier Parcours bereit, die sich in Bodennähe befinden. Ab sechs Jahren geht es dann in Begleitung Erwachsener schon höher hinauf. Durch das moderne Sicherungssystem „Ropeglider“ ist kein Umhängen mehr nötig – Dem Kletterspaß steht also nichts mehr im Weg. Natürlich ist es auch ein toller Ort für Kindergeburtstage. *Ottendichler Str. 1, 85591 Vaterstetten, T: 08071-1035150, muenchner-wald.de*

KletterZ’ Kletter- und Boulderzentrum Weyarn

Die Anlage des KletterZ’ liegt nah an der Autobahnausfahrt und dennoch direkt im Grünen. Die Räume für große und kleine Kletterer:innen sind großzügig und lichtdurchflutet, das Team ist nett und hilfsbereit. Ein schöner Ort, um aktiv unter Gleichgesinnten zu sein. Für Kinder gibt es einen vielseitigen Kinderraum sowie eine Boulderwand, auf die digital animierte Mitmachspiele projiziert werden. Auf die Plätze, fertig, los! *Am Weiglfeld 30, 83629 Weyarn, T: 08020-9087232, kletterz.de*

Monkee Island

Wasser ist von dieser Insel aus nicht in Sicht. Die Kletterinsel in Fürstenfeldbruck wird von Bäumen umringt. Ein Hochseilgarten mit unterschiedlichen Parcours in verschiedenen Schwierigkeitsgraden. Geklettert wird in Höhen von vier bis zwölf Metern. Höhenangst solltet ihr besser nicht haben, wenn ihr die Hindernisse kurz unterhalb der Baumkronen meistert. Hier stellen eine Vielzahl von Hindernissen Einsteiger:innen und sportliche Kletterer:innen vor spannende Herausforderungen. Im Flying Fox-Parcours gleitet man beispielsweise zwischen Baumwipfeln durch den Wald und über einen Nebenfluss der Amper. Die Kletterwand für Erfolgserlebnisse bei den kleinen Kraxler:innen. Kindergeburtstage stehen ebenfalls auf dem Programm. Ein schöner Ausflugstipp: Das Kloster Fürstenfeld ist nur wenige Minuten zu Fuß entfernt *Zisterzienserweg, 82256 Fürstenfeldbruck, T: 08141-8109264, monkeeisland.com*

tipp Waldkletterpark Oberbayern

Ein kleines Dorf, gut 50 Kilometer von München entfernt, hat ein großes Abenteuer für Familien zu bieten. Die Rede ist vom Waldkletterpark Oberbayern. Zwischen mächtigen Eichen und Buchen können Kinder und Erwachsene nach Herzenslust klettern und dabei ihre Ausdauer und Geschicklichkeit testen. 14 verschiedene Parcours mit einer Gesamtlänge von knapp zwei Kilometern ziehen sich über Plattformen, Stege und Hängebrücken durch den Wald und verlaufen je nach Schwierigkeitsgrad in einer Höhe von einem Meter bis hin zu 24 Metern. *Am Waldkletterpark 1, 85305 Jetzendorf, T: 0170-3267297, waldkletterpark-oberbayern.de*

KINDER-GEBURTSTAG

FEIERN MIT HAND UND FUSS

Urbaner Fun

In der einstigen Luitpoldkaserne zwischen, im Kreativquartier, hat die Skatebardschule München die Heimat für ihre Skatehalle gefunden. Die perfekte Location für einen coolen Kindergeburstag, den junge Sportler:innen ab sechs Jahren hier an den Wochenenden mit ihren Freund:innen feiern können. Bis zu 15 Kinder werden dabe iprofessionell von Skateboard-Trainer:innen betreut und angeleitet. *SpaceForSkate –Skateschule München, Seite 190*

Wasserspaß

Eigentlich gibt es nur eine Voraussetzung: Die Kinder sollten sicher schwimmen können, dann steht einem sportlichen Geburtstag auf dem Starnberger See nichts im Weg. Das Team hat viel Erfahrung mit Kindergruppen und vermittelt in 90 Minuten nicht nur Technik und Tricks, sondern auch Themen wie Umweltschutz und Sicherheit. Dabei kommt der Spaß aber garantiert nicht zu kurz. Ausklingen lassen könnt ihr die Party im schönen Strandbad.
SUP Club Starnberger See, Seebad Starnberg, Strandbadstr. 17, 82319 Starnberg, sup-club.bayern

Meisterhaft feiern

Das FC Bayern Museum befindet sich im Herzen der Allianz Arena. Für kleine Fans ab sechs Jahren bietet sich die Möglichkeit, dort einen ganz besonderen Geburtstag zu feiern. Bei einer Schnitzeljagd durch die Ausstellung können sie spielerisch viel Wissenswertes und Witziges über den Verein und seine Idole erfahren. Als Zusatz lässt sich eine Tour durch die Allianz Arena buchen. *FC Bayern Museum, Seite 62*

Klettern für alle

In Deutschlands höchster Kletterhalle dürfen alle ab sechs Jahren hoch hinaus. Das inklusive Kletterparadies im Werksviertel bietet eine prima Umgebung für tolle Geburtstagsfeiern für Kinder. Nach den ersten spielerischen Klettererfahrungen dürfen sie sich unter der Anleitung professioneller Trainer:innen auch schon an die 30 Meter hohen Silos wagen. Nach Rücksprache ist auch eine Kindergeburtstagsfeier für Teilnehmer:innen mit besonderen Bedürfnissen möglich: Qualifizierte Trainer:innen des inklusiven Projekts „Bayerns beste Gipfelstürme:innen" begleiten sie und gehen auf die speziellen Bedürfnisse der Kinder ein. *Heavens Gate, Seite 185*

Vor Freude hüpfen

Die neue große Trampolinhalle in Gröbenzell ist natürlich nicht nur eine super Location für Schlechtwettertage, sondern auch für sportliche Geburtstagsfeiern für Kinder und Jugendliche von fünf bis 17 Jahren: Beim Geburtstag MAXX Jump erwartet euch ein gedeckter Geburtstagstisch und ausgiebiger Trampolinspaß. In der Kirchheimer Funsports-Arena könnt ihr aus verschiedenen Geburtstagssessions wählen – möglich sind auch Kombinationen aus Trampolin Area, Inflate Park und oder Clip'n Climb-Kletterbereich. Oder ihr feiert dort einen Neon-3D-Golf-Geburtstag in den coolen, speziell gestalteten Schwarzlicht-Räumen. *MAXX Arena Gröbenzell und Kirchheim, Seite 196*

Skateparks

Skateboarding München e.V.

Ein Verein, der München zum Rollen bringt: Skateboarding München kümmert sich um Skateboarder:innen, deren Szene und Spots. Und die Expert:innen wissen auch, welche Events und Aktionen in München gerade so laufen, organisieren Skateboard-Kurse sowie entsprechende Workshops. Donnerstags finden von 16:00 bis 19:00 Uhr kostenlose Kurse für Kinder im Alter zwischen sechs und 17 Jahren in der Vereinshalle statt – nur außerhalb der Schulferien. *skateboarding-muenchen.org*

Skatepark am Hirschgarten

Skateboarder aus aller Welt pilgern in den Skatepark im Hirschgarten. Fullpipe und Pool sorgen hier für Gänsehaut – nicht nur bei Menschen mit Brett und Rollen. Daneben befindet sich noch ein äußerst feiner Bolzplatz, eine Kletterwand, ein Basketball-Court und große Schaukeln – die ebenfalls für grenzenlosen Spaß sorgen. Ein tolles Gelände, in dem ihr nach Lust und Laune mit Brett, Ball und Freund:innen spielen könnt. Der Skatepark ist jedoch das absolute Highlight hier, denn er zählt zu den größten und angesagtesten Funparks der Stadt. *Hirschgarten, 80639 München-Neuhausen*

Skatepark Im Gefilde

Feinster Beton sorgt für großes Vergnügen mit Rollbrett. Der Untergrund ist hier wellenförmig gestaltet und diese urbanen Wellen kann man perfekt mit Brett reiten. Der Streetpark und die Bowl sind für entspannte Sessions bestens geeignet. Curps und Rails gibt es nicht. Doch mit viel Schwung auf dem Brett wird der Ritt hier zu einem einzigen Flow – das macht einfach Spaß. Der Skatepark in Perlach ist damit nicht nur etwas für ambitionierte Skateboarder:innen, sondern gibt mit seinen flachen Lines auch Spielraum für Anfänger:innen. Ein besonderes Highlight ist die Oververtcorner: Ein Element, das wie eine aufgeklappte Muschel aus dem Becken ragt. *Putzbrunner Str. 178, 81739 München-Perlach*

Skatepark Theresienwiese

Auf der Theresienwiese rauscht es – dafür sorgen die Skateboarder:innen in ihrem Park. Nette Spielsachen wie Boxen, Rampen oder Rails ziehen Rollbrettfahrer:innen aus ganz München und dem Umland an. Ab und zu schauen auch Roller- oder BMX-Anhänger:innen vorbei, dabei läuft das Zusammenspiel zwischen den einzelnen Disziplinen gut und entspannt. *Theresienwiese, 80336 München-Ludwigsvorstadt*

Skatepark Wacker

Sobald es das Wetter zulässt, rollen sie los – die Skateboarder:innen. Jeder Tag wird genutzt und gefeiert, denn der recht kleine Skatepark direkt neben dem Vereinsgelände vom FC Wacker ist angesagt und macht einfach Spaß. Übrigens: Der Betonpark besteht aus einer Bowl, dazu gibt es Banks, Manual Pads, ein Handrail, Hubba und vieles mehr. *Demleitnerstr., 81371 München-Sendling*

Skatepark Waldram

Mitten im Grünen befindet sich diese Skateanlage, die im Besonderen den Jugendlichen aus der Nachbarschaft zu verdanken ist. Sie haben sich dafür stark gemacht und kümmern sich als Roll-Active-Initiative bis heute in vorbildlicher Weise um den Park und den Rollsport rund um Wolfratshausen. Der Skatepark besteht aus einer Quarter und Bank von circa zwei Metern Höhe. Seitenverkehrt angeordnet stehen daneben beide Rampen nochmal in kleinerer Ausführung. Dazu laden noch eine Pyramide, Handrails, eine Miniramp, Curb, Kicker, Stufencurb, ein Flatrail, eine Manualpad-Chinabank-Kombi sowie weitere Quarter mit Jumpbox zum Ausprobieren ein. *Waldram-Wolfratshausen, jugend-wolfratshausen.de*

tipp SpaceForSkate – Skateschule München

Zwei Brüder haben die lange Misere Münchens beendet und mit SpaceForSkate der Skateboardszene in der bayerischen Metropole endlich wieder eine Skatehalle beschert. In der Skatehalle laufen nun nahezu täglich Workshops für Anfänger:innen und Fortgeschrittene aller Altersklassen. Ferienkurse und Geburtstage gehören ebenso zum Angebot. Bei den Open-Sessions können erfahrene Skater:innen ab zwölf Jahren Gas geben und losrollen. Montags ist Ruhetag. Urbane Kunst an den Hallenwänden, Skate-Contests, Fotoausstellungen, Videopremieren oder kleine Konzerte runden das Ganze ab. *Dachauer Str. 110C, 80636 München-Neuhausen, T: 0176-43511961, skateschulemuenchen.de*

Stonepark

Der 700 Quadratmeter große Stonepark am Olympiapark gehört zu den ältesten Skateparks in Deutschland. Bei der Sanierung 2018 arbeiteten Planungsbüro, lokale Insider:innen, der Skateboarding München e.V. und die Stadt München eng zusammen. Mit Erfolg! Der Stonepark passt sich seiner Umgebung gut an, umringt von Olympiaturm und -dorf und der BMW-Welt. Allein optisch ist er ein Hochgenuss – mit Half-Bowl, Spine Wobbles, Speed Bump, Vulcano, Ledge, Manual Pads, Curves und Banks. *Olympiapark, 80809 München-Milbertshofen*

Kartbahnen

Gokart Arena & Familienpark Neufinsing

Die Rennstrecke der GoKartArena sorgt für Formel-Eins-Feeling: Eine Streckenlänge von 300 Metern mit zwölf Kurven und Geraden verlangt den Rennfahrer:innen einiges ab. Dabei sitzen die kleinen Pilot:innen in Elektrokarts, die umweltfreundlich und fast geräuschlos über die Rennpiste sausen. Ab acht Jahren und einer Mindestkörpergröße von 1,30 Meter kann man übrigens fahren und auch am Geburtstag feiern. *Am Steinfeld 3, 85464 Neufinsing, T: 08121-2252280, gokartarena.de*

Kart Palast Funpark

Serpentinen, Spitzkehren, Schikanen und lang gezogene Kurven – der Kart Palast in Bergkirchen sorgt für ein königliches Fahrvergnügen. Drei Rennstrecken auf vier Ebenen verdrehen nicht nur Motorsportfans den Kopf. Einfach ins Kart setzen und Gas geben. Der Kurs ist sehr sicher angelegt, wie auch die Rennwagen. Dazu ein Integralhelm auf dem Kopf, schon kann es losgehen. Für Kinder zwischen acht und 14 Jahren gibt es täglich Kids-Races und eine Fahrschule. Wer noch nicht genug hat, kann eine Runde Minigolf oder Bowling spielen. *Gadastr. 9, 85232 Bergkirchen, T: 08142-418510, kartpalast.de*

Kartshop Ampfing

Hockenheim, Nürburgring oder Silverstone – die Rennstrecke in Ampfing braucht sich hier nicht verstecken. Sie windet sich wie eine verknotete Schlange durch grüne Landschaften. Umringt wird die imposante Anlage von Bäumen, Rennställen und einem Aussichtsturm. Für Kinder zwischen acht und elf Jahren gibt es sogenannte SODI-Kinder-Karts, die speziell angepasst sind. Toll ist auch der Doppelsitzer, bei dem schon Beifahrer:innen ab sechs Jahren Runden drehen können. *Notzen 11, 84539 Ampfing, T: 08636-983190, kartshop-ampfing.de*

Kiddi-Car

In Fürstenfeldbruck können sich Kinder zwischen sechs und zwölf Jahren hinters Steuer eines Quads setzen. Der Verkehrsübungsplatz für den Nachwuchs erstreckt sich auf einer Fläche von über 2.000 Quadratmetern: Ein Parcours mit echten Straßen, Kreuzungen, Ampeln und Zebrastreifen. Hier lernen Kinder auf spielerische Art und Weise, was im Straßenverkehr so alles zu beachten ist – dafür stehen Kinder-Quads und Mini-Autos bereit. Rasante Kindergeburtstage können in verschiedenen Größen gebucht werden. *Theodor-Heuß-Str. 7, 82256 Fürstenfeldbruck, T: 08141-42238, kiddicar.de*

Indoor-Fußball

SoccArena Olympiapark

Auf vier großen Match Courts und einem kleineren Speed Court geht ihr am Olympiapark auf Torejagd. Die Spielfelder sind mit Granulat eingestreut. Netze umranden die einzelnen Courts. Die gepolsterten Banden mindern das Verletzungsrisiko beim Fight um den Ball. Doch es wird nicht nur gekickt, sondern auch gefeiert: Die SoccArena veranstaltet für kleine Kicker:innen Geburtstagspartys. *Spiridon-Louis-Ring 21, 80809 München-Milbertshofen, T: 30672137, soccarena-olympiapark.de*

Soccer im Sporttraum

Hier wird auf drei verschiedenen Courts gekickt – Minicourt, Midicourt und Maxicourt. Gegen eine geringe Leihgebühr und einen Pfand könnt ihr Spielball und Leibchen ausleihen. Zusammen mit „kickerkonzept" betreibt Sporttraum eine eigene kleine Fußballschule. Natürlich könnt ihr hier auch Kindergeburtstagspartys feiern. *Hürderstr. 2A, 85551 Kirchheim, T: 2376 9970, sporttraum.de*

tipp

Soccerworld München

Die sechs Spielfelder sind mit Kunstrasen und speziellem Bandensystem ausgestattet und ringsherum von einem Netz umgeben. So bleibt der Ball stets im Spiel und auf dem Feld. Die Courts sind für Matches fünf gegen fünf ausgelegt und für Geburtstagsturniere gewappnet. Übrigens: Squash steht hier auch auf dem Programm. *Georg-Kainz-Str. 8, 80993 München-Moosach, T: 1492875, soccerworld-muenchen.de*

Sportscheck Allwetteranlage

Auf über 40.000 Quadratmetern breitet sich diese bunte Sportwelt aus. Hier wird auf sieben Fußball-Courts in unterschiedlichen Größen mit FIFA-Premium-Kunstrasen gekickt. Kleine Spiele, Turniere oder Trainings lassen sich dort absolvieren. Oder ihr schlüpft in ein kugelförmiges, riesiges Luftkissen und spielt Bubblesoccer – ein großer Spaß! Dabei wird man selber zum Riesenball und hüpft durch die Gegend. In Ferienkursen oder individuellen Trainings lernen Spieler:innen jeden Alters ihre Fertigkeiten am Ball zu verbessern, schaut mal in der Ballschule vorbei. Neben Fußball gibt es auf der Allwetteranlage noch weitere Sportarten – wie Tennis und Padel. Viel Sport macht bekanntlich hungrig, das wissen die Köche des Restaurants Ohne Sterne bestens und verwöhnen ihre Gäst:innen mit gutbürgerlicher Küche und schönem Ambiente. *Münchner Str. 15, 85774 Unterföhring, T: 9928740, allwetteranlage.de*

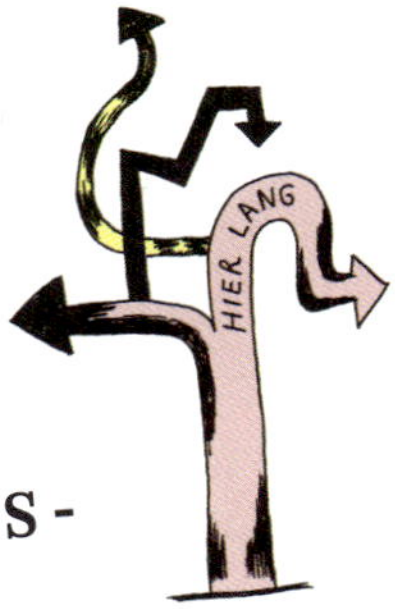

AUSFLUGS-
TIPP

MÄRCHENTOUR IM ALLGÄU

Schloss Neuschwanstein
Neuschwansteinstr. 20
87645 Schwangau, neuschwanstein.de

Explorer Hotel Neuschwanstein
An der Riese 45, 87484 Nesselwang
explorer-hotels.com/neuschwanstein

Für das Märchenschloss und seine nicht minder märchenhafte Umgebung sollte man sich mehr als einen Tag Zeit nehmen – unser Ausflugsspezialist Sebastian hat mit seiner achtjährigen Tochter Paula drei erlebnisreiche Tage im Allgäu verbracht.

Hopfensee bei Füssen

Bergidylle, Wasserparadies und Traumschloss – zauberhafter kann ein Familienausflug wohl kaum sein.

Knapp zwei Stunden sitzen wir nun schon im Auto. Doch dann ragen plötzlich vor unseren Augen die spitzen Türme eines weltberühmten Schlosses in den Himmel. Umringt von Wäldern und Bergen. Endlich! Das Märchen beginnt. „Neuschwanstein", ruft meine Tochter gebannt. „Fahren wir da jetzt hin?" Nicht direkt. Zuvor fahren wir noch in ins Explorer Hotel Neuschwanstein in Nesselwang. Der Name ist Programm: Schließlich wollen wir von dort aus über ein verlängertes Wochenende die alpine Märchenwelt im Allgäu erforschen. Da spielt nicht nur König Ludwig II. eine Rolle, sondern auch die zauberhafte Altstadt von Füssen, der sagenumwobene Lechfall und märchenhafte Bergseen.

Baumkronenpfad im Walderlebniszentrum Ziegelwies

Ausspannen in der Alpenidylle

Doch der Reihe nach. Nachdem wir in Nesselwang angekommen sind und alles soweit verstaut haben, genießen wir erst einmal die Ruhe. Unser kleines Schloss ist umgeben von duftenden Almwiesen. Die Alpspitzbahn ist nur ein paar Meter entfernt. Kurz darauf genießen wir den märchenhaften Blick über

Altstadt Füssen und Lechfall
fuessen.de

Walderlebniszentrum Ziegelwies
Tiroler Str. 10, 87629 Füssen,
walderlebniszentrum.eu, Seite 150

Alspitz-Bade-Center
Badeseeweg 11, 87484 Nesselwang
abc-nesselwang.de, Seite 180

Lechfall

unzählige Alpengipfel von der Terrasse der Bergstation aus. Der Ausgangspunkt für eine kleine Wanderung zurück ins Tal, die uns zur Kappeler Alp führt – tolle Kuchen und Kaspressknödel gibt es hier.

Mitten im Wald versteckt sich am Wegesrand die Wallfahrtskirche Maria Trost. Nach zwei Stunden sind wir wieder in Nesselwang und legen in der Sauna die Beine hoch. Paula verschwindet im Dampfbad und spielt mit Hanteln „Miss Universum" im Fitnessraum.

Das Märchenschloss

Am nächsten Tag das größte Highlight: Schloss Neuschwanstein. Die Grotte, der Sängersaal und die vielen Treppen, Gänge und das Ritterhaus – meine Tochter und auch ich fühlen uns so, als ob wir wirklich Teil eines Märchens wären. Daran ändern auch die Touri-Scharen nichts, die wie Ameisen das Schloss belagern. Achtung: Eine Besichtigung ist nur im Rahmen einer Führung möglich.

Wunderbare Altstadt und Wasserfall

Die Märchentour nimmt ihren Lauf. Wir legen noch einen Stopp in Füssen ein. Eine kleine Bergstadt mit wunderschönen alten Häuserzeilen, Plätzen und einer Burg – vom Uhrturm können wir den Forggensee in der Sonne glitzern sehen. Danach gehen wir noch zu einem tosenden Wassermonster, das unentwegt brummt und zischt – hier stürzt der Lech über zwölf Meter hohe Stufen. Ähnlich spekatulär ist auch der Baumkronenpfad im nahen Walderlebniszentrum Ziegelwies.

Bergsee oder Bade-Center

Zum krönenden Abschluss haben wir die Qual der Wahl. Wollen Paula und ich in einen der wunderschönen Bergseen springen – wie den Grüntensee, Kögelweiher oder Attlesee? Oder lockt uns das ABC – das Alspitz-Bade-Center am Rande von Nesselwang, mit Rutschen, Erlebnisbecken und Saunabereich? ABC gewinnt. Und wir fahren nach drei Märchentagen glücklich und zufrieden am Abend nach München zurück.

Trampolinhallen

tipp

AirHop Trampolinpark

Auf über 3.400 Quadratmetern können sich Kinder aller Altersklassen im AirHop austoben. Das XXL-Trampolinfeld mit seinen 70 Trampolinen lädt zum Springen ein. Zusammen mit Freund:innenen könnt ihr 3D-Völkerball auf dem Dodgeball-Feld spielen oder einem Air Jordan auf den vier Slam-Dunk-Bahnen nacheifern. Sprungtechnik und Tricks lassen sich auf den Air-Track-Matten üben. Neu ist der Hindernislauf mit Zeitmessung, hier heißt es klettern, rennen, rutschen und hangeln. *Ingolstädter Str. 172, 80939 München-Freimann, T: 70809907, airhoppark.de*

Airstyle Trampolinpark

Alle experimentierfreudigen Sportfans bekommen im AirStyle Park ein buntes Angebot: Neben einem aufregenden Ninja Warrior Parkour bieten Fun-Trampoline, Highperformance und olympische Trampoline, Wallwalk, Basketball, Battle Beam, Slackline und Airbags die ideale Gelegenheiten, sich sportlich auszuprobieren. *Eichfeldstraße 22, 83026 Rosenheim, T: 08031-9419480, airstyle-trampolinpark.de*

neu

MAXX Arena Gröbenzell

In der neuen MAXX Arena in Gröbenzell findet ihr auf einer Fläche von fast sieben Tennisfeldern einen riesigen Trampolinpark sowie einen Ninja Parcours und vieles mehr. In 14 verschiedenen Indoor-Trampolinareas kann drauflos gesprungen und die Grenzen der Schwerkraft getestet werden. Auf dem Ninja Parcours testen Aktive ihr eigenes körperliches Limit und weitere tolle Features wie High9, Airbag, Whipe Out lassen definitiv den Alltag vergessen. *Industriestraße 28/28A, 82194 Gröbenzell, T: 08142-5803440, maxxarena.com*

MAXX Arena Kirchheim

Auf 5.500 Quadratmetern versammelt Münchens größte Indoor Fun Sports Arena nicht nur den größten Trampolinpark mit 90 verschiedenen Trampolinen, sondern auch eine Clip'n Climb Kletter Area mit 16 abenteuerlichen Kletterstationen, eine 3D-Schwarzlicht-Minigolfanlage, einen Laser Maze-Bereich für cooles Agent:innentraining und einen Inflate Park. Mit verschiedenen Hindernisparcours und zahlreichen Herausforderungen. In interaktiven Bereichen könnt ihr euch gegenseitig in Reaktionsspielen herausfordern oder auf zwei parallelen Tracks messen und um die Wette rennen. *Hürderstr. 4, 85551 Kirchheim, T: 98107500, maxxarena.com*

Superfly Air Sports

Auch ohne Flügel hebt ihr beim Superfly ab. Dabei sieht die 4.000 Quadratmeter große Halle wie ein modernes Gladiatoren-Spektakel aus. Überall sind Battle-Felder und riesige Konstruktionen zu sehen, durch die ihr euch kämpfen könnt und durch die ihr via Trampolin immer wieder in die Luft katapultiert wird. Waterfall-Trampolin, Bounce Run, Ninja-Parcours, Zip Out, Main Court, Battle Bridge, oder der Airbag Tower – alles ein riesiges Spektakel. Mit den Family-Specials „Kids Flight" und „Birthday Flight" können Eltern ihren Kindern ab drei Jahren eine gute Flugzeit ermöglichen. *Martin-Kollar-Str. 4, 81829 München-Berg am Laim, superfly.de*

Indoor-Spielplätze

Babalu Funpark

Einen bärenstarken und 19 Meter langen Hindernisparcour findet man im Indoorspielplatz Babalu Funpark im schönen Chiemgau. Auf dem Parcour lässt es sich toll Verstecken spielen, klettern und rutschen. Besonders Mutige erklimmen den 8-stöckigen Spiderturm und genießen in 7,5 Metern Höhe die Aussicht. Für einen Kindergeburtstag in der Bärenwelt gibt es drei verschieden große Geburtstagspakete. *Schmidhamer Str. 31, 83278 Traunstein, T: 0861-90969318, babalu-traunstein.de*

Coco Loco

Früher wurde hier Badminton gespielt. Jetzt spielen und toben Kinder in dem 1.200 Quadratmeter großem Indoor-Spielplatz in Grünwald herum. Angefangen von kleinen Krabbelkindern bis zum zehnjährigen Grundschulkind, das auf den Kletterturm steigt. Es ist einiges los in dem Dschungel, in dem auch Coco Loco zu Hause ist. Ein kleiner, netter Affe – nach dem der Spielplatz benannt ist. *Südliche Münchner Str. 35, 82031 Grünwald, T: 649465024, cocoloco-gruenwald.de*

Erdino

Ältere Kinder sind vom Multifunktionsfeld für Fußball oder Basketball begeistert. Auch der Klettervulkan, Wabbelberg und das riesige Labyrinth, das sich über drei Stockwerke zieht, kommen gut an. Der Hallenspielplatz hat noch mehr Highlights: eine Eisenbahn, Rollenrutsche und die lustige Hai-Hüpfburg, der Auto-Parcours mit batteriebetriebenen Fahrzeugen, die Riesenbausteine und das Teufelsrad. Für die Jüngeren gibt es einen Extrabereich mit Rutschen, Bällen und Bauklötzen. *Rennweg 57, 85435 Erding, T: 08122-1808979, erdino.de*

Jimmy's Funpark

Seit über 15 Jahren sorgt dieser Funpark für großen Kinderspaß. In Dasing, zwischen München und Augsburg gelegen, direkt an der A8, können Kids nach Herzenslust herumtoben. Und das schon ab zwei Jahren – in Begleitung ihrer Eltern. Die größeren Kinder erklimmen einen Vulkan, klettern durch den Spidertower oder sitzen in lustigen Bumper Cars. *Laimeringer Str. 1, 85453 Dasing, T: 08205-969492, jimmys-funpark.de*

tipp

Jux und Tollerei

Was alles so in eine Spielhalle passt: zwei Dropslide-Rutschen, ein Kletterturm, Klettervulkan und eine große Wellenrutsche. Die Trampolinfelder sind ebenfalls sehr beliebt. Für die etwas größeren Kinder sind das Soccerfeld und eine Kartbahn gedacht. Der Bereich für Kleinkinder wurde vergrößert: Auf 2.500 Quadratmetern erleben jetzt alle geballte Spielfreude. *Posthalterring 7, 85599 Parsdorf, T: 992758929, juxundtollerei.com*

KiM-Indoorspielplatz

Von November bis März lädt der Indoor-Spielplatz Kinder bis zu drei Jahren mit ihren Eltern zum Spielen, Toben, Kuscheln und Vorlesen ein. Es gibt auch Raum für Brotzeiten, Wickeln, Stillen und Platz für Kinderwagen .Als integratives Musik-, Sport- und Spielzentrum bietet KiM-Kinder in München ein regelmäßiges offenes Angebot für Familien. *Hanauer Str. 54, 80992 München-Moosach, T: 3398117888, kim-muenchen.info*

KrokoDeli

Die hellen und freundlichen Räume des KrokoDeli sind für Familien ideal konzipiert, um Genuss und Spiel entspannt miteinander zu verbinden. Der Kleinkinderbereich schließt sich an das Restaurant an, so dass für Eltern mit Kindern bis zum vierten Lebensjahr Essen und Bewegung angenehm kombiniert werden können. Die Galerie eignet sich vor allem für Familien mit größeren Kindern. Wer mal eine Pause braucht, ruht sich auf der Terrasse oder der gemütlichen Kaminecke aus. *Schwimmbadstr. 13, 83043 Bad Aibling, T: 08061-938 86 33, krokodeli.de*

Letz Fetz

In diesem Indoor-Spielplatz ist das absolute Highlight der Hindernisparcours, der sich über drei Etagen erstreckt. Kleine und große Kletterfans können toben, durch Tunnel oder über Brücken kraxeln. Damit nicht genug: Bällebäder, Funshooter, eine Elektro-Kartbahn, Trampoline und Wellenrutschen sorgen ebenso für jede Menge Spaß. *Zeppelinstr, 85375 Neufahrn bei Freising, T: 0151-70590000, letzfetz-indoor.de*

Peppino Kinderparadies

Familien freuen sich auf ein abwechslungsreiches Angebot mit Monster-Wellenrutsche, Kletter-Park, Wabbelberg, Trampolin, Airhockey, Elektro-Kartbahn und einem Kleinkind-Bereich für die Jüngsten. Übrigens können Kinder im Peppino ihren Geburtstag feiern – auch buchbar als Mottopartys von Eisprinzessin über Mickey Mouse und Frozen bis Star Wars. *Gewerbering 10, 85659 Forstern, T: 08124-445796, peppino-kinderparadies.de*

neu

RambaZamba Fun-Park

Viel Spaß und Bewegung für die ganze Familie sind im RambaZamba Indoor-Spielpark auf jeden Fall garantiert. Für Kinder ist die Riesen-Spiralrutsche mit knallrotem Spiraltunnel der wahre Dauerbrenner. Hier geht es zuerst im Kletterlabyrinth ganz nach oben und dann schwups in einer Riesensause wieder nach unten. Was für ein Vergnügen! Die nächste Attraktion, die Riesenwellenrutsche, lockt nicht nur Kinder auf die acht Meter hohen Wellen, auch Erwachsene werden hierbei gerne und oft beobachtet. Wer noch nicht völlig aus der Puste ist, kann weiter die Elektrokarts, die Trampolin-Anlage, die Soccer- und Basketball Arena, die Hüpfburg oder den Klettervulkan erstürmen. Für die kleineren Gäst:innen gibt es fernab von all dem Trubel einen geschützten Kleinkindbereich, in dem gekrabbelt, gerutscht oder im Bällebad getobt werden kann. *Hainekamp 1, 31711 Luhden, T: 05722-84707, rambazamba-funpark.de*

Spielarena Tegernsee

Wer schafft es als Erster, die Spitze des Klettervulkans zu erklimmen? Von dort oben hat man eine hervorragende Aussicht über das ganze Gelände mit weiteren Spielstationen, dem über mehrere Etagen verlaufende Kletterlabyrinth, Trampolinbereich, Parcours für die Elektro-Karts sowie Kicker, Basketball, Hüpfburg, Soccer und Tischtennis. Für die kleinsten Gäst:innen gibt es einen separaten Kleinkindbereich. *Wilhelminastr. 9, 83707 Bad Wiessee, T: 08022-8817, spielarena-tegernsee.de*

tipp

WichtelWerk

Schon die Kleinsten können hier viel erleben, das WichtelWerk ist für Kinder von null bis neun Jahren konzipiert. Auf 2.800 Quadratmetern entfaltet sich ein Kletterlabyrinth, eine kleine Kartbahn, eine riesige Wellenrutsche, ein Donut-Glider sowie Hüpfburgen. Das Wichtel-Wutzal ist für die ganz Kleinen das Größte – mit Bällebad und Hüpfburg. Zu dem Indoor-Vergnügen gesellt sich noch ein Außenbereich mit Wiese und Spielplatz. *Bertha-Kipfmüllerstr. 44, 81249 München-Neuaubing, T: 87578931, wichtel-werk.de*

Escape Games

EscapeGame München

Sherlock, Puppenspieler:innen, Chicago Mafia, Tutanchamun, Magier:innen – hier könnt ihr an sechs Standorten in unterschiedlichste Welten eintauchen. Diese sind voller Rätsel, die im Raum versteckt sind und innerhalb von 60 Minuten gelöst werden müssen. Da sind die Spürnasen der ganzen Familie gefragt. *Tengstr. 20, 80798 München-Maxvorstadt; Barer Str. 65, 80799 München-Maxvorstadt; Cosimastr. 131, 81925 München-Bogenhausen; Am Westpark 3, 81373 München-Sendling; Hiltenspergerstr. 32, 80796 München-Schwabing; Lilienstr. 2, 81699 München-Haidhausen, T: 71698773, escapegame-muenchen.de*

getAway LiveQuest München

Rätsel über Rätsel und mehr – bei getAway LiveQuest können alle ab acht Jahren mitmachen. Dabei taucht ihr ins Mittelalter oder in Fantasy-Abenteuer. Diese sind recht aufwendig inszeniert mit 3D-Kinoeffekten, Elektronik-Sensoren und Bewegungsmeldern. *Westenriederstr. 41, 80331 München-Altstadt, T: 21028885, getaway.games*

Heldenverlies

Als Magier:innen oder Krieger:innen können Kinder zwischen sechs und 14 Jahren in die verschiedensten Figuren und Rollen schlüpfen und in rätselhafte Welten eintauchen. Mit seinen unterschiedlichen Rätselwelten erstreckt sich das Verlies auf mehreren Hundert Quadratmetern. Mit Geschick und Geduld muss man verborgene Türen finden und öffnen, sich durch unheimliche Schatten- und Dämonen-Welten kämpfen und dabei abenteuerliche Aufgaben lösen. *Liebigstr. 9, 85551 Kirchheim, T: 99818085, labyrinth-der-legenden.de*

hunt4hint – unchain your brain

„Message in the bottle" und „Reise ins Unbekannte" nennen sich zwei der fünf spannenden Missionen bei hunt4hint. Neben der Schatzsuche und der Zeitreise gibt es noch eine aufregende „Alien Invasion" (jeweils ab acht Jahren) sowie eine Reise ins „Reich der Sinne" (ab zwölf Jahren). Eine Stunde, ein Raum und viele Rätsel. Man kann aber auch einen interaktiven Familienausflug starten, der euch durch die Straßen von München führt, mit Rätseln für alle, die das Gehirn auf Trab bringen. Während die Kinder überwiegend Such- und Puzzle-Aufgaben lösen müssen, sind für Jugendliche und Erwachsene kniffligere Knobel-Rätsel reserviert. *Wendl-Dietrich-Str. 11, 80634 München-Neuhausen, Landsberger Str. 75, 80339 München-Schwanthalerhöhe, T: 13013089, hunt4hint.de*

Mystery Rooms

Bei diesen Escape Games seid ihr nicht nur eingesperrt in vier Wänden und kämpft euch durch fantastische Welten. Ihr könnt auch Outdoor-Touren wählen und versuchen, geheimnisvolle Rätsel unter freiem Himmel zu lösen. Dazu gibt es Geburtstagsaktionen für Kinder ab neun Jahren. Dabei geht es um Schatzsuchen für drinnen, draußen oder online. *Müllerstr. 54, 80469 München-Isarvorstadt, T: 62249277, mystery-rooms.com*

One Hour Left

„Außer Kontrolle" heißt die Mission für achtjährige Rätselfans in Begleitung ihrer Eltern. Diese und weitere spannende Escape Games für Jugendliche und Erwachsene findet ihr bei One Hour Left in Ottobrunn. Wenn ihr euch in größeren Gruppen zusammenfindet, könnt ihr auch im Duell- oder Turniermodus spielen. *Jägerweg 10, 85521 Ottobrunn, T: 66594204, onehourleft.de*

Minigolf

EXUS 3D-Neongolf

An drei Standorten kann im Schwarzlicht der Minigolf-Schläger geschwungen werden. Jeweils 18 individuell gestaltete Minigolfbahnen führen durch die Themenwelten Superhelden, Unterwasser, Weltraum und Dschungel auf eine spannende Minigolf Mission. Die künstlerischen 3D-Wandbemalungen mit leuchtenden Farben und kunstvollen Figuren erwachen durch die neonfarbenen 3D-Brillen zum Leben – ein Spektakel für alle Sinne! All das kann auch mit Freund:innen bei einem Kindergeburtstag ausführlich genossen werden. *Olchinger Str. 86, 82194 Gröbenzell bei München, T: 08142-5015541; Bajuwarenstr. 5, 85375 Neufahrn bei Freising, T: 08165-9086053; Röntgenstr. 2, 86368 Gersthofen bei Augsburg, T: 0821-32876040, exus.de*

tipp

Minigolf bei der WaWi

Am Isarhochufer befindet sich mitten im Wald ein schöner, kleiner Minigolfplatz. Die einzelnen Bahnen sind förmlich umzingelt von mächtigen Fichten und Buchen. Das sorgt im Hochsommer für wohltuenden Schatten und beste Spielbedingungen. Parallel zu den Minigolfbahnen gibt es Pitpat, eine Mischung aus Billard und Minigolf. Die Waldwirtschaft WaWi nebendran ist einer der schönsten Biergärten in ganz München und gibt statt Blasmusik lieber Jazz zum Besten. Eine tolle Atmosphäre für ein paar sportliche Runden. *Georg-Kalb-Str. 1, 82049 Großhesselohe, T: 0177-2937545, klausdietrich.de*

Minigolf München-West

Ein kleiner Park in Lochhausen mit großen, alten Bäumen und schönen Rasenflächen, auf denen Blümchen wachsen. Bänke laden zum Verweilen ein, doch dafür ist fast keine Zeit, denn der Park entpuppt sich nämlich als Minigolfanlage. 18 Bahnen aus glattem Beton tauchen zwischen all dem schönen Grün auf. Wer will, kann auch den Golfschläger zur Seite legen und Skiddl spielen – mit einem Billardqueue wird dabei auf ähnlichen Bahnen wie beim Minigolf gespielt. *Eschenriederstr. 128, 81249 München-Lochhausen, T: 8644158, minigolf-muenchen-west.de*

Minigolf Sport Klub Olching

Die Parklandschaft in Olching hat viel von einem Steingarten. Um die Minigolf-Bahnen herum sind breit gepflasterte Wege und es gibt Laternen, die für abendliche Spielrunden im Sommer Licht spenden. Hier schaut alles sehr akkurat aus und ist vor allem barrierefrei. Die einzelnen Bahnen sind bunt gestaltet, so lassen sich auf der Anlage und im direkt angrenzenden Vereinsheim auch Kindergeburtstage gebührend feiern. *Feursstr. 91, 82140 Olching, T: 08142-445980, minigolf-olching.de*

Open.9 Golf

Kinder und Jugendliche können auf dem Open.9-Golfplatz in Eichenried mit Freund:innen und Familie in die Welt des Golfens eintauchen und ihre Fertigkeiten beim Einlochen der kleinen Kugel unter Beweis stellen. Das ist der Club und Platz, auf dem sich die internationale Golftour trifft. Doch hier geht es nicht nur um Stars oder Profis – jede:r kann mal den Golfschläger schwingen und hineinschnuppern. Open.9 ist sogar extra auf die Bedürfnisse von Familien ausgelegt. Dabei entspricht die Anlage einem vollwertigen Golfplatz mit neun Bahnen, kleinem Seen, Bunkeranlagen und perfekt gemähten Grünflächen. *Schönstr. 45, 85452 Moosinning-Eichenried, T: 08123-989280, open9.de*

Spielgolf Aschheim

Die Anlage sieht aus wie ein Golfplatz – allerdings en miniature. Hier wird das sogenannte Spielgolf gespielt. Dabei dürfen die Spieler:innen die Bahnen betreten und versuchen, mit möglichst wenig Schlägen den kleinen Ball einzulochen. Jede Bahn hat eine Par-Vorgabe. Wer diese unterbietet, macht Punkte gut. Die Hindernisse bestehen aus Felsbrocken, künstlichen Wasserpfützen und Baumstämmen. Herumtoben ist hier weniger angesagt, es geht eher darum, eine ruhige Kugel zu spielen. Es sei denn, ihr feiert Geburtstag, dann darf es auch mal rundgehen! *Am Eventpark 24, 85609 München-Aschheim, T: 54546363, spielgolf-aschheim.de*

Bowling

BOB'S Rock & Bowl

Die Mischung macht's – gerade bei BOB'S. Da stehen Pizza, Billard, Bowling und Musik auf dem Programm. Im Klartext: 15 Bowlingbahnen warten darauf, bespielt zu werden. Auf Kraft kommt es dabei gar nicht so sehr an, Technik ist eher gefragt. Dazu ertönt aus den Boxen meistens Rockmusik und in einem Holzofen werden frische Pizzen gebacken. *Stockacher Str. 5, 81243 München-Pasing, T: 82074200, Kaflerstr. 16, 81241 München-Pasing, T: 51770006, mein-bobs.de*

DREAM-BOWL-PALACE

Man mag sich schon mal die Augen reiben in diesem Palast. Das umfangreiche Angebot des Dream-Bowl-Palaces ist riesig: 52 Bowlingbahnen, zwölf Pool-Billardtische, eine Moonlight-Minigolfanlage, Darts und Tischkicker gibt es hier für reichlich Freizeitspaß mit Kindern. Eine kleine Stärkung kann im Bistro geholt werden und wer mal einen Moment ausruhen mag, chillt in der Lounge. Geburtstage mit reichlich Bowlingvergnügen können hier gern gefeiert werden. *Apianstr. 9, 85774 Unterföhring, T: 452442525, dreambowl.de*

Hollywood Super Bowling

Große Filmstars wurden bislang noch nicht erblickt. Doch beim Hollywood Super Bowling geht es ja auch um Kugeln und Pins. Auf 20 fluoreszierenden Cosmic-Bahnen mit Full Automatic Bumper donnern die Kugeln in die Pins und es wird um Strikes und Spares gekämpft. Für die kleinen Bowler:innen können an den Bahnen entsprechende Banden hochgefahren werden. So wird jeder Wurf zum Treffer. Und wer noch Fragen haben sollte, bekommt vom Personal die wichtigsten Bowling-Regeln erklärt. Das Sporterlebnis ergänzt ein mexikanisches Restaurant. *Forstenrieder Allee 74, 81476 München-Forstenried, T: 753921, hsb-muenchen.de*

Isar Bowling

Auf 22 Bahnen könnt ihr beim Isar Bowling die Kugeln rollen lassen. Für Kinder unter zwölf Jahren ist es möglich, die Banden hochfahren zu lassen, damit die Kugeln auf der Bahn gehalten werden. Das amerikanische Kegelspektakel findet im zweiten Untergeschoss statt. Im ersten könnt ihr beim Billard einlochen und die Queues schwingen lassen. Übrigens bietet die Bowlingschule auch Kurse mit lizenziertem Bowlingtrainer für Kinder und Kindergeburtstage an. *Martin-Luther-Str. 22, 81539 München-Obergiesing, T: 6924512, isarbowling.de*

Erlebnisorte

Allgäu Skyline Park

Über 60 Attraktionen schütteln euch ganz schön durch: die Achterbahnen, Wildwasserrutschen und Kinderkarussells, auch das Spaßbad mit Spiral-Rutsche sorgen für Wirbel. Im Skyline Park, geht es hoch her – Rafting, Kartfahren, Klettern und Twisten. Kleinere Besucher:innen können die Bauernhof-Spielinsel entdecken, in die neue Achterbahn Flotter Otto steigen oder mit Pirat:innenbooten abheben. Skyline-*Park-Str. 1, 86871 Rammingen, T: 08245-96690, skylinepark.de*

tipp Baumwipfelpfad Bayerischer Wald

Das Nationalparkzentrum Lusen wartet nicht nur mit spannenden Einblicken in den Bayerischen Wald und seiner Tierwelt auf – in direkter Nachbarschaft befindet sich auch der Einstiegsturm zum Baumwipfelpfad, der sich auf einer Höhe von acht bis 15 Metern durch die Kronen des Bergmischwaldes schlängelt. Kinder bis sechs Jahre haben freien Eintritt und es gibt regelmäßig Führungen und Veranstaltungen. Als Ferienregion hat der Bayerische Wald eine Menge zu bieten, wer länger bleiben möchte, findet auf der Website eine Liste mit Übernachtungsmöglichkeiten in der Nähe des Baumwipfelpfades, darunter befindet sich eine Anzahl barrierefreier Unterkünfte. *Böhmstr. 43, 94556 Neuschönau, T: 08558-738910, baumwipfelpfad.de*

tipp Bavaria Filmstadt

Film ab! Hier wurde bereits Filmgeschichte geschrieben. Klassiker wie die „Unendliche Geschichte", „Das Boot" oder Kassenschlager wie „Fack ju Göhte" wurden in den Bavaria Filmstudios gedreht. Und das könnt ihr euch in der Filmstadt live und direkt anschauen und dabei einen spannenden Blick hinter die Kulissen werfen. Ein Highlight ist auch Münchens einziges 4D-Kino. Wer seinen Geburtstag dort feiern möchte, kann selbst vor die Kamera treten, eine besondere Führung mit Freund:innen erleben und darf sich über eine Überraschung freuen. Darüber hinaus gibt es günstige Familientickets, Stunt-Workshops und jede Menge Action. *Bavariafilmplatz 7, 82031 Grünwald-Geiselgasteig, T: 64992000, filmstadt.de*

Bayern-Park

Spiel, Spaß und Tiere bekommt ihr beim Besuch im Bayern-Park geboten. So sorgen Achterbahnen, ein Karussell, eine Fahrt mit einem Raddampfer, eine Wildwasserbahn und Bulldogfahrt sowie die Schweinchenbahn für jede Menge Abenteuer und Nervenkitzel. Ein wirklich herausragendes Highlight ist Süddeutschlands höchster Freifallturm mit einer Höhe von 109 Metern. Bei einer Fahrt könnt ihr zunächst die Aussicht über den Park bis in die Berge genießen, ehe es dann im freien Fall in die Tiefe geht. Zum Entspannen laden Spielplätze sowie Wildtiere in dem ruhigen Parkteil ein. Luchse, Ponys, Affen und viele weitere Tiere sind hier zu entdecken. *Fellbach 1, 94419 Reisbach, T: 08734-92980, bayern-park.de*

Besucherpark Flughafen München

Ständig heben sie ab und ständig landen sie – die vielen internationalen Flüge am Münchner Flughafen. Auf der Start- und Landebahn ist wirklich einiges los, was man vom Besucherhügel aus beobachten kann. Mindestens genauso viel Trubel herrscht im Erlebnispark des Flughafens. Vorbei an asiatischen Drachentempeln und Pagoden, durch den Kletterdschungel in Südamerika bis in die Wüste Afrikas könnt ihr spannende Welten entdecken. Hier werden die unterschiedlichen Kontinente zu einem greifbaren Erlebnis als Pilot:in im großen Spielflieger oder während ihr mit der Seilrutsche über die Start- und Landebahn saust. Dazu gehört auch ein schöner Minigolf-Platz. Der Besucher:innenpark ist ganzjährig geöffnet und kostenfrei! *Nordallee 7, 85356 München-Freising, T: 97500, munich-airport.de*

Bluebrix Straubinger Wunderwelten

Die Staubiger Wunderwelten haben für die ganze Familie einiges an Unterhaltung und Spaß zu bieten. Beim Besuch der Miniland Modellbahnen staunen nicht nur Kinder, sondern genauso Erwachsene. Auf den Anlagen lassen sich aufregende Streifzüge „en miniature" durch Deutschland, die Schweizer Alpen oder in der Ferne durch Kanada und die Rocky Mountains machen. Auch ausserhalb der Gleise gibt es viel zu entdecken. Für Abwechslung sorgen ein Spielplatz, 5D-Kino, Laser-Labyrinth und Virtual Reality Coaster. *Geiselhöringer Str. 23C, 94315 Straubing, T: 09421-5325100, bluebrix.de*

tipp Dinosaurier Museum Altmühltal

Dinosaurier-Skelette wie Rocky, der einzige je gefundene T. Rex-Teenager, der größte bislang gefundene Flugsaurier Dracula und der Urvogel Archaeopteryx sind im Dinopark bei Denkendorf hautnah zu erleben. Dazu gibt es über 70 lebensgroße Nachbildungen, die euch im Wald begegnen. Auf dem anderthalb Kilometer langen Erlebnispfad begebt ihr euch auf eine spannende Reise durch die Erdzeitalter. Gleich daneben befindet sich das Dinosaurier Museum Altmühltal. Dort können Kinder und Erwachsene Wissenschaft erleben, erfühlen und Tatsachen rund um die Urzeitwesen begreifen. Als Forscher:in beziehungsweise Paläontolog:in könnt ihr Fossilien präparieren oder aber nach Haifischzähnen suchen. *Dinopark 1, 85095 Denkendorf, T: 08466-9046813, dinopark-bayern.de*

Erlebnis-Westernpark Pullman City im Bayerischen Wald

Hier geht's ja zu wie im wilden Westen! Am Rande des Bayerischen Waldes gelegen, herrscht in Pullman City Western-Action pur für Groß und Klein. Täglich wechselt das Showprogramm mit Cowboys:girls, Trickreiter:innen, Messer- und Lassowerfer:innen, Pferde-Trainer:innen und Zauberer:innen. Die Karl-May-Spiele Pullman City begeistern von Juni bis September mit einem 80-köpfigen Ensemble rund um Winnetou und seinen Blutsbruder Old Shatterhand. Das Freilichttheater für die ganze Familie mit verwegenen Held:innen, zwielichtigen Bandit:innen, unerschrockenen Pferden, freilaufenden Bisons, waghalsigen Stunts und stimmungsvoller Musik ist einfach spektakulär. Speziell für Kinder gibt es jede Menge Spaß und Unterhaltung bei Kinderanimationen, beim Werkeln im Kids Club, beim Ponyreiten oder auf dem großen, hügeligen und teils bewaldeten Gelände des Abenteuerspielplatzes. In der Little Farm hat man die Möglichkeit, Tiere zu beobachten und der Wasserspielplatz El Dorado ist die Attraktion zum Abkühlen an heißen Sommertagen. *Ruberting 30, 94535 Eging am See, T: 08544-97490, pullmancity.de*

tipp

Feuerwehrerlebniswelt im Martinipark Augsburg

Feuerwehr erleben! Diese interessante Welt in Halle E3 des Martiniparks beeindruckt Kinder wie Erwachsene mit spannenden Aktionen, Vorführungen und wertvollen Tipps rund um die Themen Feuer, Brennen, Löschen und Vorbeugen. Ein großes Highlight ist die Feuerwalze, die über die Köpfe der Besucher:innen hinwegrollt. Dabei wird die extreme Gewalt des Feuers sichtbar und tatsächlich auch fühlbar – die Strahlungshitze ist enorm! Ebenso eindrucksvoll ist der stockdunkle und verqualmte Raum, in dem es unglaublich schwierig ist, sich zu orientieren. Ein sehr lehrreiches und deutschlandweit einzigartiges Angebot, Feuerwehr ausführlich und aktiv zu erleben. *Halle E3, Provinostraße 52, 86153 Augsburg, T: 0821-66601120, feuerwehrerlebniswelt.de*

Freizeitpark Ruhpolding

56 Jahre hat der Freizeitpark in Ruhpolding nun schon auf seinem Buckel. Doch alles schaut beinahe aus, wie am ersten Tag. Im Chiemgau, herrlich in einem Wald gelegen lässt er besonders die Herzen von Kindern und aller Familienmitglieder höher schlagen. Beispielsweise bei einer Fahrt mit der Berg-Achterbahn oder mit den spektakulären Bootsrutschen „Wasser-Wirbel“ und „Wasser-Hüpfer“. Genauso wie bei einem Ritt auf dem legendären Drachen Siegfried und im Seilgarten. Etwas ruhiger, aber genauso aufregend ist die zauberhafte Märchenwelt des Freizeitparks. Viele der Attraktionen sind überdacht und somit regensicher. *Vorderbrand 7, 83324 Ruhpolding, T: 08663-1413, freizeitpark.by*

tipp

Grünwald Freizeitpark

Im Winter stehen hier Eishockey und Eislaufen auf dem Programm: Der 1.400 Quadtratmeter große Eislaufplatz sorgt für Winterspaß unter freiem Himmel. Doch hier ist ganzjährig auf 120.000 Quadratmetern Platz für alles, was das Herz sportlicher Familien begehrt. Auf zwei Rasenplätzen, einem Hybridrasen und einem Bolzplatz wird Fußball gespielt. Ein Kunstrasenplatz ist für Hockey reserviert und es gibt auch ein Baseballfeld. Dazu einen Kletterturm, eine Funbox, Minipipe sowie einen Court für Beachvolleyball. In vier unterschiedlichen Hallen werden Ballsportarten, Gymnastik, Aerobic, Tanz, Fitness und Kampfsport angeboten. Auf dem Multicourt kann im Sommer Inline-Hockey und Basketball gespielt werden. Die Tennisanlage verfügt über sieben Frei- und fünf Hallenplätze. *Südliche Münchner Str. 35C, 82301 Grünwald, T: 6418910, gruenwalder-freizeitpark.de*

Jochen Schweizer Arena

Action wird bei Jochen Schweizer extrem groß geschrieben. Schwingt euch im Outdoor-Park durch den Hochseilgarten. Flying Fox sorgt mit acht Seilrutschen für Adrenalin, genauso wie der Sky Jump – aus zwölf Metern Höhe! Die kleineren Actionstars können sich derweil auf dem Abenteuerspielplatz mit Spielturm und Parcours vergnügen. Außergewöhnlich: Im Indoor-Bereich locken ein Windkanal zum Bodyflying und die Citywave zum Indoor-Surfen für alle ab acht Jahren. Sämtliche Action kann auch mit einer Geburtstagsfeier verbunden werden. Let's go! *Ludwig-Bölkow-Allee 1, 82024 Taufkirchen, T: 4524455995, jochen-schweizer-arena.de*

JOSKA Glasparadies in Bodenmais

Seit mehr als 700 Jahren hat Glas in der Region Tradition. Wer das Glashandwerk mal so richtig erleben möchte, ist im JOSKA Glasparadies gut aufgehoben, denn hier heißt es nicht „Finger weg vom Glas“, sondern „ran ans Glas“! In der Waldglashütte schaut man den Glasbläser:innen zu, beobachtet Glasschleifer:innen und Graveur:innen in Aktion oder schaut mal den Glasmaler:innen über die Schulter. In der JOSKA Glashütte dürfen Kinder und Erwachsene auch mal selbst am Schmelzofen stehen und sich als Glasbläser:innen versuchen. Genug gepustet und Zeit für Bewegung? Dann gibt's für Kinder auf dem Abenteuerspielplatz viele Möglichkeiten sich auszutoben während die Erwachsenen zum Beispiel im Biergarten pausieren oder die Sonne auf den Bänken in den Kristallgärten genießen. Regelmäßig veranstaltet das JOSKA Glasparadies übrigens Kinderlandtage mit tollem Programm für die ganze Familie. *Am Moosbach 1, 94249 Bodenmais, T: 09924-7790, joska.com*

Legoland

64 Attraktionen in zehn verschiedenen Themenwelten, dazu formieren sich über 55 Millionen verbaute Legosteine. Das Legoland, das sich auf einer Größe von 26 Fußballfeldern am Rande der Kleinstadt Günzburg erstreckt, ist ein echter Hit. Herzstück ist das Miniland, in dem kleine und große Besucher:innen europäische Städte, Wahrzeichen und Landschaften bewundern können. Oder ihr baut Roboter zusammen oder bestreitet Ritterturniere. Wer alle Attraktionen, Fahrgeschäfte, Workshops und Shows in Ruhe ausprobieren möchte, kann hier auch übernachten. *Legoland-Allee 1, 89312 Günzburg, T: 08821-2573550, legoland.de*

Märchen-Erlebnispark Marquartstein

In den Chiemgauer Bergen kann gestaunt und vieles entdeckt werden. Im Streichelzoo laufen und springen kleine Ziegen ausgelassen herum. Die Fährte der magischen Hexe führt euch auf den Waldspielplatz mit Hexenschule und Kraftwerk. Der Kinder-Bauhof wartet täglich auf neue Baumeister:innen und auch der Wasserspielgarten ist äußerst beliebt. Für Kribbeln im Bauch sorgen die Steilkurven der 210 Meter langen Sommerrodelbahn und die Gaudi-Gondel. Eine kleine Pause einlegen kann man im Café-Restaurant Jägerwinkl oder bei einer Fahrt mit der Parkeisenbahn vorbei an den zahlreichen Attraktionen des Märchenparks. *Jägerweg 14, 83250 Marquartstein, T: 08641-7105, maerchenpark.de*

Märchenwald im Isartal

In einem Wald in Wolfratshausen gehen zauberhafte Dinge vor sich. Es blinkt und grummelt, Kinder werden zu Astronaut:innen oder rasen mit einem riesigen Eichhörnchen durch den Wald. Hexen und Wölfe sollen dort auch leben. Im Märchenwald erwarten euch über 20 Erzählungen der Gebrüder Grimm und Co. mit mehr als 260 bewegten Figuren. Mindestens genauso spannend ist die kleine Achterbahn – ohne Looping – mit der ihr haarscharf an den Bäumen vorbeirast. In den Baumhäusern könnt ihr auch prima Kindergeburtstag feiern. *Kräuterstr. 39, 82515 Wolfratshausen; T: 08171-3855838, maerchenwald-isartal.de*

Playmobil FunPark

Die Playmobil-Welt liegt in Zirndorf, gut 180 Kilometer von München entfernt. Doch die Reise lohnt sich: Kinder können in der Polizeistation mit Gokart-Parcours Gas geben, sich durch eine Goldmine buddeln, durch ein Feenland wandeln, auf einem riesigen Hüpfkissen herumtoben oder mit Power-Paddelbooten übers Wasser gleiten. Auch die Minigolf-Anlage, der Klettergarten und die Pirat:innenwelt sind toll. *Brandstätterstr. 2-10, 90513 Zirndorf, T: 0911-96661455, playmobil-funpark.de*

Skyline Park

Dieser Park hat es in sich: Achterbahnen, Wildwasserrutschen und Kinderkarussells, ein Spaßbad und noch vieles mehr sorgen für wahre Adrenalinschübe. Über 60 Attraktionen hat der Freizeitpark im Allgäu zu bieten. Beim Bob Racing wird man kräftig durchgeschüttelt, auf der Schiffschaukel Alte Liebe sticht man stürmisch in See, der Autoscooter ist und bleibt ein Klassiker. Im Velodrom steht Gaudiradeln auf dem Programm. Die Kleinen können die Bauernhof-Spielinsel entdecken, die Achterbahn für Kinder im Kuh-Look ausprobieren, mit fliegenden Piratenbooten abheben, Formel-1-Feeling spüren oder durch unterirdische Gänge toben. Ganz neue Adrenalin-Garanten sind der Flotte Otto und der Looping Alois. Gute Fahrt! *Skyline-Park-Str. 1, 86871 Rammingen, T: 08245-96690, skylinepark.de*

tipp

skywalk allgäu

Aus über 40 Metern schaut man vom Baumwipfelpfad aus übers Land, über Berge und Täler. Bei Sinnes- und Mitmachstationen kann man den Wald und seine Tiere entdecken. Ein Geschicklichkeits-Parcours und ein Streichelzoo mit Ziegen und Eseln runden das Abenteuer mit den Baumriesen ab. Während es beim Waldbaden um Ruhe und innere Einkehr geht, sind auf dem Abenteuerspielplatz Balance und Kraft gefragt. Für Kindergeburtstage kann man eines der zahlreichen Sonderprogramme buchen, wie die skywalk allgäu-Rallye durch den Naturerlebnispark. *Oberschwenden 25, 88175 Scheidegg, T: 08381-8961800, skywalk-allgaeu.de*

neu

Tegernsee Phantastisch

Der Tegernsee ist per se schon ein tolles Ausflugsziel. Noch aufregender macht den Trip die neue Erlebniswelt Tegernsee Phantastisch mit vielen Spiel-, Sport- und Wissenswelten! Hier dreht sich alles um den

Tegernsee, um Tradition, Heimat, Landschaft und Umwelt, Energie und Sport, Kunst und Bildung. So können Kinder und Erwachsene gemeinsam sportlich wie spielerisch aktiv sein und peppen dabei noch ihr Wissen auf. Zu den besonderen Attraktionen zählen die größte gläserne Boulder-Wand der Welt, ein Hochseilgarten, eine interaktive Trampolinarena mit akustischen und optischen Effekten, ein Ninja Warrior Parcours, ein virtuelles Aquarium sowie ein 5D-Kino. Wer all seine Freund:innen mitbringen mag, kann mit einem Geburtstags-Package seinen Kindergeburtstag feiern. *Ringbergweg 21, 83700 Kreuth, T: 08022- 278190, tegernsee-phantastisch.com*

tipp

Triassic Park

Eine spannende Reise in die prähistorische Vergangenheit ermöglicht der Triassic Park auf der Steinplatte in Österreich. Er vermittelt auf spannende Art und Weise die längst vergangene Welt der Trias-Zeit. Es gibt eine interaktive Erlebnisausstellung mit echten Korallen, lebensgroß nachgebildeten Dinosauriern und einer prähistorischen Unterwasserwelt, wie sie damals im Gebiet der Steinplatte die Erdoberfläche bedeckte. Auf dem Triassic-Trail – einem vier Kilometer langen kinderwagentauglichen Rundweg – wollen spannende Rätsel gelöst werden. Die Tropfsteinhöhle entführt Forscher:innen in die Tiefen der Urzeit und der Triassic-Beach mit Röhrenrutsche und Sandstrand ist perfekt zum Toben und Planschen. *Alpegg 10, 6384 Waidring, T: 0043-5353-53300, triassicpark.at*

Wannda Circus

Vorhang auf! Für einen Zirkus der ganz besonderen und zauberhaften Art – dem Wannda Circus in München-Freimann. Seit zehn Jahren gibt es ihn schon. Von Mai bis September entführen fünf Circus-Open Airs ins Wannda-Wunderland. Akrobat:innen, Magier:innen und weitere Künstler:innen veranstalten ein tolles Spektakel. Viel mehr können und wollen wir gar nicht verraten – lasst euch überraschen! *Zugang zum Wannda-Gelände links von Völckerstr. 5, 80939 München, wannda.de*

tipp

Wildpark Oberreith

In der Nähe von Wasserburg am Inn liegt das hübsche Dorf Oberreith in einer Wald- und Wiesenlandschaft mit dem Wildpark Oberreith. Einheimische Tiere und deren Lebensraum lassen sich dort beobachten. Neben einem Indoor-Spielplatz sorgen der Waldseilgarten, Mega-Fox, die Parkeisenbahn, eine Falknerei sowie eine Trampolin-Bungee-Anlage für jede Menge Spaß für Groß und Klein. *Oberreith 6A, 83567 Unterreit, T: 08073-915361, wildpark-oberreith.de*

IMPRESSUM

Erscheinungsdatum: 14.09.2023, Redaktionsschluss: 01.07.2023
1. Auflage, ISBN 978-3-8321-6716-5

Herausgeberin

HIMBEER Verlag UG, Käthe-Niederkirchner-Str. 7, 10407 Berlin, himbeer-verlag.com
Redaktionsleitung: Anja Ihlenfeld (V.i.S.d.P.), Artdirektion: Claudia Steigleder, Anzeigenleitung: Dorothea Boettcher, Druck: Thieme Meißen GmbH, Zeschendorfer Str. 91, 01662 Meißen

Mitwirkende

Grafik: Miriam Kadel; Bildredaktion: Susanne Ikes
Fotos: Simon Koy, Denis Pernath, Claudia Steigleder, Silke Weinsheimer
Text: Ingrid Bartels, Anja Ihlenfeld, Susanne Ikes, Juliane Jacoby, Petra Morcher, Elisa Rosenthal, Sebastian Schulke, Carolin Wolfart
Sales: Dorothea Boettcher, Suna Ergün, Stephanie Eck, Jenny Garcia, Sophie Gottschall, Julia Kantor; Backoffice: Anett Regensburger

Bildnachweise

Cover und Illustrationen: © Sophia Martineck; 2: © München Tourismus, Foto: Jörg Lutz; 3, o.: © NOUI NOUI, u.: © Simon Koy; 4, o.l.: © Füssen Tourismus und Marketing, Foto: David Terrey, u.: © Bayrische Staatsoper, Kind der Seehundfrau 2022, M. Rohrbach, Foto: W. Hösl; 5: © Silke Weinsheimer; 6-17: © Simon Koy; 18: © Richard Bohn; 19: © Elizabeta Galitckaia, Depositphotos; 20, o.: © Claudia Steigleder, u.: © KATIRINA, Depositphotos; 21: © München Tourismus, Foto: Thomas Klinger; 22, o.: © PanthomP, Depositphotos, u.: © Salzbergwerk Berchtesgaden, Südwestdeutsche Salzwerke AG; 23: © Salzbergwerk Berchtesgaden, Südwestdeutsche Salzwerke AG; 24-26: © Zuckertag GmbH; 27: © Sophia Böhm; 28-33: © Denis Pernath; 34: Josh Willink, Pexels; 35: © Café Glückskind; 36: © Little by Little Studio, Foto: Patrik Sötje; 37: © Schauburg, Foto: Cordula Treml; 38, l.: © Ard Jongsma/Still Words, Depositphotos, r.: © Little by Little Studio, Foto: Olga Löffler; 39: © MICROGEN, AdobeStock; 40: © Ackerdemie, Nadine Stenzel; 41: © Deutsches Museum, Ludwig Olah; 42: © Autarkia; 43: © Ackerdemie, Nadine Stenzel; 44: © Rawpixel Ltd., Depositphotos; 45, l.: © Shelley Pauls, Unsplash, r.: © Damien Tupinier, Unsplash; 46; © LOVE Kidswear; 47: © Lena Scherer; 48: © Andras Joo, Unsplash; 49: © Anja Ihlenfeld; 50: © Emmis Kitchen, Studio Ato Munich; 51: © Fabian Christ; 52: © Ron Lach, Pexels; 53: © Jüdisches Museum München, Foto: Daniel Schvarcz; 54: © München Tourismus, Foto: Thies Janknecht; 57, o.: © Deutsches Museum München, Foto: Hubert Czech, u.: © Cécile-Claire Perret de Avilés; 60: © Volkssternwarte München; 61: © Feierwerk, Andrea Muehleck; 65, o.: © Bastian Hoffmann, Siegerbild AK3 Fotowettbewerb „Natur im Fokus" 2022, Museum Mensch und Natur, u.: © Tanja Reuter; 68-69: © Cottonbro Pexels; 71, l.: © Sebastian Schulke, r.: © Robert Haas, Alpenrausch, Halle E; 72, u.: © Rigg, Adobe Stock; 75: o.: © Schauburg, Foto: Judith Buss, u.: © Laura Wimmer; 78-80: © Claudia Steigleder; 84, o.: © Bayrische Staatsoper, Foto: W. Hoesl, u.: Laura Wimmer; 86-87: © Yan Krukov, Pexels; 91, l.: © Tanja Reuter, r.: Deutsches Museum; 97: © by Mamarella; 100: © Antoni Shkraba, Pexels; 101, o.: © MANTI MANTI, Alberto Ferrero, u.: © Very French Gangsters, Foto: Capucine Lamoitte; 104: © Ohooo Vintage, Foto: Franziska Freiwald; 108: © Reima; 109, o.: © Taryn Elliott, Pexels; u.: © globetrotter.de; 112: © NOUI NOUI; 115, u.: © HIMBEER Verlag, Coverfoto: RODNAE Productions, Pexels; 116: © STABILO, Robert Eickelpoth; 117, o.: © Pleased to meet; u.: © Kundschafter Manufaktur; 119: © WiLLi the Label; 122: © Splendido Magazin; 126, v.l.n.r.: © mierEdu, © Nabio, © Step by Step, © La Millou, © 2023 tonies GmbH, © Oliver Heissner, Archiv Geiger, © NaïfCare, © Kreul; 127, v.l.n.r.: © Stefanie Hüther, © Kundschafter Manufaktur, © Cristophorus Verlag, © kisini, © Kokobasket, © Anna Bosch, Wohnpalette, © Erlebnis Akademie AG/Baumwipfelpfad Bayerischer Wald, © Step by Step, © GMT for Kids; 130: © Dmitri Maruta, Deposithphotos; 131: © Nebasin, Depositphotos; 135, o.: © DAV Kletter- und Boulderzentrum Thalkirchen, u.: © Petra Morcher; 137: © Allianz Arena; 138-139: © Zugspitz Region GmbH, Foto: Wolfgang Ehn; 140: © Das Blaue Land, Foto: Wolfgang Ehn; 141, o.: © Syda Productions, Depositphotos, u.: © Simon Bauer; 146-147: © Rodnae Productions, Pexel; 152-153: © marekkijevsky, Depositphotos; 154: © Thomas Lücke; 155, u.: © Mathias Fend, o.: yommy8008, Depositphotos; 156-157: © Kirill Grekov, Depositphotos; 160-162: © Claudia Steigleder; 166-167: © Janko Ferlic, Pexels; 170-173: © Chiemsee Alpenland Tourismus; 177, 2. v.o.: © Silke Weinsheimer; 178-179: © Igor Vetushko, Depositphotos; 182, o.: © Urs Golling, u. © Jana Hill; 188: © SpaceforSkate; 189: © Claudia Steigleder; 192-193: © Füssen Tourismus und Marketing, Foto: Mathias Struck; 194, o.: © Füssen Tourismus und Marketing, Foto: Marc Oeder Photography, u.: © Füssen Tourismus und Marketing, Foto: David Terrey; 195: © Füssen Tourismus und Marketing, Foto: Thomas Kuzmic, Alpine Perspektiven; 204: © privat; 205, o: © privat, u.: © Miriam Kadel

WIR

Auch dieses Jahr hat sich unser HIMBEER-Team wieder auf den Weg gemacht, für euch die kinderfreundlichsten Seiten der Stadt in diesem Guide zu versammeln – mit an Bord ein paar unserer liebsten Weggefährt:innen!

Ingrid Bartels (links)
Die langjährige HIMBEER-Terminredakteurin und zweifache Mutter kennt sich bestens in Münchens Kulturszene aus, daher stellt sie die vielen Museen, Bühnen und Sehenswürdigkeiten im Kultur-Kapitel vor.

Sebastian Schulke (zweiter v. links)
Der zweifache Vater erkundet für uns schon lange die schönsten Flecken in und um München für abenteuerlustige Familien, nachzulesen im Aktiv-Kapitel.

Simon Koy (dritter v. links)
Als gebürtiger Münchner, der mit seiner Familie mitten im Trubel der Stadt lebt, weiß der Fotograf um die Bedeutung von Wochenendaktivitäten und hat für uns zwei Touren durch die Stadt begleitet. *simonkoy.de*

Petra Morcher (vierte v. links)
Eigentlich Grafikdesignerin hat Petra natürlich ein Auge für die schönen Dinge – und ein Händchen für Texte. Das Shopping-Kapitel verdanken wir der Mutter zweier schnell wachsender Jungs. *pemocode.de*

Denis Pernath (fünfter v. links)
Auch Denis ist in München geboren und lebt mit zwei kleinen Kindern im Stadtzentrum, so war er der Richtige für unsere Spielplatztipps. *pernath.de*

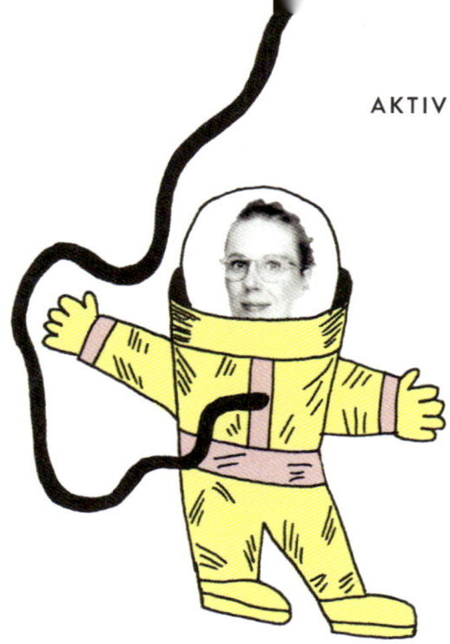

Miriam Kadel (sechste v. links)
Eigentlich fühlt es sich nach vier gemeinsam gestalteten Guides so an, als sei die freie Grafikerin längst fester Bestandteil des HIMBEER-Teams und doch müssen wir nach dem intensiven gemeinsamen Trip leider erstmal wieder Abschied nehmen. Bis zum nächsten Buch! *miriamkadel.de*

Sophia Martineck (Astronautin)
Wir sind überglücklich, dass die ausgezeichnete Illustratorin, deren Kosmos fantastischer Figuren wir sehr schätzen, einen Ausflug in die HIMBEER-Welt unternommen und das Cover der immerhin vierten Ausgabe unseres Münchner Familien-Guides so überirdisch gut und neu gestaltet hat! *martineck.com*

Das HIMBEER-Team (v. links n. rechts)
Immer eine tolle Reisetruppe, auch in trubeligen Zeiten: Stephanie Eck, Anja Ihlenfeld, Sophie Gottschall, Suna Ergün, Jenny Garcia, Julia Kantor, Carolin Wolfart, Juliane Jacoby, Dorothea Boettcher, Claudia Steigleder, Anett Regensburger, Su Ikes, Elisa Rosenthal

Index